马云鹏　著

RESEARCH ON
LEGAL PROTECTION MODE
OF INDUSTRIAL DESIGN

外观设计
法律保护模式研究

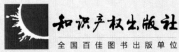

知识产权出版社

全国百佳图书出版单位

图书在版编目（CIP）数据

外观设计法律保护模式研究 / 马云鹏著 . —北京：知识产权出版社，2016.1
ISBN 978-7-5130-1395-6

Ⅰ.①外…　Ⅱ.①马…　Ⅲ.①外观设计—知识产权保护—研究—中国
Ⅳ.① D923.404

中国版本图书馆 CIP 数据核字（2016）第 019444 号

内容提要

本书从对外观设计属性的探讨出发，对外观设计现有保护模式的起源、现状及现存的问题进行了逐一分析，指出外观设计自诞生之日起就是一类独立的智力成果，并尝试着提出外观设计独立保护中的一些基本原则，试图为日后可能的外观设计独立立法提供可供参考的资料。

本书可供知识产权领域的理论研究人员及实务工作人员的阅读和参考。

责任编辑：彭喜英

外观设计法律保护模式研究
WAIGUAN SHEJI FALÜ BAOHU MOSHI YANJIU

马云鹏　著

出版发行：**知识产权出版社**有限责任公司	网　　址：http：// www.ipph.cn
	http：// www.laichushu.com
电　　话：010-82004826	
社　　址：北京市海淀区西外太平庄55号	邮　　编：100081
责编电话：010-82000860 转 8539	责编邮箱：pengxyjane@163.com
发行电话：010-82000860 转 8101 / 8029	发行传真：010-82000893 / 82003279
印　　刷：北京中献拓方科技发展有限公司	经　　销：各大网上书店、新华书店及相关专业书店
开　　本：720mm×1000mm　1/16	印　　张：16
版　　次：2016 年 1 月第 1 版	印　　次：2016 年 1 月第 1 次印刷
字　　数：254 千字	定　　价：49.00 元
ISBN　978-7-5130-1395 -6	

2014 年 11 月 6 日，我国首家知识产权专业审判机构——北京知识产权法院正式挂牌成立，并于同日履职收案。作为司法改革的探索者和先行者，北京知识产权法院成立伊始便在内部机构设置、审判权运行制度、人员分类管理等方面采取了多项改革措施，其中，以法官员额制为核心的"法官—司法辅助人员—司法行政人员"体系成为知识产权法院，乃至本轮司法改革的重大举措之一，在这一体系中，最大的亮点在于法官主体地位的突显和裁判权职责的强化，而最引人关注的则是司法改革模式下法官助理这一角色的设置和定位。

美国有着较为悠久的法官助理（Law Clerk）制度，其不仅有着严密的法官助理选拔机制，在任的法官助理们在各级法院的司法审判中也发挥了重要作用，甚至在最高法院一些有重大影响的判例中，大法官们具体意见的撰写也往往出自法官助理之手。相形之下，中国法官助理制度实行至今不过十余年，在目前的司法实践中，各法院的法官助理往往承担了与书记员类似的职责，而作为北京知识产权法院探索优化审判权运行机制改革的一项重要内容，法官助理则被赋予了更多的使命和责任，除指导书记员完成程序性工作以外，更重要的是其被允许实质性地参与到案件审理过程中，如列席法官会议、庭审提请发问、辅助调查、发表初步意见等，其身份更接近于传统意义上的助理审判员。值得一提的是，北京知识产权法院的法官助理大多是曾经的法官，部分还是原单位的审判骨干，虽然现在不能直接行使审判权，但无论在案件审理还是理论调研方面，都是现有知识产权审判队伍不可或缺的力量，本书作者马云鹏就是其中的一员。

司法审判和法学研究密不可分，前者为后者累积了最新的案例素材和逻辑经验，后者则为前者提供了权威的判理参考和学术指引，这其中，知识产权领域更是如此。近日，最高人民法院拟在北京知识产权法院建立全国首个司法判例指导制度研究中心，其目的也是促进二者的良性互动。在经济全球化的当代，随着国际贸易一体化趋势的增强，作为代表智力和创新成果的重要标志，知识产权的地位和作用亦不断突破原有的范畴，成为各国在发展和竞争中最为重视的法定权利之一，知识产权的司法保护自然也成为权利人和社会公众关注的热点话题之一。

众所周知，作为一门与技术进步和社会发展密切相关的学科，知识产权法律体系的建立时间虽然较晚，但却一直保持着较快的更新频率，相应的，与司法保护相关的学术研究工作也不断地衍生出新的理论成果，为打击侵权、保护创新提供了重要的依据。近年来，我国知识产权领域的学术研究氛围一直较为浓厚，尤其是身处司法审判第一线的法官们，为知识产权司法保护贡献了宝贵的裁判思维和学术成果，本书作为一本理论密切联系实践的著作，更是这一现象的典型体现。

作为知识产权领域内的交叉学科，外观设计的保护一直是实务界和理论界的一大难点，其不仅涉及知识产权各个分支保护的理论基础，更是与产业的发展及政策的导向有着紧密的联系，作者马云鹏从追溯外观设计的产生历史，即本质特性入手，系统地梳理了其现有各种保护模式的弊端，结合我国现实情况提出了独立保护的出路和具体制度建设的框架，其在撰写过程中既保持了裁判者中立而理性的眼光，亦秉持了学者严谨而客观的态度，可谓是一部既有理论深度，又贴合司法实践的著作。

青年干警是法院工作的主流群体和核心力量，他们的成长与发展关系到司法事业的前景与走向。作为一名曾经的青年法官和北京知识产权法院首批法官助理，马云鹏同志在实务工作的过程中始终保持着饱满的工作热情和活跃的研究积极性，撰写了多篇有价值的学术文章和研究课题，本书也是北京知识产权法院建院以来干警的首部独著，对此我表示衷心的祝贺，也希望他在今后的道路上能够坚持理想与信念，有更多的成就与建树！

北京知识产权法院党组书记 院长　宿迟

作为知识产权领域一类特殊的保护客体，外观设计自其诞生之初就一直是知识产权法律保护体系中争议最多的一个领域，从其起源来看，其产生的原因随着生产力水平的提升和市场需求的转型，在产品的功能和用途已不能满足厂家竞争所需时，外观设计美化产品外形，提升产品内涵的价值开始逐渐显露出来，许多厂家亦因抓住了这一特性而得以激烈的同类产品竞争中抢先占领市场，外观设计法律保护的必要性也进入到了立法者视野中。

然而，历数当时已经成型的知识产权法律体系，外观设计的定位保护模式选择成了人们面临的最大问题，实际上，无论是著作权法、商标法还是专利法，其本身均是对应不同的保护需求而生的法律体系，这种法律体系的存续是必要的，外观设计在不同模式下的保护对应的其实是不同的保护思想，与法律体系本身的合理性无关，我们需要关注的是究竟何种保护思想是契合外观设计的保护需求的，这一问题的确定，不仅有利于我们更好的理解外观设计的性质，掌握其保护的模式，从长远来看，合理的保护思想和模式也有利于促进相关产业的繁荣和发展。

本书从对外观设计属性的探讨出发，对外观设计现有保护模式的起源、现状及现存的问题进行了逐一分析，目的在于使人们明白，外观设计自诞生之日起就是一类独立的智力成果，现有的保护模式均不足以契合其保护的需要，在此基础上，本书尝试着提出外观设计独立保护中的一些基本原则，试图为日后可能的外观设计独立立法提供可供参考的资料。

本书在写作过程中得到了来自理论界和实务界的多方支持，恩师冯象在我三年的博士生涯中提供了方向性的指引，清华大学的崔国斌老师、李小武老师分别在不同的场合就外观设计的相关问题提供了值得参考的观点和宝贵的资料，此外，来自法院系统的领导、同事，以及国家知识产权局、律师事务所、专利代理公司的诸位朋友也为本书内容提供了指正性的意见和建议，在此一并表示感谢。

本书可供知识产权领域的理论研究人员及实务工作人员的阅读和参考。

▌目录
CONTENTS

第 1 章　引　言

1.1　研究背景与问题

300 年前，法国里昂市政府颁布了有关保护丝绸图案色彩等外观设计的规定，虽然该法令在产业革命兴起不久后即被废止，但外观设计这一概念却延续了其旺盛的生命力，并开始蔓延于工业生产的各个领域。随着技术手段的进步和产业多元化的发展，在满足了对于产品实用功能的追求后，人们开始更注重精神层面的享受，将目光转向产品的外观设计方面，在这一阶段，外观设计无论从形式还是设计能力方面都得到了长足的发展，开始成为与人们生活密切相关的内容，我们日常生活中所接触到的任何一项产品，大到飞机、汽车，小到家用电器，之上都不可避免地凝聚了种种设计元素。相应的，外观设计在工业领域的重要地位也在与日俱增，作为最早建立外观设计保护制度国家之一的英国，其前首相撒切尔夫人曾说过，"英国可以没有首相，但不能没有设计师"。❶

在重视经济利益的美国，过去十年间其外观设计专利授权量增加了近

---

❶ 在备受瞩目的苹果与三星专利纠纷中，三星电子首席执行官尹钟龙认为，"好的设计是将我们与竞争对手区分开的最重要方法"。据美国工业设计协会测算，工业品外观每投入 1 美元，可带来 1500 美元的收益。日本日立公司每增加 1000 亿日元的销售收入，工业设计起作用所占的比例为 51%，而设备改造所占的比例为 12%。参见"产品外观设计重要性"，http：//news.9ask.cn/zlq/bjtj/201006/718172.htm，访问于 2012 年 11 月 14 日。

一倍❶，就我国设计产业的发展和法律保护而言，在过去的三十年间，我们依靠模仿和借鉴取得了工业设计的大发展，迅速增长。截至 2011 年年底，我国有效外观设计专利 92.2 万件，同比增长 16.3%，外观设计的申请量和授权数量在世界范围内位居前列，随着国家在科技创新领域的投入不断加大以及社会公众专利意识的进一步增强，我国外观设计专利申请量将保持持续快速增长的态势。❷

现代技术的创新与发展使得外观设计的内涵与外延都得到了极大的丰富与拓展，其重要性甚至已经超过了产品的功能性，成为工业生产中与技术方案并驾齐驱的重点考虑对象，也是关系到产品市场前景的关键因素之一。然而，这一知识产权领域法律保护历史最短的智力成果，也被学者称为"知识产权法律问题中最古老的迷局"❸，其当前整体保护状况并不容乐观，以美国为例，一些在工业设计领域处于同行业领先地位的企业甚至认为其外观设计法律保护体系是完全失败的。❹ 这种迷局主要可以归纳为以下两个方面。

首先，保护什么。作为人类智力活动成果的一种，工业品外观设计作为知识产权保护客体的地位应该是可以得到认可的，但是，外观设计立法宗旨是什么？这种客体与已有的作品、技术方案、商业标识相比，在法律属性上是否有相对独立的边界？如何界定其内涵与外延？外观设计权利保护的对象究竟是设计人还是社会公众？这些疑问至今也没有权威的定论，究其原因，在于外观设计复合性的法律特质使得上述三种客体的属性在其上均有体现，但又无法完全纳入已有的保护客体中。❺ 上述问题的存在一方面影响我们对外观设计法律属性的准确把握，使得其法律地位一直游走于其他知识产权客体之间，处于模糊不定的状态；另一方面，随着技术的发展和设计能力的提升，不断涌现的新类型客体，如电子产品用户界面、3D

---

❶ See U. S. Patent Statistics Chart Calendar Years 1963—2009, USPTO. gov（2010），http：//www. uspto. gov /web /offices/ac /ido/oeip/taf/us_stat. htm，访问于 2013 年 5 月 1 日。

❷ 苏平. 部分外观设计专利问题探析与思考. 中国发明与专利，2012，10.

❸ See Graeme B. Dinwoodie, Federalized Functionalism：The Future of Design Protection in the European Union, 24 AIPLA Q. J. 611, 618（1996）.

❹ See Janice M. Mueller and Daniel Harris Brean, Overcoming the "impossible issue" of Non-obviousness in Design Patents, Kentucky Law Journal, 2010—2011.

❺ 如果可以完全为其他法律所吸纳，那外观设计的存在也就没有必要了。

打印所生成的设计、商品装潢设计、字体、服饰等是否可以进入外观设计的保护范围，亦成为立法者和司法者争论不休的问题。

其次，如何保护。从 1883 年的巴黎公约到 1995 年的 Trips 协定，均明确将外观设计作为知识产权的保护客体之一，但未对保护范围和保护方式作明确的要求，而是留待各成员国自己制定相应的规范。由于各国工业发展水平参差不一，加之一些偶然因素的影响，在外观设计尚未成为知识产权一类独立的保护客体之前，其保护模式的种类在知识产权领域是最多的，或被纳入某类客体的法律框架内，或参照某类客体的保护模式予以保护，或以相对独立的形式进行立法，保护模式的不统一加上"保护什么"基本问题的存在也为一系列后续研究蒙上了阴影，大到对授权条件、侵权标准的把握，小到对设计要点、设计自由度、功能性限定等概念的理解，以及对待部分外观设计、交叉保护的态度等均为理论界和实务界公认的重点和难点。

1.2　研究思路及意义

无论是前文所述的两个宏观问题，还是与之相关的一些具体问题，都紧密地交织在一起，彼此间存在千丝万缕的联系，例如，功能性限定的问题既涉及版权法中的"分离测试法"，又关系到专利法对于外观设计保护边界的确定，在商标法中又表现为是否允许商业标识同时具备实用功能；再如，作为外观设计的核心问题之一，相同与近似的判断在专利法中关注具体设计要点的保护，在版权法中要是否构成"实质性相同或近似"，而在商标法中则要看是否会导致相关公众的混淆和误认，类似的情形还有很多，这种紧密联系使得本来不确定性极强的外观设计研究变得更为模糊，因此，寻求一个合理的切入点，保证研究体系的完整性和研究结论的可信度则显得十分重要，在笔者看来，对保护模式进行比较和研究是可行的方法之一。

整个外观设计保护的历程都可以被看做是保护模式的演变历程，或者换句话说，是外观设计保护模式的试错过程。❶ 所谓保护模式，并非指某种

---

❶　应振芳. 外观设计研究. 北京：知识产权出版社，2008：50.

僵硬、固化的套路和框架，而是指其中蕴含的保护理念和宗旨，例如，专利法的保护模式凸显了对具备产业应用价值的某种技术方案的重视，版权法保护模式关注的则是人们在文学、艺术和科学领域富有独创性的表达，商标法则保护那些能在商品和厂家之间建立起关系，载有一定商誉的可视性标识。三者看似有明确的"分工"，但之所以在外观设计领域形成了难以区分的交叉与重叠，衍生出众多令人费解的困境，根本原因不在于法律模式本身出现了竞合，而是因为我们在未彻底明确外观设计法律属性的前提下，又按照其部分表面特征匆忙地选择保护模式，殊不知若忽略了客体的特征和属性，对已有的模式一味地僵化适用，出现问题也以对具体规则进行"修补"的方式来解决，只会造成保护模式与保护客体之间的裂痕越来越大，最终呈现出相互排斥的现象。❶

不同的保护模式决定了不同的保护范围、授权条件和侵权判定标准，因此，从外观设计产生的起源及权利化的初衷出发，探析其根本的法律属性，研究并总结不断演化和发展的各种保护模式，指出不同模式的优势与弊端，结合外观设计的法律属性对保护困境产生的原因进行分析，进而构建出相对独立，与外观设计保护兼容性良好的保护模式，并尝试对其中最重要的基本问题给出原则性的规范与建议，即为本研究所遵循的思路。

1.3　国内外研究现状

1.3.1　国外研究现状

虽然并非外观设计保护的发源地，甚至不属于最早对外观设计进行立法保护的国家❷，美国外观设计的立法经验和司法实践依然被作为本研究的主要文献来源，原因在于：首先，作为世界范围内引领知识产权保护趋势

---

❶ 实际上，在针对一种客体存在两种甚至更多种权利的重叠时，如果保护基于的法律理由能够充分达到该类保护的要求，并且保护的范围能够符合有效适度的原则，那么我们也许不必太担心，因为这些权利是可以平衡好它们之间的关系的。See Annette Ku, "Protection of graphical user interfaces under European design legislation", International Review of Intellectual Property and Competition Law, 2003.

❷ 下文中还将提到，美国在外观设计保护方面的"觉醒"甚至多少显得有些"被动"，这可能也是其在最初选择立法模式时尚未有充分的讨论和成熟的方案。

的国家之一，其所确立的规则及方法经常借助于强大的经济实力和国际影响力而为他国所仿效；其次，在美国，外观设计一直以专利为基本的保护模式，但自1842年被正式纳入《美国专利法》以来，有关保护模式的争论就一直充斥于美国国会、各级法院以及与之相关的产业群体间❶，对于其中具体问题的讨论更是不胜枚举。因此，无论从广度和深度来看，美国的参考资料是值得研究的；最后，我国明确将外观设计视为专利法的保护对象之一，而专利法的适用尚不足30年，这也意味着我们在摸索的过程中不仅要考虑自身的工业发展状况，还要不断学习和研究外国已有路径的优劣，选择保护模式接近的美国，具有较强的参考和借鉴意义。

在书目方面，乌玛·苏色撒尼（Uma Suthersanen）的著作《Design Law：European Union and United States of America》中的第三部分对美国外观设计的专利、版权及商业外观的保护进行了详细的介绍，属于较为全面的基础性资料。威廉姆·弗莱尔（William T. Fryer）的《An Overview of Industrial Design Law Global Development》介绍世界范围内外观设计的法律制度，包括历史、现状及作者对未来的展望，从贸易全球化的角度分析了外观设计的功能，其还设立了个人网站，用于发表与外观设计保护有关的最新动态和其个人的学术见解。

论文方面，美国一些学者很早就意识到了其外观设计现有保护制度存在的弊端，并通过梳理立法历史和司法判例的方式来进行分析：大卫·戈斯汀（David Goldenberg）在《The Long and Winding Road，a History of the Fight Over Industrial Design Protection in the United States》中揭示了美国在外观设计保护历程上走过的纠结的道路，重点分析了历次法案修改背后激烈的行业利益竞争问题，提示我们在外观设计制度的研究过程中还要关注很多法律之外的因素；欧瑞特·费启曼·阿佛利（Orit Fischman Afori）的《Reconceptualizing Property in Designs》从外观设计的定义和功能说起，指出现有三种模式的与外观设计格格不入的原因，最后认为外观设计在知识产权领域应享有相对独立的地位。梳理美国现有文献，不难发现绝大部分意见均认为其现有的专利模式与外观设计的保护宗旨存在较大的隔阂：詹尼

---

❶ 下文中还将对此展开论述，美国在外观设计方面纠结的保护历程也充分体现了其对批判和质疑精神的推崇。

斯·穆勒（Janice M. Mueller）和丹尼尔·哈里斯·布林·埃里克（Daniel Harris Brean Eric）合写的《Overcome the "Impossible Issue" of Non-obviousness in Design Patents》详细地论述了外观设计是如何一步步错误地落入专利保护模式中的，并指出应紧密围绕外观设计的性质来构建合理的保护模式。不过，具体到何种模式才是合理的，有的学者倾向于赋予其独立的法律地位，如前文提到的两篇文章，再如派瑞·塞德曼（Perry J. Saidman）的《The Crisis in the Law of Designs》和《A Manifesto on Industrial Design Protection：Resurrecting the Design Registration League》借鉴欧盟的模式，呼吁重启外观设计注册机制和独立保护体系。

此外，还有相当一部分人建议在版权法框架实现外观设计相对独立的保护：赛特丽芙（Setliff）的《Copyright and Industrial Design：An "Alternative Design"》从司法实践的角度论证了外观设计版权或商标权保护的可能性；版权法专家罗伯特·丹尼科勒（Robert C. Denicola）的《Applied Art and Industrial Design：a Suggested Approach to Copyright in Useful Articles》也为外观设计的版权保护提供了可供参考的思路；里根·基波（Regan E. Keebaugh）的《Intellectual Property and the Protection of Industrial Design》和理查德·弗兰克（Richard G. Frenkel）的《Intellectual Property in the Balance：Proposal for Improving Industrial Design Protection in the Post-Trips Era》就分别以版权法下的 VHPDA 和建筑作品为例，建议将这种模式扩展至所有的外观设计保护客体；与之相对应，美国国会近年来讨论的以时装设计保护为主题的 IDPA 法案再一次为外观设计的版权保护提供了正当性的依据，一时间成为人们热议的话题，如凯西·卡拉汉（Casey E. Callahan）的《Fashion Frustrated：Why the Innovative Design Protection Act is A Necessary Step in The Right Direction，but not Quite Enough》、苏珊娜·摩西（Susanna Monseau）的《Europe Design Rights：a Model for the Protection of All Designs From Piracy》、萨拉·爱丽丝（Sara R. Ellis）的《Copyright Couture：an Examination of Fashion Design Protection and Why the DPPA and IDPPPA Are a Step Towards the Solution to Counterfeit Chic》等文章均围绕该法案的立法背景和进程展开，并作出了支持性的表态。

当然，也有学者尝试分析其他保护模式的可行性，如杰·瑞特勒（Jay Dratler）的《Trademark Protecion for Industrial Designs》也检讨了专利方式保护外观设计的弊端，阐述了商标形式保护的合理性；类似的，丹尼尔·布林（Daniel H. Brean）在《Enough is Enough：Time to Eliminate Design Patents and Rely on More Appropriate Copyright and Trademark Protection For Product Designs》中认为版权和商标法的现有框架足以且能够有效保护外观设计。

还有一些学者从某种具体的问题入手，来分析三种模式的利弊，较为典型的是对功能性判定问题的探析：杰森·蒙特（Jason J. Du Mont）的《Functionality in Design Protection System》详细地探讨了在外观设计确权和侵权判定中如何正确地适用功能性要求；欧瑞特·费启曼·阿佛利则在《The Role of the Non-Functionality Requirement in Design Law》中从功能性理论的重要性和意义入手，提出其不应作为授权的标准，而应在确权和侵权判定中结合具体的案情加以判定；派瑞·塞德曼对此亦持有类似于欧瑞特·费启曼·阿佛利的观点，《Functionality and Design Patent Validity and Infringement》一文首先区分事实功能性和法律功能性，并指出功能性的判定应建立在对外观设计性质的正确理解上，在比对时结合在先设计来进行。

由于美国是判例法国家，对典型案例的评论也是上述文献中不可或缺的部分，所以有一些学者由某一案例谈起，围绕其涉及的问题展开分析，如玛塔·科瓦里西科（Marta Kowalczyk）的《Design Patent Infringement：Post-Egyptian Goddess》、伊凡·扎利斯基（Evan Szarenski）的《Egyptian Goddess，Inc v. Swisa，Inc：a Dramatic Change in the Law of Design patents?》均以 2008 年的 EGI 案为例，认为美国司法实践在"相同或近似"判断中放弃了新颖点测试法，回归普通观察者法，意味着其在外观设计保护思路上发生了重大转变。

作为本书研究资料的另一重要来源，欧盟在外观设计的法律保护上进展得很快，其于 2001 年颁布了《欧共体外观设计保护条例》❶，在联盟范围内实现了外观设计保护标准的统一，并首次提出了非注册式外观设计的概念，使得外观设计的授权形式更加灵活。自 2003 年 4 月 1 日开放注册以来，截止到 2010 年 6 月，已有 40 万件外观设计获得注册。❷

在马斯克·大卫（Musker David）等人的合著《Community design law：

---

❶ Council Regulation（EC）No 6/2002 of 12 December 2001 on Community design.

❷ See Uma Suthersan：《Design Law：European Union and United States of America》2nd，SWEET&MAXWELL，2010，2nd，preface.

principles and practice》中，对欧盟立法历史和背景进行了详细的介绍，其中对于外观设计授权条件和侵权判定规定的解释是我们研究欧盟外观设计理论重要的一手资料；凯瑟琳·希维尔（Catherine Seville）则在其所著的《EU Intellectual Property Law and Policy》中全面介绍了欧盟知识产权的法律与政策，并在第四部分提到了与外观设计相关的内容；除此之外，上述《Design Law：European Union and United States of America》第二部分具体说明了注册式和非注册式外观设计制度的授权条件和保护范围；在译著方面，由布拉德·谢尔曼和莱昂纳尔·本特利合著的《现代知识产权法的演进：英国的历程（1760—1911）》中的第三章专门研究了英国外观设计法的制度变迁，对英国的外观设计保护制度从立法和理论两方面进行了介绍，对于我们理解这个老牌的工业强国在外观设计保护进程方面的历史有较大的帮助。

1.3.2　国内研究现状

外观设计在我国虽然保护的时间不长，但一直是理论界的研究热点之一，尤其是近年来随着法律法规及司法解释对于外观设计的规定日益完善，对其讨论也日渐增多，总的来看，我国有关外观设计的研究大致集中在以下几个方面。

第一类，从笔者了解到的情况来看，应振芳的《外观设计研究》一书是目前在外观设计理论层面上研究得较为深入的著作，该书考察了作为权利对象的外观设计的历史及其性质、概念化了的外观设计与概念化了的发明、作品之间的区别和联系，研究了保护工业设计在经济上、哲学上或者政治上的正当理由以及在上述正当理由支持之下的赋权方式，并通过回顾外观设计保护制度的变迁历程，揭示作为一种赋权方式的外观设计专利制度，借以完成对于"外观设计"的定义；赵元果则在《中国专利法的孕育与诞生》一书中通过回顾我国第一部专利法的诞生过程，提供了一些当时将外观设计纳入专利法保护范畴原因的历史资料。论文方面，有的学者则从另外一种视角出发，对知识产权保护现状进行了反思，发出了一些不同于以往的声音，如冯象的《知识产权的终结》一文，以批判性的学术思维揭示了当前知识产权遭遇的制度性的窘境与尴尬，并提出中国应在贸易全球化的背景中走出一条适合自己发展的道路；周林静在《专利权过度保护制度的反思》中以法经济学为视角，指出专利权的过度保护将会产生高昂的专利交易成本和社会成本，不利于技术进步和创新，有损于社会总体福利；鲍黎黎则在《外观设计保护制度与我国经济发展之适应》中提出由于我国的工业基础能力与发达国家相比，仍然处于较低的水平，工业设计的能力与创新能力也相对较弱，应建立与此相应的外观设计保护制度；类似的文章还有吴冬的《我国应建立符合本国特色的外观设计专利保护制度》等。

第二类，外观设计保护及立法模式研究。李明德的《外观设计的法律保护》是较早对于外观设计法律保护进行全面介绍的文章之一，该文从专利、版权、商标、反不正当竞争、商品包装等各个角度阐释了外观设计保护的可能性，更有利于我们充分认识外观设计的性质；王太平在《工业品外观设计的法律保护模式》中从外观设计保护的发展历程出发，探索了各种保护模式的可能性，并对我国现行模式进行了总结。

而在对于具体该采用何种保护模式的讨论上，一大批研究都倾向于我国应将外观设计的保护独立出来，以专门法律来进行规范，主要理由为：外观设计的复合型本质决定了其无法为知识产权下任何一种权利所完全涵盖，单独立法不仅符合其本质特征，而且有利于解决权利重叠的问题。持这种观点的文章有很多，比较有代表性的包括：刘秀臣的《外观设计知识产权保护的立法模式》；刘宇晖的《试析外观设计的法律保护模式》；彭学龙、赵小东的《外观设计保护与立法模式比较及对我国的启示》等。当然，也有人提出外观设计保护应构建以专利法为主、其他相关法为辅的法律保护网络，如张永来的《对我国外观设计法律保护网络的思考》。

第三类，外观设计确权及侵权判定标准。由于与实务问题相关，所以当前有相当一部分学术研讨都是围绕外观设计的确权与侵权问题展开的：在著作方面，较具代表性的为胡充寒的《外观设计专利侵权判定理论与实务研究》，该书以理论与实践相结合的方式，对外观设计专利侵权判定理论进行了较为完整的梳理，对侵权判定主体、标准与模式、判定方法、抗辩理由等都有较为详细的描述；北京市第一中级人民法院民五庭编写的《外观设计的司法保护》则从实务出发，对外观设计司法保护的现状进行了调研，就专利、版权、商标等涉及外观设计保护的问题进行了总结。在论文方面，程永顺的《外观设计授权审查标准及方式的质疑》通过与国外做法的比较，对我国外观设计授权标准进行了反思，并提出了对现有规定修正的剖析思路。此外，其《浅议外观设计的侵权判定》则针对外观设计侵权判定中几个常见的难点进行了分析，明确了正确的标准；随着我国对于世界范围内外观设计侵权判定理论的关注，这一方面的研究也逐渐增多，分歧与争论也日渐明显。例如，一些学者很早就提出了外观设计保护应引入创造性因素的考虑，如吴观乐的《试论外观设计专利保护的立足点》，对一贯建立在鉴别性功能上的外观设计保护意识进行批驳，指出外观设计专利保护的立足点应放在对于创新活动的保护上；欧阳峰、刘宇晖、梁平也在《对外观设计侵权判定标准的几点质疑》一文中对现有的侵权判定模式进行了质疑；袁博的《外观设计侵权判定"整体比较"标准的反思与修正》同样对于现有标准面临的一些理论困境进行了分析，同时明确了"创新标准"可能存在的不足。此外，随着外观设计侵权纠纷案件数量的上升，关于侵权判定中一些具体问题的探讨也逐渐增多，如侵权判定主体、侵权判定模式选择、一些新的概念如"设计空间"的引入等，这方面的文章较多，在此不再一一列举。

总的来说，与版权、商标以及发明专利相比，外观设计的研究进展明显较为缓慢，不仅数量上无法与前述几个领域的成果相比❶，有价值的研究成果也比较有限，原因仍在于缺乏对前文所提及的两项基本问题的深入思考：第一，许多研究在进行制度的比较、梳理与推荐时，并未对客体本身的法律属性予以明确，这也使得研究结果丧失了理论根基，缺乏说服力；第二，对保护模式的利弊进行片面的归纳总结，轻易得出孰优孰劣的结论，对于困境产生的原因言之极少，缺乏对于其内涵及宗旨的理解；第三，就我国的研究现状而言，这一点表现得更为明显，大多研究仍停留在对于国外理论的比较梳理上，在学习和借鉴的过程中缺乏批判性的精神及对我国产业发展现实情况的考虑。

---

❶ 在 Westlaw 上以"Design"为关键词，选择"Combined World Journal"进行检索，与外观设计相关的文献不足千篇；在中国知网数据库上分别以"外观设计""著作权"为关键词进行检索，在"民商法"分类中，后者为 7264 篇，前者为 425 篇，北大法宝上的情况也类似。

1.4 逻辑结构及篇章安排

本书从外观设计的起源出发，紧紧围绕外观设计是什么，保护什么，以及如何保护等问题，以外观设计的保护模式为主线展开行文，最终提出外观设计的合理保护模式应该是独立保护，并就其中一些原则性问题提出了建议：

第二章"外观设计的概论"系统回顾了外观设计这一概念的产生历史，包括其诞生之初的形式、在工业生产中地位的变迁、进入法律保护视野的历程，重点就其法律保护的起源和国际保护的现状进行了总结，指出这些外观设计保护的"雏形"深刻地影响了人们对外观设计的认识和后续立法的进程。在此基础上，本章尝试着就全书的核心问题之一——外观设计的特性作出归纳，因为这些特性不仅关系到我们对外观设计的正确理解，也是建立外观设计合理保护模式的基础。

第三章"我国外观设计保护的发展及问题"由《中华人民共和国专利法》（以下简称《专利法》）的制定和修改入手，详细介绍了外观设计是如何一步步进入我国专利法的范畴内的，意在表明这一选择并非完全出于法理上成熟的考虑，而是受到了许多客观因素的影响后才作出的。之后，本章对近十年来立法和司法实践中与外观设计相关的一系列措施进行了总结，在肯定其合理性的基础上亦就个别焦点的细节问题进行了分析，指出了我国外观设计现有保护机制已暴露出来的诸多弊端，归纳出了这些弊端的成因，明确了接下来我们应该关注和解决的问题。

第四章"外观设计可专利性分析"是本书的重点章节之一，因为外观设计专利保护模式不仅是世界上最具影响力的国家——美国所一直坚持的模式，也是我国《专利法》实施三十年以来最基本的立法方式。本章从美国专利法与外观设计发生交叉的历史节点说起，对其在过去数百年间与外观设计相关的立法和经典判例进行了梳理，对这些历史资料中蕴含的诸如外观设计授权标准、侵权判定等重点问题的经验进行了总结，同时也由美国近年来在外观设计保护上所面临的立法和司法上的重大困境入手，剖析了这些困境的成因，即无论如何进行改良，根本宗旨上的不合是导致专利法无法很好地支撑外观设计制度运转的原因。此外，本章亦对美国在外观设计保护上一些新的看法和观点进行了整理，因为这些也关乎到下一步其调整保护策略的趋向。

第五章"著作权法视野下的外观设计"对外观设计研究领域中最让人纠结的问题——"外观设计专利与版权的重叠"进行了深入的讨论。❶ 实际上，外观设计的著作权保护也是近年来不同国家的学者所提出的一个共同的理念，本章从客观上分析了著作权法之所以会延伸到外观设计领域与该法律体系自身的特性相关，也是外观设计复合性所导致的必然结果，许多保护实例也说明，与专利法相比，著作权模式似乎更契合外观设计的保护宗旨，但遗憾的是，至少到目前为止，我们还没有提出一个能够将外观设计中受著作权保护因素精确"提炼"出来的方法，现实中一些细节上的难题也意味着外观设计的著作权保护在现阶段还不是一种理想的模式。

第六章"商标意义下的外观设计保护"则将关注点放在了外观设计另一非主流保护模式，即商标和商业外观意义下外观设计的保护上，通过本章的介绍可知，在设计者追索外观设计合理保护模式的过程中，一些外观设计因具备了商标的特征而不经意成为了后者保护的客体，但需要注意的是，二者在本质上的区别意味着商标法本意并不是要提升产品外观与造型的美感，而是要保证商标在商品和厂家之间建立起指向关系，即便某种客体客观上兼具美感和显著性的特性，主观上对应的也是不同的权利。

第七章"外观设计独立保护模式构建——整体构想"是在前述几章的基础上顺理成章得出的结论：一方面，现有的各种模式无论在理论基础上还是在实践应用上都已难以胜任外观设计法律体系的基础；另一方面，在外观设计发展的过程中，独立保护并非一种全新的思想，只是没有成为主流的保护模式。本章仍以美国和我国为主要研究对象，而对独立保护思想的渊源进行了介绍，结合欧盟独立立法的经验，就外观设计独立保护思想的可行性进行了探讨。

第八章"外观设计独立保护模式构建——具体问题"在确认了独立保护模式合理性的基础上，就一些具体问题的原则如何设立进行了分析，围

---

❶ 郑成思先生曾将英国从 1956 年到 1968 年外观设计保护的一段历程成为"在外观设计专利与外观设计之间寻找界线"。参见：郑成思. 版权法. 北京：中国人民大学出版社，1997：64.

于篇幅所限和可操作性的考虑，本章并非要提出一套全新的立法体系，而是希望在现有的模式下，帮助人们树立对于外观设计独立属性的认识，增强独立保护的意识，以期为日后可能的独立立法提供一些基础性的资料。

1.5　研究方法

1.5.1　历史研究法

本书很重要的一项研究内容就是考察外观设计法律保护的演变过程及其成因，这项制度虽然建立的时间不长，但因其自身的特殊性，在数百年的发展历程中也几经变化，尤其是保护模式，更是与每一个特定的历史背景、及其之下的政策、经济发展水平、社会环境紧密相关因此，历史研究法是必不可少的。

1.5.2　比较研究法

在外观设计保护模式方面，且不论国外的做法是否适合我国国情，但在笔者看来，我们在自己的理论研究道路上不仅应该虚心学习国外好的经验，更应该对其曾遇到的问题和困境深入分析，汲取一些错误的做法带来的教训。同时，也正是因为这一问题尚无统一的标准，故对于不同国家与地区，如美国、欧盟之间的对比分析也会给我们的研究带来有益的启示。

1.5.3　实证研究法

任何一种理论的贯彻与落实都离不开实践的检验与发展，法律问题更是如此，对于一项学术研究而言，其最终目的还是要促进其在实践中的应用，因此，本书也会通过对大量实务案例做法的提炼与分析，总结出现行体制的问题，进一步提出可能的对策。

第2章 外观设计概论

作为知识产权领域的保护客体之一，外观设计有着自身的发展历程，也正是在这一过程中形成了区别于其他客体的特性。

2.1 外观设计的演变与发展

外观设计的产生可以说与人类的历史一样悠久。[1] 其在产生初期并未形成法律上的概念，而是在经历了一系列变化之后才进入法律体系的保护范畴内的。

2.1.1 艺术与实用的分离标准

抽象的过程是外观设计法发展史上的一个至关重要的阶段[2]，外观设计的概念并非自古就有，甚至"设计"一词也不是天然存在的。究其源头，有学者总结认为，在原始社会中，当原始人笨拙地用石块互相砍削，试着找到一块合用的石器作为工具时，设计便诞生了，也正是这种出于实用的、功利性目的的选料和加工，形成了设计的原点。[3] 16 世纪左右，在大多数欧洲语言中出现了"设计"或与之相应的词，这些词的出现把设计从广泛的

---

[1] 刘桂荣. 外观设计专利申请审查指导. 北京：专利文献出版社，1993：1.
[2] 布拉德·谢尔曼，莱昂内尔·本特利. 现代知识产权法的演进——英国的历程（1760—1911），金海军译. 北京：北京大学出版社，2012：72.
[3] 应振芳. 外观设计研究. 北京：知识产权出版社，2008：3.

生产活动中分离出来，形成了从设计自身的角度对其功能的认识。❶

而"艺术"一词的产生还早于"设计"，几百万年前，人类的先祖面临的环境太过恶劣，在竭力与自然环境搏斗以维持生存之外，他们还没有多余的时间用于关注生活质量的改善，因此，最初的工具制造并未蕴含审美的考虑，直到有一天，他们终于有了一些时间，更多地关注他所运用的工具，此时，艺术诞生了。❷ 之后，人们在实践中发现，尖、薄、光滑、对称的工具更锋利、更方便、更有实用价值，这些为人们所喜爱的形式经过世代的积累逐渐与实用观念相分离，成为独立的审美形式。❸

与外观设计相关的立法活动起源于17、18世纪的欧洲，在此之前，人们从未将艺术和实用的观念相分离，这两部分作为一个统一的观念，为当时的手工艺人所掌握。❹ 纯粹艺术与实用艺术的区分最早见于与艺术教育相关的活动，即1648年的巴黎皇家绘画和雕塑学院，1763年的《牛津英语词典》中首次对纯粹艺术进行了明确的定义。❺ 在当时的时代背景下，这种形式的艺术与融合了实用性能的外观设计相去甚远，主要有以下几个原因：

第一，工具的匮乏使得产品制造无法规模化。实际上，15世纪至17世纪初期，绝大部分用于手工艺制造的工具都还是前罗马时代留存下来的，❻由此也可以看出当时的生产力水平尚无法达到工业化生产的程度，自然就没有实用性的概念。

第二，任何消费主导型产业的发展与相关公众的整体生活水平相关，前工业时代的消费观念和水平无法推动艺术品的产业化。在16、17世纪的欧洲，当时绝大部分人都处于一种平民化的低水平生活状态，人们对于基本生活用品之外的产品，如附属设施、高档家具等几乎没有需求，由艺术工匠们打造的艺术品主要以社会富裕阶层为销售对象，包括来自教会、法

---

❶ 迈克·库利. 从布鲁内莱斯基到计算机辅助的设计和制造. 转载于约翰·沙克拉：《设计——现代主义之后》. 上海：上海人民美术出版社，1995：209.

❷ 应振芳. 外观设计研究. 北京：知识产权出版社，2008：4.

❸ 杨琪. 艺术学概论. 北京：高等教育出版社，2003：309.

❹ Artist-craftmen. 需要注意的是，这种统一并非当今外观设计概念中艺术性与实用性的融合，而是指在当时尚无对二者进行区别定义的意识。

❺ H. Read, Art and Industry, Horizon Press, 1953, pp. 9 – 10.

❻ Braudel, Civilisation and Capitalism 15th – 18th Century, Vol1: The Structure of Everyday Life, 1981, p. 303.

院和商界的客户。❶ 在这种特定的经济环境下，当时的每一件手工艺品都具备很高的独立个性和艺术价值，其收藏也成为一种社会地位的象征。有学者指出，对于手工艺品的投资已经成为获得社会及政治优势的手段。❷

第三，国家主导型商业体制下市场竞争因素的淡化。在前工业时代，国家被视为一个统一的整体，国家利益被置于集体或个人利益之上，在这样的背景下，国家为了整体的利益而控制和垄断着所有可用的资源、技术和生产力量，从而对于商业氛围的形成和发展有着引导性的作用。❸ 这种国家主导型的商业体制大大减弱了市场化的色彩，由于缺乏竞争，当时艺术品的生产不会考虑太多成本和消费者喜好的问题。以当时的壁毯制造行业为例，法国的路易十三于 1667 年起，召集大批能工巧匠，置办大量器械设备，举国兴建壁毯制造产业，尽管这被视为大规模工业化的早期表现，但当时人们的注意力都集中于工匠的技巧和艺术的质量上，对价格关注甚少。❹ 实际上，在这种"举国体制"氛围的影响下，手工艺人只关注产品的质量和外观，而无需考虑是否有所创新，是否能吸引消费者，大家对贸易、买卖等无太深的认识与了解，也谈不上由于市场竞争而导致的压力和动力，更多的是为贵族主顾所雇佣，为他们提供艺术品而已，类似于米开朗基罗那样的艺术家，其并非市场交易的主体，而是为上流社会提供服务的人士。❺

不过，随着时间的推移，到了 17 世纪末，庞大的奥斯曼帝国在政治上分崩离析后，大量手工艺人加入移民大军，进入欧洲，消费者导向和产业多元化的概念开始逐渐蔓延开来，财产拥有量的区别使得人们开始有意挑选更符合自己需求的商品，于是，手工艺人们感觉到了竞争的压力，生产制造活动也日趋专门化，以积蓄在特定行业中的竞争优势。❻ 由此，设计原有纯粹的艺术性中开始深入产业化生产的色彩。

---

❶ Uma Suthersanen, Design Law: European Union and United States of America, Thomas Reuters (Legal) Limited, 2nd, 2010, p. 7.

❷ Jardine, Wordly Goods——A New History of the Renaissance, Macmillan, 1996, p. 238 – 239.

❸ F. Machlup and E. Penrose, The Patent Controversy in the 19th Century, 1950, J. Econ. Hist. 1.

❹ J. Heskett, Industrial Design, Thames & Hudson, 1980, p. 11 – 12.

❺ Jardine, Wordly Goods——A New History of the Renaissance, Macmillan, 1996, p. 244 – 245.

❻ J. Heskett, Industrial Design, Thames & Hudson, 1980, p. 11.

2.1.2 设计的工业化标准

有学者认为，工业品外观设计是工业革命的产物。[1] 实际上，繁杂的艺术世界与工业生产发生联系正是起源于我们所熟知的工业革命时代，其后续的发展和演变又依附于以工业革命为基础的社会经济体系。总的来看，这个过程包含了两个阶段，首先是产品外观艺术美感和实用性能结合而产生外观设计的概念，然后是外观设计产业化并成为工业生产的重要组成部分。

（1）艺术与功能的结合

前文已提到，在前工业时代，艺术与实用的概念是相分离的，相应的，艺术制品和实用物品间也有着较为清晰的界线。在美国，每一个农民都有自己的设备，每一户家庭都是一个独立的作坊，以便于制作各种工具，这只是为了生存的需要，而不考虑其是否能够在外形上产生吸引力[2]，尽管事实是"任何手工制品在不经意间都包含了一定的美学因素"[3]。

这种情形延续到了工业革命的初期，在17世纪，工业革命在英国揭开序曲，在一个几乎全新的工业部门里，早期的工业产品几乎都是并非艺术家出身的工程技术人员设计的，只具有基本的功能，几乎没有美学方面的考虑。[4] 而在美国，工业革命的浪潮虽然为其带来了大量机械化成果，如棉纺机、电报机、缝纫机、电话、电灯泡等，规模化生产取代了原有的手工制造，但未能马上转变人们对于产品设计的观念，产品的生产重点仍在于其质量，"生产者从不会对产品的外观美感与实用效能给予同样的考虑"[5]。

1851年，为展示工业革命的伟大成果，在伦敦召开第一届国际博览会，与博览会同样有名的还有本届博览会的展览大厅——水晶宫，园艺师出身的英国建筑师帕克斯顿大胆地把温室结构用在展厅的设计中，展厅全部采用钢材和玻璃，钢结构是事先经过精确计算后加工出来，运抵现场后用螺

---

[1] 王太平. 工业品外观设计的法律保护模式. 科技与法律, 2002, 3.

[2] Arthur J. Pulos, American Design Ethic: A History of Industrial Design to 1940, MIT Press, 1983, p. 5.

[3] Earnest Elmo Calkins, Beauty the New Business Tool, Atlantic Monthly, Aug. 1927.

[4] 应振芳. 外观设计研究. 北京：知识产权出版社, 2008：7.

[5] Earnest Elmo Calkins, Beauty the New Business Tool, Atlantic Monthly, Aug. 1927.

丝和铆合的方法安装❶，就在不少人津津乐道于这个时代的丰富工业成就之时，有人发出了不同的声音，据说拉斯金在看完水晶宫之后一声长叹：水晶宫的意义仅仅在于，人类可以造出这等巨大的温室来。❷ 当时尚在皇家学院就读的年轻人莫里斯也参加了世界博览会，他一进展厅就大叫，"好可怕的怪物"，并为此大声疾呼，"不要在你家里放一件虽然你认为有用，但你认为并不美的东西"。此后，莫里斯毕生从事设计运动，一批年轻的艺术家、建筑家效仿他的主张与试验，对家具等一系列产品进行了新的改革，从而在 19 世纪末到 20 世纪 20 年代左右形成了一个英国设计革命的高潮，工业设计史上称作"工艺美术运动"❸。

"工艺美术运动"的主导思想包含以下几点：强调手工艺生产，反对机械化生产；在装饰上反对矫揉造作的维多利亚风格和其他各种古典风格，提倡哥特风格和其他中世纪风格，讲究简单、朴实、风格良好；主张设计诚实，反对风格上华而不实；提倡自然主义风格和东方风格。❶ 虽然该运动具有对设计风格水平重视的优点，但从采用的方式而言，则是一个复旧运动，其根源是当时艺术家们无法解决工业化带来的问题，企图逃避现实，隐退到中世纪哥特时期。运动否定了大工业化与机械生产，导致它没有可能成为领导潮流的主要风格。总的来看，"工艺美术运动"虽然抵制近代设计的批量化生产，但至少使得人们开始关注产品设计中除功能之外的美学因素。同时期的美国亦出现了类似的声音，《纽约时报》曾就此刊文认为，"那些昂贵的汽车比一台普通的垃圾装运车还难看""机械化的大规模发展使得艺术家们个人的作用显得越来越微乎其微"，并告诫人们不要轻信"那些由机器制造出来的廉价产品"，呼吁产品必须"从视觉上带来更大的吸引力"。❺

1900 年前后，芝加哥学派的现代主义建筑大师路易斯·沙里文的一句名言"形式追随功能"亦在家具或其他日用品的外观设计上掀起了"功能主义"或"简约派"的潮流，主张审美以功能为基础，去繁就简。❻ 现代主

---

❶ 夏纾. 尊贵的回忆——世界著名建筑大师全传. 武汉：华中科技大学出版社，2006：149 – 153.

❷ 王受之. 世界工业设计史略. 上海：上海人民美术出版社，1987：10.

❸ 王受之. 世界工业设计史略. 上海：上海人民美术出版社，1987：14.

❶ 王受之. 世界现代设计史. 北京：中国青年出版社，2002.

❺ The French College of the Craft, N. Y. Times, Sept. 18, 1902, at 8.

❻ 林晓云. 美国知识产权法律关于工业品外观设计. 知识产权，2012，(77).

义设计以设计上的诚挚和忠于科学真理的理性思考代替艺术家们那种狂热的设计热情和浪漫构思。[1] 美国工业设计之父雷蒙罗维认为，"多样性是造成混淆的本源，设计者要敢于去除或重组那些多余的部分"，在他看来，好的设计应该是流线型或"仅包括必要的部分"。[2]

实际上，在第一次世界大战爆发之前，制造商们对于产品外观设计的重视程度远不如其投入在改进产品功能性方面的精力[3]，雷蒙罗维呼吁人们关注产品外形的重要性，他通过不同外观的同类产品之间的比较，来说明外观的变化与制造工艺的难易程度、生产成本的高低、适用的愉悦程度等密切相关。[4]

总之，随着工业革命时期物质财富的极大丰富，追求产品或商品的实用功能已经不再是人类的唯一需求，产品或商品的美学功能在满足人们需要方面的重要性逐步提高。[5] 在经历了前工业时代漫长的分离及相互独立之后，艺术与功能借助于工业品外观设计概念的形成开始不可避免地融合在一起，从上述不同思潮也可以看出，由于理解和追求目的的不同，自诞生之日起，外观设计的性质就有了复合性的色彩。

（2）外观设计的产业化

"工艺美术运动"最终未能阻挡机械化生产的脚步，较之于前工业时代物资供应的匮乏和迟滞，工业革命时期充满活力的经济发展在相当长一段时期内为贸易活动中的竞争、创新和增长注入了强劲的动力，最终促成了工业品外观设计产业的形成，具体来讲有以下几个方面。

第一，竞争与创新的推动作用。供应和需求的同时增长加大了竞争的压力，也就产生了创新生产的动力，反映在产品的生产制造方面，即需要其具备一些能够引起消费者兴趣的区别性特征。新技术的大量运用一方面降低了生产的成本，从而能够更好地满足不断增长的市场需求，一方面也促进了产品制造的多元化。例如，在工业革命开始的棉纺织业中，哈格瑞

[1] 朱铭，荆雷. 设计史. 济南：山东美术出版社，1995：409.
[2] Raymond Loewy, Never Leave Well Enough Alone, Johns Hopkins University Press, 1951, p. 277 – 278.
[3] Richard G. Frenkel, Intellectual Property in the Balance: Proposal for Improving Industrial Design Protection in the Post-TRIPS era, 32 Loy. L. A. Rev. 531, 531, 1999.
[4] Terence Conran, Terence Conran on Design, Overlook Hardcover, 1996, p. 197.
[5] 王太平. 工业品外观设计的法律保护模式. 科技与法律，2002，（3）.

夫的珍妮机、提花织机、阿克莱特的水力纺织机、卡特莱特的力织机等陆续出现在纺织系统的工厂里，在较短的时间内使得纺织行业的设计有了多样化发展的可能性。❶

第二，工厂体系的形成。生产结构的剧变将工厂体系推向了历史的舞台，实际上，19 世纪之前就已经存在"工厂"的概念，但当时主要服务于以少数人为对象的奢侈产品生产。❷ 而到了工业革命时期，工厂迅速普及开来，成为社会组成最重要的部分之一，也象征着传统手工艺人的没落和规模化生产时代的到来，产品的制造也从先前由单个工匠完成，进化为由专人负责，由不同环节组成的流程化生产。❸ 在诸多环节中，产品的外观设计也逐渐成为一个独立的部分，由专人进行负责，艺术家们的美学思想亦得以融入规模化的生产过程中，该环节一项重要的原则即以最终的商业可行性和消费者需求为产品设计的导向。❹

第三，消费力的增强。如果没有对于产品需求量的增加，则很难出现工厂体系化的局面，在许多新兴的工业城市中，在高工资的诱惑下，大批劳动力从农村进入城市的工厂中，城市人口不断增加。而在整体收入水平提高的前提下，公众的购买能力和消费品位均得到了提升，同时，人居环境的改善也使得他们需要各种类型的生活或家居用品，如钟表、打印设备、餐具、饮茶和咖啡用具等。❺此外，消费者对于产品装饰性功能的强调和消费品位的变化不定也使得厂家们力争设计出受消费者欢迎的产品，一大批新产品由此借助零售和广告的形式进入到市场中。所以，消费者数量的增加和消费品位的转化也加速了外观设计产业化的进程。

工业革命给经济和社会环境带来的影响是巨大的：市场需求的变化、消费群体的扩张、人口的流动等，这些使得产品设计上显现出区别化的特征，也增进了消费和市场的需求，从而最终产生了"工业品外观设计"。

---

❶ Uma Suthersanen, Design Law: European Union and United States of America, Thomas Reuters (Legal) Limited, 2nd, p. 10.

❷ J. Heskett, Industrial Design, Thames & Hudson, 1980, p. 12 – 14.

❸ A. Forty, Objects of Desire: Design and Society since 1750, Thames & Hudson, 1986, p. 36.

❹ P. Sparke, An Introduction to Design & Culture in the Twentieth Century, Allen & Unwin, 1987, p. 4.

❺ M. D. George, London Life in the Eighteenth Century, Penguin, 1925.

2.1.3 外观设计的现代演绎

如上所述，到 19 世纪时，外观设计的重要性已展现无遗——使得生产商们可以满足大量的市场消费需求。以家居行业为例，由于很多人拥有了自己的住宅，由此产生了购买家居用品的需求，而在他们看来，这也是一次转变生活模式，提升生活品味的机会，因此，窗帘、座垫、服饰、墙纸等可设计的商品开始涌入人们的视野中。对此，有人曾做过形象的总结，"所有的图画都经过了镀金、雕蚀、镂空的加工，甚至用丝绒来进行点缀，所有的座椅都经过了装饰物的覆盖，所有的纺织品都有流苏或抽穗的设计，所有木制品都经过了车床的加工。"[1] 不过，在后工业革命时代中，在社会、经济等综合作用的影响下，人们对外观设计也有了新的理解。

第一，产品销售和广告机制的发展。新型零售体系的建立使得为市场所需的商品能够更便捷地流向社会公众，与此同时，广告行业逐渐形成规模，反映了生产商之间竞争的日趋激烈，从而借助于宣传推广的方式来获得稳固的市场地位。[2] 1852 年巴黎建立的世界上第一家百货商场，1858 年卡麦基商店，1860 年纽约的梅西百货等著名的购物场所，都是上述背景下的产物，他们的目标也很明确：满足大量中产阶级的消费所谓"绅士名流所需拥有的一切用品"的需求。[3] 渐渐的，当供给超过需求时，广告对于消费者的引导作用则开始显现出来，而外观设计则是广告策划所重点部署的方面，这种氛围甚至对当时非针对消费者的外观设计产生了影响，如火车头的造型设计，由于当时不同铁路公司之间竞争也十分激烈，火车头一方面被视为移动式的广告，一方面又被作为起到辨识性作用的标志。[4]

传统手工艺人在精美的产品中体现出的装饰性开始被逐渐忽略，设计不再仅仅是财富和艺术价值的象征，取而代之的是商家用于谋取利益的手段，外观设计的重点也开始从专有的艺术性向商业上的可接受程度而转变。一时间，浓厚的商业色彩使得人们致力于将最简单的产品看起来复杂化，

---

[1] E. Hobsbawm, The Age of Capital, Abacus, 1977, p. 271.

[2] Uma Suthersanen, Design Law: European Union and United States of America, Thomas Reuters (Legal) Limited, 2nd, p. 13.

[3] P. Sparke, An Introduction to Design & Culture in the Twentieth Century, Allen & Unwin, 1987, p. 14.

[4] J. Heskett, Industrial Design, Thames & Hudson, 1980, p. 32.

以期获得更高的售价，这也进一步加剧了形式与功能之间的分离。[❶]

第二，机械化与装饰性的分离。产品外观设计与规模化生产及用户至上主义的紧密结合最终导致了对其敌视情绪的产生，那些厂商们留给人们的印象就是拥有大量的机械和原材料，结果生产出来的只是廉价的物品，当时人们一度认为产品的外观设计从手工艺人时代的高价优质，退化到了工业生产时代的低价劣质。马克思曾将这种变化归纳为从"质量和使用价值至上"到"数量和交易目的至上"。[❷] 这种大规模的生产也在一定程度上减损了产品的艺术价值，二者的界限也开始逐渐分明：一种为艺术家的设计，这种应用在产品上的设计蕴含了设计者的创造性，与市场化和消费群体无必然联系；一种是工业制造的设计，该类产品以其所投放的市场为设计的导向。[❸]

第三，实用功能性的作用。艺术价值和工艺技巧地位逐渐衰落引发了人们的关注和讨论，许多人试图发掘艺术与工业二者之间的连通点，作为1851年伦敦国际博览会主要的建筑设计人，亨利·科尔就此提出了非常具有前瞻性的观点，"外观设计主要与两方面有关：一是设计所附着产品的实用功能，二是对实用产品的装饰和美化。然而，很多人在理解外观设计时，片面地关注其装饰性方面，甚至忽略了实用功能对于一件产品而言的必要性和基础性，这也是许多现代设计者作品中常见的问题"。[❶]

在科尔看来，上述两方面是紧密相关的：外观设计装饰性的构思必须符合产品技术功能原理，材料的物理性能和生产的经济过程均限制了设计者想象和发挥的空间，换句话说，必须考虑到设计者的创作自由度。[❺]

第四，经济压力的驱动。到了19世纪中叶，打造优秀的外观设计在英国已成为国家政治和经济上的重要事项，因为其在以纺织品为代表的产品外观设计方面一直较为落后。与该领域的领军者法国相比，其虽然占据着

---

❶ Uma Suthersanen, Design Law: European Union and United States of America, Thomas Reuters (Legal) Limited, 2nd, p. 13.

❷ K. Marx, Capital-A Critical Analysis of Capitalist Production edited by F. Engels, Allen & Unwin, 1938, p. 359 – 360.

❸ Uma Suthersanen, Design Law: European Union and United States of America, Thomas Reuters (Legal) Limited, 2nd, p. 13.

❶ J. Heskett, Industrial Design, Thames & Hudson, 1980, p. 20 – 21.

❺ 可见，在外观设计诞生初期就有人注意到了设计自由度的概念，这也是最能反映外观设计性质特殊之处，在选择保护模式时考虑的重点因素之一。

工业技术上的优势，但却因缺乏良好的外观设计而在贸易地位方面屡受国外竞争者的威胁，有人认为，"我们制造业的获益也与这个国家对于艺术的鼓励息息相关。众所周知，制造业与机械化有着直接关系，这方面我们强于其他国外的竞争对手，而造型设计是将工业产品推介给不同品味消费者的关键，不幸的是，在这方面我们没有获得同等的成功"。❶ 这一时期贸易劣势的局面促使自由主义政府提出了立法干预的建议，除此之外，人们还呼吁进一步理解自由风格的艺术，加强对设计者的培训和教育。❷

改革的措施很快就取得了成效，设计者职业化的重要性日渐凸显，据统计，在所有从事白棉布印花的劳动者中，薪酬最高的当属设计者，然后是雕刻师。❸ 此外，外观设计的经济价值也在日益攀升，在 1840 年，一件优秀的棉布印刷设计可以卖到 200 至 300 英镑，而在之前只能卖 15 英镑。❹ 这也从另外一个角度反映出法律保护的积极意义。

而在具体的产业中，竞争关系对外观设计的推动作用也十分明显，以美国工业生产中的支柱——汽车产业为例，1909 年，福特公司推出 T 型汽车，第一次使用装配流水线生产汽车，同时把汽车的一万多个零件全部实现标准化，大幅度降低了成本，迅速占领了市场。❺ 为回应当时对于汽车产业缺乏设计美感的批判，也为了对抗福特公司，通用公司在引进装配线的同时，转而在汽车的外形上着手，于 1927 年第一次雇请 10 名设计人员，成立"艺术与色彩部"，这也是人类历史上第一批专职的工业设计师。❻ 对此，福特公司因自恃市场占有率高，并未有足够的重视，反而认为"卡车不需要有太多的造型设计，T 型汽车也不需要进行太多的改变"，忽略了市场需求的变化，导致通用其下的雪佛兰车销量一跃超过福特。最终，福特公司也开始注重外观设计这一能产生附加价值的因素，引入更具现代风格的 A 型汽车，并组织专业人员，以市场为导向开展产品设计活动。❼

❶ H. Read，Art and Industry，Horizon Press，1953，p. 6.

❷ A. Forty，Objects of Desire：Design and Society since 1750，Thames & Hudson，1986，p. 58 – 59.

❸ A. Forty，Objects of Desire：Design and Society since 1750，Thames & Hudson，1986，p. 47.

❹ A. Forty，Objects of Desire：Design and Society since 1750，Thames & Hudson，1986，p. 48.

❺ 王受之．世界工业设计史略．上海：上海人民美术出版社，1987：65.

❻ Arthur J. Pulos，American Design Ethic：A History of Industrial Design to 1940，The MIT Press，1983，p. 5.

❼ Arthur J. Pulos，American Design Ethic：A History of Industrial Design to 1940，The MIT Press，1983，p. 324.

第五，现代外观设计的教育与普及。19 世纪末期，工业品外观设计者开始被视为艺术家，德国建筑学家戈特弗里德·森佩尔认为艺术与工业之间的矛盾性可由"机械美学"的理论来解决。该理论认为，产品的基本构造和形式应遵从功能性的要求，但即便是在由机械性和功能性限制的前提下，如果存在艺术选择的机会，在产品外观样态的设计上还是有多重可能性的。❶

1919 年至 1932 年之间被称作"包豪斯"时代，位于德国魏玛的包豪斯学校开启了现代设计教育的先河，其目的就在于促进艺术和工业的统一，由格罗皮乌斯执笔的包豪斯学校宣言写道，"今天各种艺术都生存于孤立之中，只有通过所有工艺匠人的自觉的、合作的努力，才能把它们营救出来。……艺术不再是一个专门的职业，艺术家和工艺匠人之间没有什么根本的区别。艺术家是一个能随心所欲的工匠艺人，上帝赐予的灵感使他的作品变成了艺术。然而，工艺技术的数量对每一个艺术家来说均不可或缺，真正的创造力、想象力的源泉就是建立在这个基础之上的。"❷ 实际上，包豪斯象征性地将原有分立的两种艺术思潮——纯粹艺术和实用艺术融合在了一起，其目的就是要统一艺术与技术，消除艺术家与工艺匠人之间的区别。这也使得其成为许多现代工业品外观设计的指导思想。

在美国，工业品外观设计作为一种职业概念出现于 20 世纪 20 年代，到 30 年代才为人们所完全接受，造成这种延迟的主要原因就是外观设计相关教育的缺乏。❸ 美国教育机构提供该方面培训项目的时间晚于欧洲，1934 年，卡耐基工业学院开始设立工业品外观设计教学课程，成为美国第一家提供该类课程全日制教育的机构，也是全美第一所授予工业设计学士学位的高等院校。❶ 尽管该项目后因缺乏师资和预期收益而夭折，但外观设计教育培训的观念却保留下来，并在其他许多院校，如纽约的布拉特学院、辛辛那提州立大学等普及开来。

❶ Marcus，Functionalist Design-An Ongoing History，Prestel Verlag，1995，p. 47.

❷ 朱铭，荆雷. 设计史. 济南：山东美术出版社，1995：431.

❸ Edward Lucie-Smith，A History of Industrial Design，Phaidon Press Limited，1983，p. 236.

❶ Jim Lesko，Industrial Design at Carnegie Institute of Technology，10 J. Design History，1997，p. 269.

2.2 外观设计的法律保护

随着外观设计在工业生产中重要性的凸显，设计者们开始寻求将其以法律权利的形式固定下来，最初的保护形式对外观设计日后的发展和定位也有着深远的影响。

2.2.1 外观设计保护的起源

作为工业革命起源的国家，英国是世界上较早保护外观设计的国家之一，欧盟现行的外观设计法律保护体系中很多规定也是由英国而来，其在立法方面的丰富的演变过程对现代外观设计保护制度的建立有着深远的影响意义。

无论是在工业革命发生最早的英国，还是在工业革命发生较晚的法国，工业化和批量生产开始最早的领域均是轻工业，尤其是棉纺织业。因此，最早出现的保护工业品外观设计的法律也出现在棉纺织领域。[1] 在英国，工业革命开始后，伦敦的白棉布印花工厂反对北方新开的棉布工厂复制他们的式样，应其要求，《白棉布印花工法》于 1787 年颁布，它对于"任何……为亚麻布、棉布、白棉布和平纹细布的印花而发明、设计和印出……任何新颖和独创性式样的人"给予保护，但由于后一团体的反对，仅给予了两个月的保护期限，并且该法律只是作为一种临时措施而获得通过的。[2]

虽然英国具备先进的技术，可以生产比其他国家质优价廉的产品，但其产品设计却比较落后，与其他贸易国家，特别是与法国相比时，就被人认为引起美观品质较次而在销售上吃亏。[3] 为了鼓励和促进外观设计的发展，加强对其保护，1839 年英国废除了 1787 年法，制定了两部法律，其中，《外观设计著作权法》扩大了 1787 年法的保护对象，即从植物织品扩

---

[1] 王太平. 工业品外观设计的法律保护模式. 科技与法律, 2002, (3).

[2] 布拉德·谢尔曼, 莱昂内尔·本特利. 现代知识产权法的演进——英国的历程（1760—1911）. 金海军译. 北京: 北京大学出版社, 2012: 74.

[3] 胡充寒. 外观设计专利侵权判定理论与实务研究. 北京: 法律出版社, 2010: 7.

大到包括动物织品在内；《外观设计登记法》则将保护范围从织物扩展至所有制造品，而且将保护对象由款式和印花扩展至任何制造品的外形和结构，同时，保护期限也视外观设计的物品属性而在 3 个月至 12 个月不等。这两部法律不仅实现了从特定对象向一般对象的转换，并且第一次引进了外观设计登记制度，是法律逻辑上的一个重大变化，以及由前现代向现代知识产权法的一个转换。

1839 年的两部法律在外观设计的保护上有了很大进步，但其中用来定义保护对象的抽象方法，客观上引发了装饰性外观设计和专利之间发生重叠的可能。正如当时的外观设计登记机构所述，1839 年《外观设计登记法》的调整对象已经和"专利证书对象"发生了混淆，一种错误的对象被登记在了一部错误的法律中。❶

也就是说，从那时起，人们意识到为了明确某种争议法律形式的具体问题，有必要更具体地确定受到争议的每一法律领域究竟保护的是什么，就当时的情形而言，就是要确定：一方面，由外观设计法所保护的财产权益的特定本质；另一方面，则是专利法所保护的权益的特质。❷在当时的外观设计局看来，专利所保护的是诸如机械的动作、原理、设计或者应用，以及特定产品的利用、目的或者结果之类的东西，即专利保护的定义性特征就是发明的实用性问题。❸而《外观设计登记法》给予的保护仅适用于具有一个装饰性特征之形或者外形，该形状或外形被用于任何制造品，但本法所给予之保护无论如何与机械设备无关，也与机器、制造方法无关。❹

在上述思想的影响下，法律必须划定界线，以划分各个法律范畴的观点逐渐深入人心，英国立法者也逐渐注意到艺术作品和实用艺术作品的区别。所以，1839 年的两部法律很快就被废止，并被 1842 年的《装饰性外观设计法》和 1843 年的《实用性外观设计法》所取代。❺

1843 年之后又有一系列的法律通过，这些法律改变了外观设计注册的

❶ W. Hind-march, A Treatise on the Law Relating to Patent Privileges, Stevens, 1846: 78.

❷ 布拉德·谢尔曼，莱昂内尔·本特利. 现代知识产权法的演进——英国的历程（1760—1911）. 金海军译. 北京：北京大学出版社，2012：101.

❸ J. David, A Pamphlet on Patents, Weale & simpkin, 1850, p. 15.

❹ W. Carpmael, Registration of Design in order to Secure Copyright, 3rd ed., MacIntosh, 1846: 2.

❺ W. Carpmael, Registration of Design in order to Secure Copyright, 3rd ed., MacIntosh, 1846: 8.

行政管理，并延长了保护期限。1907 年通过《专利和外观设计法》，专利和外观设计出现在同一部法律之中，直到 1949 年《注册外观设计法》的制定，注册外观设计才又独立出来。❶ 该法在 1988 年被纳入《版权、外观设计和专利法》，并沿用至今。

英国 1988 年《版权、外观设计和专利法》颁行以前，对于外观设计，主要适用版权法和注册外观设计法两种保护方式，只在极少数情况下适用专利法。其中，功能性设计也可因作为其基础的设计图纸而获得版权保护。但自 1989 年 8 月以来，对功能性外观设计的上述保护形式已被新的外观设计权取代。1988 年法规定了专门的外观设计权，符合特定条件的外观设计无须注册即可自动获得这种保护。该模式缩短了保护期限，却因所赋予的排他性权利而加大了保护力度。总体而言，英国自 1988 年法实施后，在一定程度上限制了版权法对具有艺术性的产品设计的保护，而为其他的工业品设计提供一种短期的、类版权（未注册的外观设计权）保护或者未注册外观设计法保护，申请人可以在二者之间选择。❷

2001 年，为了配合《欧共体外观设计指令》《版权、外观设计和专利法》进行了一次修订。❸ 总体而言，对于外观设计，英国有注册外观设计、非注册外观设计、版权、欧盟注册外观设计、欧盟非注册外观设计五种不同特点的保护途径，外观设计的所有人可以选择其一加以保护。

2.2.2　外观设计的国际保护

知识产权保护领域中最重要的三大国际公约分别为 1883 年的《保护工业产权巴黎公约》（以下简称《巴黎公约》）、1886 年《保护文学艺术作品伯尔尼公约》（以下简称《伯尔尼公约》）和 1994 年的《与贸易有关的知识产权协议》（以下简称 Trips），上述公约均承认了外观设计法律保护的正当性，但均未对具体的保护形式作出规定，且从各个公约签订和修改的过程来看，在涉及外观设计时总会引起人们激烈的争议，这也是各国在保护模

❶ Christine Fellner, The Future of Legal Protection for Industrial Design, ESC Publishing Limited, 1985：14 – 15.

❷ Uma Suthersanen, Exclusions to Design Protection：A new Paradigm, Adrian Sterling, Intellectual Property and Freedom, Sweet & Maxwell, 1997.

❸ History of designs http：//www.ipo.gov.uk/types/design/d-about/d-whatis/d-history.htm 最后访问时间：2011 年 12 月 8 日。

式选择上大相径庭的原因之一。

（1）《工业品外观设计国际保存海牙协定》（以下简称《海牙协定》）

1925 年《海牙协定》的出台体现了外观设计作为知识产权一类重要的保护客体开始在国际层面上受到重视。该协定是专门保护工业品外观设计的国际条约，旨在赋予外观设计权利人简便的保护模式，成员国只需向伯尔尼工业产权国际局提交国际保存，便可在所有其他缔约国得对其工业品外观设计的保护，并且使用一种货币（瑞士法郎）交费一次即可。《海牙协定》的规定仅提供最低限度的保护，并不排除缔约国国内法可能制定的范围更广的规定适用，也不妨碍《伯尔尼公约》关于保护艺术作品和工艺美术品规定的适用。❶

《海牙协定》的签订并不影响成员国之间任何已签订协议对外观设计的保护，也不影响由其他国际公约提供的其他形式的保护，它的目的不在于在国际层面上统一外观设计的保护标准，而是建立一个可以使得外观设计的国际注册更有效率的体系。❷《海牙协定》最初的成员国并不多，对美国这种在外观设计授权方面要求进行创造性的实质审查的国家而言，也没有太大的吸引力。不过，随着国际贸易往来的频繁性和外观设计保护的国际化需求日益提升，越来越多的国家和地区出于贸易便捷和经济利益的考虑，开始考虑如何提升外观设计的国际保护质量。1989 年，一场在巴尔的摩大学召开的国际会议专门围绕《海牙协定》的意义和重要性进行了详细的介绍和讨论，标志着其已成为众多国家关心的话题。之后，欧盟于 2008 年加入该协定，这也意味着其区域性的联盟开始与国际接轨。随后，在 2012 年 12 月，奥巴马总统签署批准《专利法条约实施法案》，规定实施《海牙协定》，这也象征着世界上最大的知识产权国家接受了该协定对于外观设计保护的思路。❸

（2）《伯尔尼公约》

《伯尔尼公约》签署于 1886 年，旨在为版权保护提供一些基本的原则，在 1948 年的布鲁塞尔会议上，该公约成员国达成一致，同意接受实用艺术

---

❶ 唐广良，董炳和. 知识产权的国际保护. 北京：知识产权出版社，2006：345.

❷ William T. Freyer, The Geneca Act of the Hague Agreement Concerning the International Registration of Industrial Designs：Drafting History and Analysis, 1999, p. 23 – 33.

❸ 下文我们还将提到，美国对于《海牙协定》接受的深层次原因在于其在外观设计保护实质性要件的思路方面已发生了重大的变化。

品作为一类独立的作品而纳入《伯尔尼公约》中，这一规定体现在公约第 2 条第 1 款中，即实用艺术品的最低保护年限为 25 年，同时指出如果该客体在成员国受到有关平面设计或者立体设计的特殊保护，则依该规定受到对等程度的保护，但如果没有这样的规定，则应该按照版权法的规定，进行为期至少 25 年的版权保护。不过，在该条规定出台之前，成员国曾围绕实用艺术品是否能够成为版权保护的一类客体展开过激烈的争论。

法国代表团希望对于所有装饰性的设计，无论其目的为何，均应给予保护，这一提议遭到了包括意大利和德国在内的成员国的强烈反对，他们认为《伯尔尼公约》所提供的版权保护针对的是作品蕴含的艺术美观，而工业品外观设计与工业生产紧密相关，给其提供长期的版权保护会造成压制竞争的后果。最终，双方达成相互妥协的结果：实用艺术品作为公约保护客体的一种，但各成员国保留对其定义和规定保护期的权利，同时，如何划分可受版权保护的实用艺术品和应受工业产权保护的"设计和模型"也由各成员国自己把握。❶

不难看出，《伯尔尼公约》1948 年的修改增加了外观设计版权保护的模糊度，它并未要求成员国以版权法的形式保护所有工业品外观设计，他们既可以通过专门法来保护，也可以以版权法为保护基础，有较大的选择空间。自此之后的一段时间内，外观设计版权保护的声音渐弱，各国开始转向探索工业产权保护外观设计的道路。

（3）《巴黎公约》

《伯尔尼公约》中类似的争论也发生在《巴黎公约》中，该公约签订于 1883 年，主要保护对象包括发明、实用新型专利和商业性标识。《巴黎公约》的第 5 条之五明确规定，"工业产品外观设计在本联盟所有国际均应得到保护"。这是 1958 年在里斯本修订《巴黎公约》时的新增条款。当时的议案雄心勃勃，不仅包括各国保护外观设计的义务，还包括外观设计的定义、有关评价其新颖性的规则以及最低限度保护期限的规定。但除了第一项，当时的后三项都没有通过。这些立法权都保留在各国，说明当时各国难以达成一致。《巴黎公约指南》中还指出，这一条规定成员国有义务保护

---

❶ J. H. Reichman, Design Protection in Domestic and Foreign Copyright Law：From the Berne Revision of 1948 to the Copyright Act of 1976, Duke L. J. 1143, 1983.

外观设计，但并没有要求如何实现这样的保护。因此成员国可以以特殊的外观设计的立法来完成义务，也可以通过既有的版权法或者反不正当竞争法提供保护来完成义务。❶

（4）Trips

20世纪60年代，随着世界知识产权保护组织（WIPO）的创建，在世界范围内建立外观设计统一保护体系的建议被再次提上议程，众多国家对构建外观设计独立保护体系表示出了浓厚的兴趣，不过，本次改革最终仍因无法确立一套清晰的国际统一标准而不了了之。

三十年后，作为关税与贸易总协定（GATT）的分支而启动的Trips协议在历时七年之久后终于达成一致，较之于之前的两个公约，该协议拥有的成员国数量更多，并在外观设计保护的实质性条件上进行了初步的探索。Trips第25条规定，"受保护的独立创作的外观设计应当是新颖或原创的"，为外观设计的审查提供了具体的标准，并进一步指出"各国可以规定这样的保护不应延及主要由技术因素或者功能因素构成的设计"。遗憾的是，Trips仍未对保护模式进行强制性的要求，而是同时采纳了版权法要求的"独创性"和工业产权法要求的"新颖性"，将保护模式的问题再次留给了成员国。正因如此，克林顿总统在签署批准美国加入Trips协议时曾自信地说，"美国法律已经完全符合Trips协议的要求"❷，实际上，从下文的分析我们可以看出，这是美国既不愿意按照Trips协议的规定修改自己的版权法，也不愿意承认其专利法无法给予外观设计充分保护的表现。

总的来看，Trips协议在外观设计保护方面有了许多进步之处，例如，首次就保护要件的问题进行了明确的表态；结合纺织行业产品周期短的特点，指出该行业的设计不适合以专利的赋权方式来保护❸；明确了外观设计的最低保护期限为10年。更重要的是，自Trips协议之后，"改进的版权法"和独立的保护模式开始成为世界范围内外观设计保护的新趋势，而欧

---

❶ 博登浩森. 保护工业产权巴黎公约指南（英文附录文本）. 汤宗舜，段瑞林译. 北京：中国人民大学出版社，2003：86.

❷ Richard G. Frenkel, Intellectual Property in the Balance: Proposals for Improving Industrial Design Protection in the Post-TRIPS Era, 32 Loy. L. A. L. Rev. 531. 1999.

❸ Daniel Gervais, The TRIPS Agreement Drafting History and Analysis, Sweet & Maxwell, 2003, p. 212–213.

盟则是这种新趋势的引领者。❶

（5）欧盟

在各种国际公约没有统一规定之前，欧共体成员国对于外观设计有着不同的保护理念，从法国"艺术统一"理论到意大利对外观设计版权保护的排斥，有些国家在一段时期内还曾尝试不同的保护模式，这种混乱的局面使得成员国之间贸易摩擦的激烈程度不断增加。❷

1959 年，当时由六个国家组成的委员会提出要建立"专利、商标和外观设计"联盟，准备就三者在欧洲范围内建立统一的法律制度。其中，专利与商标都顺利地实现了欧洲层面上的统一，唯有外观设计方面，迟迟未能出台统一的法律。❸ 1962 年，时任该组委会主席的意大利人罗西奥尼再次提出类似的建议，但同时也强调鉴于成员国之间分歧较大，统一立法会面临较大的困难。❹ 1977 年，欧洲统一协商理事会下属的一个分会曾提出过有关外观设计保护的具体方案，但最后并未实施。❺ 但在当时，无论是在成员国内还是在共同体层面上，人们逐渐意识到版权法正在越来越多地被用来保护那些具有高度功能性的设计。

为了解决上述问题，欧洲议会于 1991 年出台了《关于工业设计法律保护的绿皮书》（以下简称《绿皮书》）❻，这也标志着欧洲共同体层面上外观设计立法的开始。在此之后，一系列的立法文件纷纷出台，其中，最主要的就是关于外观设计保护指令及条例的建议书和草稿，即 1993 年同时制定的《关于向议会提出的外观设计保护条例的建议》❼ 和《关于向议会提出的

---

❶ Susanna Monseau, The Challenge of Protecting Industrial Design in a Global Economy, 20 Tex. Intell. Prop. L. J. 495, 2012.

❷ Mario Franzonsi, Design Protection Italian Style. 1 J. of Intell. Prop. Law & Practice 599, 2006.

❸ For details, See Musker David. : Community design law: principles and practice, Sweet & Maxwell, 2002.

❹ Uma Suthersanen, Design Law: European Union and United States of America, Thomas Reuters (Legal) Limited, 2nd, p. 87.

❺ Proposal for a European Parliament and Council Regulation on the Legal Protection of Designs: COM (93) 342 final, December 3, 1993, [1994] O. J. C29/20.

❻ Green Paper on the Legal Protection of Industrial Design (June 1991) III/F/5131/91 – EN.

❼ Proposal for a European Parliament and Council Directive on the Legal Protection of Designs: COM (93) 344 final, December 3, 1993, [1993] O. J. C345/14.

外观设计保护指令的建议》❶。其中关于外观设计法律条文的解释对于我们更好地理解其立法初衷和保护目的有着重要的作用。

在几经修改之后，欧洲层面上第一个外观设计保护法律于 1998 问世，即《欧共体外观设计保护指令》（以下简称《外观设计指令》）。❷ 相比之下，由于牵扯到对外观设计保护条例的定性问题，即究竟是各国法律的统一还是一项新设的知识产权制度❸，直到 2001 年，《欧共体外观设计保护条例》（以下简称《外观设计条例》）❶ 才正式颁布，欧洲统一的外观设计保护制度至此构建完成。

与外观设计保护有关的国际公约还有《建立工业品外观设计国际分类洛迦诺协定》《世界版权公约》等，但总的来看，与其他知识产权保护客体相比，外观设计的授权条件、保护范围、侵权判断等问题目前尚缺乏国际层面的统一的标准，在下文中会叙及，这虽然与该类客体本身的特殊性有关，但也是造成外观设计保护难题的直接原因。

2.3 外观设计的特性

有人曾对国际公约、行业联盟、各个国家法律或相关规定中有关外观设计的定义进行过专门的总结和分析，通过比较发现，由于立法政策、制度设计和价值取向、政策有所不同，以及社会发展日新月异，各国对于外观设计的客体范围和保护制度各异，因此要对外观设计作出一个统一的定义并不容易。不过，总的来看，外观设计的构成要素几乎是相同的，都可以大致概括为形状、图案和色彩，其关注的是由形状、图案、色彩所综合形成的视觉印象。❺ 此外，外观设计与发明专利同属于对产品的创造劳动，但前者追求的是耳目一新的视觉印象，而发明追求的是技术上的改进、功

❶ Proposal for a European Parliament and Council Regulation on the Legal Protection of Designs: COM（93）342 final, December 3, 1993, ［1994］O. J. C29/20.

❷ European Parliament and of the Council of 13 October 1998 on the legal protection of designs.

❸ Uma Suthersanen, Design Law: European Union and United States of America（2nd Edition）, 2010, Sweet&Maxwell. p88.

❶ Council Regulation（EC）No 6/2002 of 12 December 2001 on Community designs

❺ 胡充寒. 我国外观设计定义之应然性重构. 科技与法律, 2009,（6）.

能上的完善，也就是说，虽然外观设计与发明不可避免地存在着对于产品的形状保护上的交叉，但是各国及地区立法对于两者立法价值的定位区分是明显各异其趣的。从逻辑上来讲，某种法律客体的定义应该是对其本质特征的反映，是对其内涵与外延的限定，某位学者曾说过，"外观设计难以定义，但很好描述"❶，我们可以用不同的语言和表达方式去定义外观设计，但只有通过对其各个方面特性的总结，才能为其在知识产权法体系中如何定位，如何保护提供理论上的依据。

2.3.1 外观设计的法律特性：工业产权还是艺术财产？

工业品外观设计既是工业经济不断发展的产物，同时也是人们追求产品美学功能的结果。❷ 但产品的装饰效果无法脱离其功能而独立存在，这就决定了外观设计的复合性特征。总的来说，从专利法的角度看，其可以体现出设计人对于某种产品外观上具有创新性的改进；从版权法的角度来看，许多产品的外观设计给人带来无可争议的美感；❸ 从商标法的角度来看，无论是否出于设计者的本意，某些产品的外观已经成为消费者辨识产品来源的依据。正是基于复合性的特点，《保护工业产权巴黎公约》和世界贸易组织《与贸易有关的知识产权协议》虽然都规定各国或成员应当保护工业品外观设计，但又没有具体要求采用何种方式予以保护。

那么，这些特性之间的关系是怎样的呢？是各自独立存在，抑或紧密关联？这涉及到一个更为广大而深刻的课题，那就是技术与艺术、科学与艺术的关系的考量。从人类的历史来看，科学（包括技术）与艺术的关系走过了一个由合到分的过程，而这种"分"也不过是近代的事情，著名的物理学家维克斯爵士在《论科学中的美学》中写道："只是在 19 世纪以后，科学才具有了它现在的局限意义。"从此科学被认为与艺术成为了截然对立的两种东西：科学是求同，艺术是求异；科学是发现，艺术是发明；科学是严谨、规则、条理，艺术是敏感、跳跃、光彩夺目；科学是客观地、规范地描述第一自然，艺术则是主观地、限定地表现第二自然。但是工业品

033

第2章　外观设计概论

---

❶ Orit Fischman Afori, Reconceptualizing Property in Designs, 25 Cardozo Arts & Ent. L. J. 1105, 2008.

❷ 李明德. 外观设计的法律保护. 郑州大学学报（社会科学版），2000，9.

❸ 这种美感当然是可以达到版权法关于独创性的最低要求的。

外观设计的发展却在一定程度上又使人们对科学与艺术的界限无法区分。实际上，科学与艺术也有很多共同点：科学与艺术的目的是相同的，方法也是相通的；同时研究科学与艺术的科学学和艺术学都同属哲学范畴的不同侧面，科学与艺术都是抽象的精神，是非物质的，所以研究科学和艺术的学问必然同是哲学的任务。❶ 因此科学与艺术或者在知识产权领域的发明与作品的区分本来就是相对的，随着社会的发展，二者的统一也未尝不是不可能的事情。

有人曾以药用测试仪为例来说明外观设计的复合性：为降低操作概率，提高操控可靠性，控制装置、刻度盘、计量器等与功能性有关的部件都集成在仪表盘上，同时还要确保各部位能够很清晰地被识别出来而不至于混乱，在此基础上，整个测试仪的大小、尺寸、各部位细节设计等也很重要，这些会形成产品的整体视觉效果，从而影响其市场成功率。❷

就外观设计而言，一方面，其承载着美学、艺术和令人愉悦的特质；另一方面，它引领了竞争性的市场状况。有人认为，外观设计是艺术与工业的融合❸，还有人认为，外观设计具备同时在艺术品市场和工业产品竞争的能力。❶ 也正是这种开放性的解释导致了其在知识产权法体系中地位的不明确。

从美感的表达来看，通常所指的产品的形状、图案、色彩或其结合的设计，从本质上来说是创作者思想的表达，虽然外观设计与产品的功能、结构不可分，但设计向公众传达的更多是一种"装饰性"效果，是一种艺术构思的表达形式，而非技术方案。在欧盟对外观设计数次进行定义的尝试过程中，"外观（appearance）"一直都是其强调的核心，尽管欧洲议会曾多次提示人们要把注意力转移到市场价值方面，但亦无法改变装饰性等因素在产品外观设计中的重要作用。❺

---

❶ 柳冠中. 科学×艺术的时代与创造性思维方法. 事理学论纲. 长沙：中南大学出版社，2006.

❷ Jay Dratler, Jr., Trademark Protection for Industrial Designs, UILLR, 887, 1988.

❸ M. A. Perot-Morel, "le system Francais de la double protection des dessins et modeles industriels" Disgno Industriale e Protezione Europea, Convengno Internazionale, Treviso, 1988, p. 12–13.

❶ J. Reichmann, Legal Hybrids Between Patent and Copyright Paradigms, 94 Col. L. R. 2432, 1994.

❺ See Uma Suthersanen, Design Law: European Union and United States of America (2nd Edition), 2010, Sweet&Maxwell. p. 88.

从工业性应用的角度来看，工业产品的外观设计是在产品的结构、功能及其外形基础上而作出的综合性设计，产品的结构与功能往往会不可避免地体现在产品的外观上。因为在某些情况中，对象的实用性也就来源于该对象所呈现的特定的形式。比如浆轮、船尾的螺旋桨、铁道围栏、椅子、枕木以及木头路面，这些对象的特定外形或者结构就是其实用性的来源。❶因此，对许多结构比较简单的产品来说，人们很难将其外观与其自身的功能、结构分开，进一步说，任何对美学功能的追求，都必须以产品的形状、图案、色彩或其结合体现出来，并能以批量复制的方式进行生产。❷按照世界知识产权组织的观点：如果缺少了工业化批量生产可能，则这种创作只能更确切地归入艺术作品一类。❸

欧盟曾对外观设计的特性进行概括，认为其是三方面作用的结果：①产品技术创新和功能改进；②设计者在艺术特性方面带来的创新贡献；③制造者生产上的投入。❹ 成立于 1957 年的国际工业设计协会联合会（ICSID）认为，工业品外观设计是科学、技术、艺术、经济融合的产物。❺德国著名的马普研究所也有类似的观点，"绝大部分呈献给消费者和其他用户的产品都回应了功能性、艺术性和人体工程学的需求"。❻

分析至此，不难看出，复合性是外观设计自诞生之日起就有的，其同时具备的艺术性和实用性是不可分割的整体，然而，试图作出划分以将外观设计明确为某一类已有知识产权保护客体名下的尝试在历史上曾长期存在，以美国为代表的一些国家在立法和司法实践中采用了不同的理论来试图固定外观设计的保护范围，这些尝试均以失败告终，并直接导致了包括保护模式选择在内的后续一系列难题。其实，法国早于 1902 年就在其成文法中公开承认：企图在外观设计的工业产权保护与版权保护之间划一条线，是没有意义的，对此，郑成思教授曾说过："只要回到知识产权的基本原理

❶ 布拉德·谢尔曼，莱昂内尔·本特利著. 现代知识产权法的演进——英国的历程（1760—1911）. 金海军译. 北京：北京大学出版社，2012：107.

❷ 赵小东. 论外观设计在知识产权体系中的地位. 广西社会科学，2012，3.

❸ 世界知识产权组织. 知识产权法教程. 北京：专利文献出版社，1990：8.

❹ Green Paper on the Legal Protection of Industrial Design (June 1991) III/F/5131/91 – EN.

❺ 胡充寒. 外观设计专利侵权判定理论与实务研究. 北京：法律出版社，2010：7.

❻ Max Planck Institute draft. "Towards a European Design Law", 22 I. I. C., 1991.

上去，一大部分（不是一切）看上去的疑难问题，也就自然冰释了。"❶

2.3.2　外观设计的经济意义：技术与市场之间的桥梁

　　如果说复合性是外观设计最显著的法律特性的话，那这种特性在现代经济条件下被进一步放大，成为产品顺利走向市场并完成销售的重要因素，因此，从某种意义上讲，外观设计的这种经济意义是其受法律保护的正当性依据，也影响着在此基础上法律保护模式的选择。

　　其实，外观设计的经济意义并非一蹴而就的，在工业革命时期，设计者们关注的重点主要在于如何改善和提升产品的机械性能，前文曾提到，在 19 世纪末 20 世纪初，受实用功能主义运动的影响，"形式追随功能"的思潮贯穿产品生产中的设计环节，好的设计被认为应该是有益于功能性的。不过，在艺术历史学家看来，工业品外观设计展现的并非完全是产品的机械性能方面，相反，产品正是通过外观设计中艺术美感的展示而得以销售的。❷ 根据他们的考证，20 世纪 20 年代末，工业化生产程度持续上升、移民水平不断下降、经济大萧条等因素结合在一起，形成了一个"饱和的市场，迫使生产者们必须区分各自的产品，否则将面临破产"。❸ 此时，设计者们的出现使得同样功能的产品可以具备不同的外表，从而实现彼此的区分，厂商们得以借此来吸引不同领域的消费者，从而维系和促进自己的生意。

　　以常见的家居用品——食物搅拌器为例，自 20 世纪 20 年代起，其呈现的都是基本相同的外表：简单、不加装饰的发动机和搅拌器，到了四五十年代，设计者们开始在搅拌器的外形上进行构思，并使用和借鉴了好莱坞电影中流线型的飞船造型。接下来，在 50 年代晚期，来自德国的博朗电器完全颠覆了之前的设计，使得新的搅拌器造型看上去更像是一种艺术品，而非一种工业产品。❶ 之后的几十年间，关于搅拌器的创新设计层出不穷，

❶　郑成思 . "权利冲突"与外观设计保护 . 中国知识产权报，2004 – 7 – 24.

❷　Eric Setliff, Copyright and Industrial Design：An "Alternative Design" Alternative, 30 Column. J. L. & Arts 49，2006.

❸　Jeffrey L. Meikle, Twentieth Century Limited：Industrial Design in America, 1925—1939. Temple University，1979，p. 39.

❶　Adrian Forty, Objects of Desire：Design and Society since 1750, Thames & Hudson Ltd, 1986, p. 178 – 180.

能否带来足够的吸引力也成为商家在市场上获取一席之地的竞争手段之一。

而到了现代社会，这种经济价值显现得尤为明显，外观设计在经济全球化的浪潮中被越来越多的人认识到其重要性，"外观设计已成为市场环境下唯一能将产品区分开来的东西"。[1] 就设计者而言，他们最重要的工作就是要迎合消费者的需求，因为消费者在面对一款新式设计时的第一反应会直接影响他购买该产品的决定，甚至会影响到他对产品质量、价值的判断。例如，在市场上，MP3 播放器的种类有很多，但苹果一直都是其中的佼佼者，因为其拥有独特的外形设计，消费者看到后会联想到"酷""高科技"等词汇；再如，在面对 20 世纪 50 年代老款的凯迪拉克汽车时，消费者们又会想到"经典""耐用"等词汇。[2]

与此同时，类似通用、宝洁这些商业巨头都在逐渐转变其生产模式，试图利用产品外观设计上的创新来开发新产品和新市场。1973 年，IBM 前主席汤姆·沃特森在沃顿商学院发表演讲称，"好的设计能带来好的商机"。摩托罗拉公司的"刀锋"系列手机和苹果公司的 IPod 均是以良好外观博取商业成功的范例。从 1980 年起，美国《商业周刊》和美国工业设计者联合会（IDSA）共同设立工业设计年度大奖，旨在帮助商企和公众理解外观设计对于现代经济和生活的重要意义。[3] "顶级的跨国公司往往同时也是其领域内顶级设计的引领者。"[4] 英国外观设计协会主持的一项调研表明，1994—2004 年间，那些曾在外观设计领域荣获数项荣誉的公司，在同业经营者的竞争中，不仅在经济环境较好的年代能够遥遥领先，在恶劣的经济状况下也能持续坚挺，迅速恢复市场占有率。[5] 美国 2005 年的一份报告也指出："排除成本因素，好的工业品外观设计与企业在资本和证券市场的表

[1] Tom Peters, Re-Imagine! Business Excellence in a Disruptive Age, Phoenix Audio, 2003, p. 134.

[2] Telephone Interview with Dr. Ron Kemnitzer, Fellow, Industrial Designers Society of America and Chair, Indus. Design Program, Sch. of Architecture & Design, Virginia Polytechnic Inst. & State Univ. Aug. 10, 2009.

[3] Perry J. Saidman, Theresa Esquerra, A Manifesto on Industrial Design Protection: Resurrection the Design Registration League, 55 J. Copyright Soc'y U. S. A. 423.

[4] Ravi Sawhney & Deepa Prahalad, The Role of Design in Business, Businessweek, Feb. 1, 2010.

[5] Design Council, The Impact of Design on Stock Market Performance, Design Council, 2005.

现密切相关。"❶

那么，外观设计究竟是如何发挥经济作用的呢？高新技术并不是以其晦涩的公式和术语的形式出现在消费者面前的，而是以对消费者有亲和力的产品的形式出现的。❷ 如前文所述，外观设计与"生产"和"消费"密切相关，反过来，"竞争"与"消费者需求"这两个概念在外观设计发展的历史中也占据重要的地位：17—19 世纪，生产水平在技术发展的驱动下不断提升，但技术的发明者们缺乏对于市场的敏感度，当同类产品的生产者日益增多，竞争愈发激烈时，人们开始将注意力转移至产品外观等因素上，而不再过多关注产品的基本相同的内在品质。随着进一步的发展，消费者的需求和市场的导向开始引导和鼓励技术的发展，反映在外观设计方面，即为厂家们在产品外观上能保持不断创新提供了不竭的动力。也就是说，外观设计最终成了"技术"与"市场"之间相互作用、相互促进的渠道。❸

2.3.3 外观设计的政策导向：利益的博弈结局

任何事物的发展都是一个由简单到复杂的过程，法律也不例外，对于某种客体，先是出于某种需要其重要性开始显现，继而产生法律保护的必要，之后在法律保护的过程中分化出更为具体的问题，这个过程不仅与法律本身有关，更与政策导向、经济驱动、公众认知等因素密切相关，尤其对于一些新兴的法律保护客体，这些因素在保护范围和保护模式上有着决定性的作用。就外观设计而言，作为知识产权这一年轻法学部门下一类新颖、独特的客体，其具备复合多元的法律特性和日益重要的经济地位，这也决定了外观设计的保护中会有更多法律之外因素的干扰，从而影响最终保护体系的建立与构造。

如上文所述，外观设计保护模式的选择与判断自其诞生之初就一直没有统一的标准，这固然与外观设计本身的特殊性有关，人们也往往陷入到对于具体法律问题无尽的探讨中而无法自拔。其实，从法经济学的角度看，

---

❶ Julie H. Hertenstein, Majorie B. Platt & Robert W. Veryzer, The Impact of Industrial Design Effectiveness on Corporate Financial Performance, 22 J. Prod. Innov. Mgmt. 3 – 21, 2005.

❷ 王美芳. 通过设计创新及其知识产权保护提高我国企业竞争力. 载于：宫玉珉主编. 外观设计与知识产权保护，北京：知识产权出版社，2002.

❸ Uma Suthersanen, Design Law: European Union and United States of America, Thomas Reuters (Legal) Limited, 2nd, p. 21 – 22.

法及法所保护的权利都是具有效益的，知识产权不仅是一种法权，而且是一种极其重要的竞争性资源。[1] 知识产权的各个分支，无论是专利法、版权法，还是商标法，均有着固定的保护领域和特定的权益对象，虽有所重叠，但相对清晰，对应着相对独立的利益群体，有着各自的"地盘"，也正是这些利益群体的诉求所形成的驱动力，为上述各法的实施与执行提供了正当的理由和不竭的动力。外观设计的出现和对应产业的日渐崛起，促成了其法律保护的应然性，也打破了上述既定的利益格局，当立法者和政策制定者们开始讨论与保护有关的具体细节时，发现来自不同部门、领域、阶层的代表为了维护自身的利益而极力主张不同的保护模式，这种利益上的博弈一直持续到今天，极大地影响了立法的过程，也左右了外观设计保护的轨迹，因此，我们有必要对一些典型事件的背景进行研究，这不仅有助于理解法律困境形成的深层次原因，也有利于日后制定更切合实际的法律政策。

回到 19 世纪 40 年代的英国，在外观设计法律起源的纺织业，出于加大自身利益保护力度的诉求，白棉布印花工于 1838 年向当时的首席设计师波利特·汤姆森请愿，希望将外观设计的保护期限延长至 6 个月，并且扩展适用于所有混合织物。[2] 后者于当年年底推出了新法案的草案，其中最显著的一个特征即设立了外观设计登记簿，引入了知识产权的第一个现代登记制度，但因登记被作为各类保护的前提条件，此举遭到了白棉布印花工的激烈反对，原因在于：其一，纺织行业所生成的每一件织品都有详细的产品信息，这足以用来证明该式样的独创性，无需借助登记簿来证明，也没有理由要求权利人承担与登记有关的费用；其二，如果登记成为保护的先决条件，那么权利人交存于外观设计局的式样复制件将可接受公众的检查，这种检查会对权利人的利益造成严重的损害。由于波利特·汤姆森对于白棉布行业的需求特别敏感，故同意了白棉布印花工提出的反对意见，把最初提出的法案草案更换为两个不同的法案，对于印花设计提供类似版权的自动保护，其他设计依然需依登记保护，之后，利用担任贸易委员会主席职位之便，他成功地操纵这些法案在议会获得通过，也就是 1839 年的《外

---

[1] 冯晓青. 杨利华. 知识产权权利冲突及其解决原则. 法学论坛，2001，3.
[2] 1787 年的《白棉布印花工法》仅对棉布类织品提供 3 个月的保护。

观设计著作权法》和《外观设计登记法》。❶

　　1842 年《装饰性外观设计法》和1843 年《实用性外观设计法》的通过也有着类似的过程：一方面，下议院议员埃莫森·坦南特于 1841 年提出议案，要求以外观设计登记为条件而向在任何机器织物上作出或者完成印花式样的设计师提供 12 个月的保护；另一方面，政府采取了各种措施以缓解白棉布印花工先前提出的反对意见。但上述议案由于坦南特被提出受贿指控在随后的政府改组中失去了职位，其修法建议最终失败。❷ 不过，改革法律的任务还是由威廉·加尔斯通接了过来，他在罗伯特·皮尔爵士的新政府中担任贸易委员会副主席一职，因为有新政府的支持，上述改革计划最终获得成功。❸

　　从英国早期的外观设计保护史中不难发现，法律的诞生往往经历了这样的过程：依某类特定群体利益诉求而定的法案，在符合掌控话语权的立法者意见的前提下，由后者营造有利的政治环境促使法案的通过。且不论法案的具体内容是否合乎逻辑与法理，但至少我们可以看到，在利益博弈中获胜的一方对法律的变革与发展起着决定性的作用。

　　如果说近代英国的外观设计法律保护隐约透露出了些许的政治色彩，现代美国的这一特性则反映得更为直接和明显，也更加复杂，其在该领域的进程更像一场涉及多方群体、旷日持久的利益之争。19 世纪末，美国外观设计延续了半个多世纪的专利保护模式开始为越来越多的人所诟病，形形色色的法案开始被不断提出，每项法案的支持者组成虽有差别，但共同点在于他们有着同样的利益诉求，核心内容均是希望能将更为便捷、高效的登记制度引入外观设计的授权过程中，采取更符合外观设计性质的版权方式来进行保护。在接下来近百年的时间内，国会举行了无数次听证会，这些提案亦经历了反复修改，除了对法律问题的争议之外，与会各方关注更多的无外乎自身的利益，例如，1924 年的"Vestal Bills 法案"首次在版权法框架下提出了外观设计的登记注册制度，并建议将注册登记的管理机

❶ 1840 Report from the Selected Committee on Copyright of Designs 6 PP，转引自布拉德·谢尔曼，莱昂内尔·本特利著. 现代知识产权法的演进——英国的历程（1760—1911）. 金海军译. 北京：北京大学出版社，2012：78 – 80.

❷ T. Turner, On Copyright in Design in Art and Manufactures, Elsworth, 1849, p. 23.

❸ 布拉德·谢尔曼，莱昂内尔·本特利著. 现代知识产权法的演进——英国的历程（1760—1911）. 金海军译. 北京：北京大学出版社，2012：93.

构转移至版权局❶，该法案由美国版权局提出，意图扩大工业品外观设计版权保护。❷ 反对的意见主要来自两方：一方面，来自专利局的代表认为在二者没有划分出清晰的界限之前，外观设计的注册职能仍应由专利局保留；另一方面，以零售商为代表的行业协会认为他们没有能力和义务去关注附于每一件产品上的外观设计的注册情况，在生产商向他们确保权属合法性的基础上，他们无法在大量的交易过程中去追踪每一件商品的具体信息，这种注册机制会给他们带来额外的负担。❸ 之后，双方围绕争议焦点进行了数年的协商，1930 年，直至时任国会专利委员会主席的阿尔伯特·怀斯坦去世之际，该法案依然未能通过。❶

其实，在 1898—1990 年近百年的时间内，上述情形数次在美国国会上演，但终未有任何实质性的新法案出台。有人对其进行了形象总结："历史表明：即便支持者们能持续几代保持统一的观点，法案未通过；即便支持者满足了反对者所有的要求，法案未通过；当其范围被缩小至某个具体的产业时，法案未通过；专利法修改时，涉及外观设计的部分被忽略掉；而在版权法修改时，设计外观设计的部分亦被删除。从漫长的失败的立法历程来看，尽管国会出于某些产业迫切的压力愿意给予某个产业以特别的保护，但由于外观设计涉及众多行业的利益，很难（在他们）之间达成一致，这也导致了外观设计保护混乱的局面。"❺

不过，也有些行业在强大的利益诉求和游说能力下，其提出的改革法案已获得了实质性的成功，1998 年，船舶行业《船体设计法》（VHPDA）进入《数字千年版权法》（DMCA），继早期纺织业之后，成为实现外观设计独立保护的另一行业。之后，汽车制造业、半导体产业、服装行业等均在积极探求适合自身特质的法律保护体系，并不断尝试通过立法来争取利

❶ Registration of Designs：Hearings on H. R. 10351 Before the House Comm. on Patents Part 1，68th Cong.，2d Sess. 1，1925.

❷ 林晓云. 美国知识产权法律关于工业品外观设计保护范围的规定（上）. 知识产权，2012，(77).

❸ Registration of Designs：Hearings on H. R. 10351 Before the House Comm. on Patents Part 1，68th Cong.，2d Sess. 1，1925.

❶ Copyright Registration of Designs：Hearings on H. R. 7243 Before the House Comm. on Patents，71st Cong.，2d Sess，1930.

❺ David Goldenberg, The Long and Winding Road, a History of the Fight over Industrial Design Protection in the United States，45 J. Copyright Soc'y U. S. A. 21，1997.

益的最大化。以服装行业为例，从 2007 年的《设计盗版保护法案》（DP-PA），到 2011 年的《创新设计保护和预防盗版法案》（IDPPPA），再到近来刚刚在参议院获得通过的《创新设计保护法案》（IDPA），虽几易其名，但核心之一即将版权法扩展至对于时装设计的保护，这也是时尚界在多年来因仿冒遭受巨大损失之后，持续性地进行立法保护尝试的结果。❶

2.3.4 外观设计的社会功效：综合因素作用的结果

工业品外观设计实质上是以最优化的设计策划来创造人类自身更合理的生存方式，它的重要任务是设计物与人相关功能的最优化，这不仅要求以其形象所具有的功能适应人们工作的需要，提供人们使用，而且要求以其形象表现的式样、形态、风格、气氛给人以美的感觉和艺术的享受，起到美化生产和生活环境、满足人们审美要求的作用，因而成为具有精神和物质两种功能的造型。❷

从心理学的角度来看，人们在用"眼睛"选购商品的过程中，都有一种对购买对象"应该是一种什么模样"的直觉或观念，这种直觉或观念的形成，一方面来自于消费者对自然科学一般规律和日常生活的认识；另一方面也来自于他们所持有的美感和对产品形体的想象力，这就要求产品的外观设计能够尽可能地符合消费者的心理"图景"，以充分地体现出产品的内在质量。❸ 同样道理，外观设计的相同相似性判断，实质上是一个心理学上的对客观事物的认知过程，它服从于客观存在的人类认知心理规律。面对外观设计的各类组成要素，如形状、线条、色彩等，做相同相似性判断，人们就是进行了感觉、知觉、记忆、表象、想象和思维等心理活动。因此，有人认为，为了使外观设计的相同相似性判断更加科学化和实用化，将人类对事物感觉和知觉以至思维过程中产生的此类认知和误差规律适用到知识产权法律实践当中去，是解决外观设计相同相似性判断的一种较为行之有效的方法。❹

---

❶ IDPA 的出台意味着时装设计也被纳入到外观设计的保护范围，这也标志着美国在对待外观设计的认识和保护模式方面也在发生着重大的改变，下文将对此进行详细的论述。
❷ 胡充寒. 外观设计专利侵权判定理论与实务研究. 北京：法律出版社，2010：26.
❸ 王元. 消费者心理与产品外观设计. 经济导刊，1994，1.
❹ 吴岫岫. 关于外观设计相同相似性判断的思考——兼论商标相同相似性的判断. 法制与社会，2012，11（中旬刊）.

实际上，在现代社会中，商品的消费取决于一系列的社会和心理因素，外观设计也不可避免地与消费者购物时的复杂、主观的心理状态密切相关。❶ 它不仅有助于传达产品的物理特性，同时也蕴含着特定的文化、社会价值，厂家们也正是基于此来划分市场领地，增加收益。❷ 以汽车制造业为例，其实用功能就是一种运载工具，但不同的汽车外形代表了主人的生活方式和追求品味❸，正如宝马公司所言，其生产的不仅是汽车，而是"一件可以表达驾驶者对品质热爱程度的移动艺术品"。❶

法律是通过具体的法律关系而发挥作用的，而法律关系是一种主客体关系框架，其中起决定性作用的是法律关系的主体和客体。前者的核心是主体的法律价值，而后者的核心则是客体的自然属性。可以说主体的法律价值和客体的自然属性在一定程度上共同决定了法律关系的构造，进而也就决定了规范法律关系的法律的基本构造。我们知道，对于任何法律和法律关系，主体均是人，在同一时期的发展阶段上，它的法律价值是基本确定的，而法律关系的客体则是多种多样的，这种多样性在很大程度上是人类行为与法律制度多样性的依据。因此工业品外观设计的性质在一定程度上决定了法律对工业品外观设计应该持的态度，也决定了工业品外观设计的基本法律原则与法律结构设计。❺

2.4 本章小结

作为人类工业生产发展过程中衍生出的概念，外观设计并非一夜之间达到现今如此重要的地位，在经历了从无到有、从次要到必要的阶段之后，人们日益认识到外观设计在工业生产和日常生活中的重要性，其性质也随

---

❶ Design Program, Sch. of Architecture & Design, Virginia Polytechnic Inst. & State Univ. , Telephone Interview with Dr. Ron Kemnitzer, Fellow, Industrial Designers Society of America and Chair, Indus. , Aug. 10, 2009

❷ Orit Fischman Afori, Reconceptualizing Property in Designs, 25 Cardozo Arts & Ent. L. J. 1105, 2008.

❸ John Heskett, Toothpicks and Logos: Design in Everyday Life 32, Oxford University, 2002, p. 44 – 45.

❶ Venessa Wong, How Business Is Adopting Design Thinking, Businessweek, Nov. 3, 2009.

❺ 王太平. 工业品外观设计的法律保护模式. 科技与法律, 2002, 3.

着客观生产能力的不断提升而变得复杂化和多元化。纵观目前外观设计的法律保护体系，并无统一的定义与标准，决定其保护模式的因素似乎更多的来自法律之外，这也使得我们有必要重新梳理外观设计的特性，界定其范围，从而确定外观设计究竟保护的是什么。通过本章的分析，无论从起源、保护目的，还是立法宗旨的角度来看，我们可以肯定的是，外观设计并非一种纯粹的技术方案或艺术作品，也没有天生的指示商品来源的功能，这也决定了无论是否需要一种单独的保护模式，至少我们需要在内心认可其在知识产权体系中享有专属于自己的"领域"。

第3章 我国外观设计保护的发展及问题

自 1985 年《专利法》实施以来，随着我国在科技创新领域投入的不断加大以及社会公众专利意识的进一步提升，我国外观设计专利申请呈持续增长态势，据国家知识产权局数据统计，2015 年上半年，国家知识产权局共受理专利申请 112.4 万件，其中，外观设计专利申请 22.9 万件，同比增长 8%。● 不过，高速增长的申请量背后也有着令人担忧的问题，除了外观设计质量较低、无效率高之外，有关外观设计定义、立法模式、司法保护状况等都尚处于发展中的阶段，总结问题、分析原因是我国外观设计法律保护进程中的一项重要工作。

3.1 早期的保护

现代专利制度起源于十二、十三世纪的欧洲，1474 年，威尼斯颁布的第一部专利法标志着其成为了一种正规制度，也蕴含了该制度建立的目的：对社会有用、鼓励发明活动、回收发明费用及发明人有权享有其智力成果等。1623 年，英国《垄断法规》的出台成为专利制度发展史上的第二个里程碑，在此之后，法国和美国陆续于 18 世纪末颁行专利法，专利制度得以开始在世界范围内传播。● 结合上文分析，专利制度在诞生和发展的初期并未囊括外观设计这一客体。

● 引自 http：//www.sipo.gov.cn/tjxx/，访问于 2013 年 6 月 23 日。
● 汤宗舜. 专利法教程（第三版）. 北京：法律出版社，2003：7-8.

1859 年，太平天国领导人之一洪仁轩认为对发明实行专利保护，是赶上西方发达国家的必备条件，并在他著名的《资政新篇》中，首次提出了建立专利制度的建议。此外，洪仁轩很有前瞻性地提出在同一专利制度下区分不同的等级，如"车马之利""舟楫之利""器皿技艺"给予不同的保护期限，"器小者赏五年、大者赏十年、益民者年数加多"。❶ 现在看来，洪仁轩的建议具有高度的概括性，将今日之外观设计纳入也无不可。❷ 由于太平天国起义的失败，上述思想未能转化为具体的制度。

与英国白棉布印花产业类似，我国近代史上第一件专利亦诞生于该领域，1882 年，应资产阶级改良派实业家郑观应之请求，光绪帝批准赐予其开办的上海机器织布局 10 年专利，实际上也是开办新兴工业的垄断权，自此以后，清朝批准造纸、酿酒、纺纱等新工业的垄断权就逐渐增多了，在1989 年的戊戌变法中，《振兴工艺给奖章程》成为我国历史上第一部专利法。由于统治者更迭频繁，该法虽未实际执行，但其核心精神得以在之后的《奖励工艺品暂行章程》和《暂行工艺品奖励章程》中继续体现。❸ 不过，这一时期的法令以工业产品和制造方法为保护对象，未延及产品式样和造型。

到了民国时期，国民党政府加快了专利法的制定与修订步伐，先是于1928 年公布了《奖励工艺品暂行条例》，延续了先前的专利制度，于 1939年增加了"新型"和"新式样"专利，这也是第一次在中国法律中提及外观设计，并为 1944 年《中华民国专利法》所吸收，这也使得该法成为我国历史上第一部比较完整的、正式的现代专利法。

新中国成立后，1950 年 8 月颁布《保障发明权与专利权暂行条例》，实行双轨保护制。1957 年该条例停止执行。1963 年颁布《发明奖励条例》，该条例并未真正实施，1978 年重新修订并颁布《发明奖励条例》，采单纯奖励制，发明的所有权属于国家，各单位可以自由利用，对发明人发给奖金、奖章、证书。可能是认为问题太过琐碎，到那时为止，新中国立法者的注意力始终没有放到外观设计之上。❶

---

❶ 郑成思. 知识产权论（第三版）. 北京：法律出版社，2007：4 - 5.
❷ 应振芳. 外观设计研究. 北京：知识产权出版社，2008：52.
❸ 应振芳. 外观设计研究. 北京：知识产权出版社，2008：53.
❶ 应振芳. 外观设计研究. 北京：知识产权出版社，2008：54.

纵观近代中国百余年的专利保护历史，无论从范围界定、重视程度，还是从保护方式来看，都很难发现外观设计的身影，究其原因大致有以下几点。

第一，生产能力落后，设计水平低下。较之于 18 世纪工业革命蓬勃发展的欧洲，无论是在专利思想萌芽的太平天国，还是在构造了专利制度基础框架的清末，抑或在短暂占据历史舞台的民国时期，由于闭关锁国的政策，加之当政者腐朽的统治，我国在 19 世纪末 20 世纪初近百年的时间内，错过了工业革命引领的发展浪潮。生产能力停滞不前，产品制造工艺水平、机械化程度等均较为落后，这也意味着客观上无法对产品外形进行过于复杂的设计。此外，囿于当时的产业发展状况，政府的宏观调控是商品交易的支配性力量，产品的基本供应尚无法满足，更谈不上市场化的概念，商家之间竞争色彩的淡化也削弱了商品区别化的意义，其外形式样自然也不会引起购买者过多的关注。

第二，排外情绪严重，政策倾向性强。一种制度的推出总会伴随着反对声音的出现，自光绪帝批准上海织布局工艺专利起，保守派就起而反对专利，他们反对戊戌变法的改革措施，其中也包括专利制度在内。甚至连最初的发起人郑观应也对专利政策提出质疑，认为实行专利直接妨碍我国仿制外国新技术、新工艺。这种思想在民国时期体现得尤为明显，从 1912 年的《奖励工艺品暂行章程》到 1939 年的《奖励工业技术修正暂行条例》，都明文规定不准许外国人在我国申请专利。其理由是：①我国当时受不平等条约束缚，为防止外国人凭借其治外法权对我国奖励工业技术进行无理干涉，所以不准他们申请专利；②如果准许外国人在我国申请专利，他们取得专利权后有可能拒绝在我国实施专利，同时又阻碍我国自己实施，也有可能外国人仅仅在我国进行小规模的制造，大部分专利产品仍由外国输入，还有一种可能是输入专利产品零部件而在我国装配。该规定直到 1940 年才被正式取消。❶

上述观点将扶植民族产业与维持公平的市场秩序对立起来，将前者排在优先的位置，在民族主义盛行的中国有很大的市场。现在我们很多行业排斥民间资本或外资，多少都在受此类思想的影响。❷ 即便到了新中国专利

---

❶ 汤宗舜. 专利法教程（第三版）. 北京：法律出版社，2003：7 – 8.

❷ 崔国斌. 专利法：原理与案例. 北京：北京大学出版社，2012：49.

局成立初期，也发生过要不要制定专利法，以及专利制度姓"社"还是姓"资"的争论。❶且不论这种排外情绪和民族保护主义思潮的对错，但其确实从客观上阻碍了我国专利制度的进程，自然对外观设计保护有较大影响。

第三，政权更迭频繁，制度连贯性差。和知识创造领域的所有其他成果一样，直到清末，外观设计并没有得到类似私权这样的保护。原因可能在于：帝制的政治体制对私权长期漠视。有人认为，以一体化强控制为特征的古代中国社会，有政治国家，无市民社会，有"公法文化"，无"私法文化"，是不可能产生作为私权的知识产权的。❷事实上，从洪秀全失败的太平天国运动，到岌岌可危的清末政权，再到动乱连连的国民政府，中国社会在不到百年的时间内经历了数任政权更迭，这期间政局不稳，社会不安，每一任政权都意图建立起符合自身利益的制度体系，因此，不断有各种版本的专利制度被推出，但真正得以在实践中长期应用的却寥寥无几，有的甚至还未等到实施就已被废弃。即便是在拥有正式专利法的民国时期，专利制度的影响力也极其有限。据统计，从1912年民国政府颁布《奖励工艺品暂行章程》到1944年颁布专利法为止的32年间（其中，1924年至1927年无统计资料），共批准专利692件。❸平均每年20余件，摊到新式样之上的数量就更少。如果说，一个制度，当且仅当在社会中具有相当规模的制度实例时，该制度才可以称得上是实际发挥作用的制度的话。那么，以平均每年20余件的数量而论，民国时期的专利制度可以说基本上并未发挥实效。❶

3.2 现代的演变

3.2.1 *制度的建立*（1984）

20世纪70年代末，在经历了十年"文革"后，中国又一次迎来了建立专利制度的时机，1978年党的十一届三中全会和同年召开的全国科学大会奠定了科技兴国的基调，人们也开始逐渐重视技术创新在社会进步中的作

❶ 李明德. 知识产权法. 北京：社会科学文献出版社，2007：190.
❷ 金海军. 知识产权私权论. 北京：中国人民大学出版社，2004：13.
❸ 段瑞林. 知识产权法概论. 北京：光明日报出版社，1988：16.
❶ 应振芳. 外观设计研究. 北京：知识产权出版社，2008：54.

用。不过，由于是我国知识产权法律体系的开山之作，专利制度实施的经验十分匮乏，加之左派思想的长期影响使不少人认为专利法只会保护外国人的权利，无益于我国的发展，反对的声音充斥着整个专利法的立法过程。所以，自专利法制定事务提上议程后，相关部门经过了长期酝酿，对各国专利制度做了较为充分的调查研究，克服了各种阻力，历时近六年，前后修改二十五稿，仅国务院常务会议就专门召开过两次讨论专利工作，最终在以邓小平为代表的改革派的坚持下，得以通过和颁行。

这其中，外观设计虽非本次立法的重点，但亦被作为保护对象纳入首部专利法中，与之相关规定的形成也是一波三折，尤其在是否保护和如何保护的问题上曾有过数次激烈的争论，不过，这样的过程恰恰为我们理解立法者的初衷，明晰外观设计的性质提供了很好的线索，仔细梳理法律出台的背景材料可知，外观设计与专利产生联系具有相当大的偶然性，这主要表现在以下几个方面：❶

第一，保护的必要性。虽然从 1984 年《专利法》的正式文本来看，外观设计被明确为专利法保护的三类客体之一，但其法律地位从一开始就是各方争议的焦点问题之一。一种声音认为，我国没有实行专利制度的经验，国外对实用新型和外观设计也不称为专利，搞三种专利，专利局都审查，恐怕搞不过来，不审查又容易发生纠纷。此外，对于外观设计而言，其种类多，变化快，用专利制度加以保护价值不大，故在初期应只保护发明，后期在考察实际效果的基础上再做决定。

支持者们则认为，保护外观设计专利有利于调动设计人员的积极性，增加产品的花色品种，打破很多产品多年一贯制的现状，很多技术人员都希望保护外观设计专利。并且，专利法一旦公布，形势会发展很快，除申请发明专利外，还会大量提出保护实用新型和外观设计的要求。为证明保护外观设计的必要性，中国专利局上海分局当时专门进行了调查，写出了《关于法律保护外观设计必要性的调查》，重点从外观设计的性质、在市场环境下的经济地位、我国产业的发展现状等方面说明其与创造发明应享有同等的法律地位。

---

❶ 涉及的历史资料部分主要来自于以下书目，笔者又在此基础上进行了归纳和总结。参见：赵元果. 中国专利法的孕育与诞生. 北京：知识产权出版社，2003；刘春田. 中国知识产权二十年. 北京：知识产权出版社，1998.

分析双方各持的观点，我们并不能当然得出外观设计专利保护的合理性。一方面，反对者们并未彻底否定外观设计的可保护性，只是从保护时机和保护模式上提出了质疑，对于以专利法途径加以保护的反对也是考虑到了其不同于发明创造的特殊之处，还有的同志进一步提出鉴于三种客体的审批程序不同，奖励办法也应有所区别，写在一个法里不好处理，故可以考虑分别制定三个法律，这种思维其实是在尊重外观设计本质的基础上形成的；另一方面，立法者们调研分析的重点在于外观设计法律保护的必要性，很客观地说明了赋予设计者相应的权利是社会发展的需要，但并没有对外观设计究竟是否符合专利制度建立的初衷，其性质是否适合专利法的框架作出过多说明。在笔者看来，二者之间的争论远不如先前专利制度是否建立那般深入，触及不同政策和思潮的博弈，仅仅是在外观设计保护的紧迫性上存在分歧而已。

第二，定义及保护要件。虽然同为专利法的保护客体，立法者还是注意到了外观设计与发明创造的区别，在定义和保护要件方面进行了有针对性的规定。对于其概念，专利法草案第三稿就外观设计问题设置独立一章，将其定义为"对产品的形状、图案、色彩或其结合作出富有美感而适于工业上应用的新设计"。此定义同第一部专利法实施细则第二条所写的定义内容完全相同，其中，"新设计""工业应用""富有美感"等也一直是我国在外观设计界定方面遵循的原则，这些原则也得以在现行专利法中保留。在授权要件方面则仅规定了相对新颖性的要求❶，并明确不对其进行实质审查，理由在于同一类产品的外观设计数量极大，不可能都进行实质审查。

上述规定表明，外观设计与发明创造有着较为清晰的界线，是不同的，遗憾的是，法律条文具体措辞和表述方式在反复修改的过程中模糊了这一界线。例如，在草案第三稿中，将实用新型称为"实用设计"，即"对产品的形状、构造或组合的革新设计"，无论是名称还是内容均与外观设计有重叠；第四稿又将二者修改为"新设计专利"和"新式样专利"，进一步加大了二者混淆的可能性；到了第十九稿时，为减少立法的繁琐，又引入"发明创造"一词，用以概括发明、实用新型和外观设计，从客观上会给公众

---

❶ 1984年《专利法》第23条，"授予专利权的外观设计，应当同申请日以前在国内外出版物上公开发表过或者国内公开使用过的外观设计不相同或者不相近似"。

带来错误的引导，即三者本质上是相同的。

除了上述原因，立法过程中的一些时代背景也对外观设计加入专利法大家庭起到了推动作用：首先，加入《巴黎公约》的需要。当时由于制定和实行专利法的重要目的之一就是要适应对外开放政策的需要，而外观设计恰恰是《巴黎公约》明确要求的保护客体之一，因此，我国在立法过程中始终注意使我国的专利法与《巴黎公约》的原则一致，并在正式成为巴黎联盟成员国后仅十二天就颁行了专利法；其次，政治因素的干预。事实上，直到专利法草案第二十四稿（全国人大常委会提请通过稿），部分委员仍然对专利法保护的范围存有疑虑，认为专利法的重点应当是发明专利，实用新型和外观设计可待有一定经验后另行立法。为此，全国人大常委会法工委和国家专利局的领导单独向这些委员作了具体的介绍和详尽的解释，在该次会议即将闭幕之际，邓小平同志作出重要指示，专利法以早通过为好，有关外观设计的争论也就暂时搁置下来。

总的来看，尽管在保护必要性和具体形式的问题上有过一些争论，但作为专利制度构建的一个小版块，外观设计的保护最终顺从了专利法制定的大潮流，从源头上分析，其被纳入专利范畴没有经过系统和严谨的论证，更缺乏实践应用的检验，更多的是源自政策性的力量和宏观立法思想的方向，从整个历史背景的角度出发，这种做法可以理解，但社会的不断前进和发展总会使得这种"不适"被逐渐放大和加强。❶

自 1984 年颁行三十载以来，专利法分别于 1993 年、2001 年和 2009 年进行了三次修改，每次间隔为十年左右，加上与之配套的司法解释和行政法规、部门规章的陆续出台，与外观设计相关的法律保护体系在日渐充实和完善的同时，也暴露出了不少问题与弊病，本部分以三次修法时间为分界线进行分析。

3.2.2 基本原则的确定（1993）

改革开放之后，我国国际竞争实力进一步提升，国际贸易参与程度不断加强，发达国家借我国恢复关贸总协定缔约国地位的需求施加压力，要

---

❶ 下文可以看出，作为世界上为数不多的以专利模式保护外观设计的国家，我国和美国在外观设计专利化的过程方面有着惊人的相似之处。

求我国尽快提高专利保护水平，此外，1984 年专利法的出台有其特定的历史背景，自其实施伊始就在实践中暴露出了一些不足之处，因此，早在 1986 年，专利法的修订工作便被纳入当时的立法规划，1992 年 9 月，《关于修改〈中华人民共和国专利法〉的决定》通过，新专利法于 1993 年 1 月 1 日起正式施行。❶

而对于外观设计，有专家指出，一个好的设计师不只是单纯地为产品而设计，也不仅是行巧夺天工的设计意识，还应考虑到对人类精神文明进步、对未来世界的启发产生的影响，因此，任何主观的、简陋的、粗俗的、随意的设计已不应成为外观设计专利的保护对象，而应朝着国际上评判优秀工业设计的十大标准（主要指创造性、实用性、便利性、耐久性、抵陋性、自然性、整体性、与环境的配合性、简洁性、审美性）看齐，我国广大的设计者应尽快跟上时代的步伐，拨快我国工业设计革命的时钟。❷

因此，本次修法根据外观设计的特性增加了一些具体的要求，例如，规定申请人在必要时还应当写明对外观设计的简要说明。简要说明是指，申请人应当写明使用该外观设计的产品的主要创作部位、请求保护色彩、省略视图等情况。简要说明不得使用商业性宣传用语，也不能用来说明产品的性能和用途。❸ 该条款充分考虑了设计者本人客观的想法，意在将外观设计与技术方案的发明过程区分开来，并希望能够最大程度地还原外观设计的客观情况，但结合下文对于美国在同样问题上因相似处理引发困境的分析，我们可以推定，立法者或多或少受到了传统专利思维的影响，试图将"简要说明"打造为外观设计的"权利要求书"，这与外观设计的本质是相冲突的。此外，1993 年专利法沿用了原专利法关于外观设计保护范围的规定，即以表示在图片或者照片中的该外观设计专利产品为准，将保护的准据落在了"产品"，而非"设计"上，也容易招致与功能性产品专利保护的混淆。

与此同时，由专利行政审查部门制定的《审查指南》的出台，首次在专利法的框架下对外观设计的审查标准和授权条件进行了较为细致的规定，其意义在于：

第一，加深对外观设计边界的探索。对外观设计的定义，即"产品的

---

❶ 张德伟. 专利法修改解答. 北京：专利文献出版社，1994：2.
❷ 刘桂荣. 外观设计专利申请审查指导. 北京：专利文献出版社，1993：4.
❸ 1992 年《专利法实施细则》第 38 条。

形状、图案、色彩或者其结合所作出的富有美感并适于工业上应用的新设计"进行分解，对"形状""图案""色彩""适于工业上应用""新设计"等作出解释，有助于人们更深入地了解外观设计。

第二，奠定外观设计保护体系的基准。《审查指南》对相同和相近似的判断主体、判断方式等问题进行了具体说明，这使得其不仅成为外观设计审查、无效判断的标准，在当时尚无外观设计侵权判定法律规范的情况下，也被引入司法实践，成为该类型案件处理时参考的原则。一些规定，如"整体观察、综合判断"更是成为外观设计保护体系中重要的判定法则，在之后几十年的时间里一直发挥着重要作用。

遗憾的是，1993 年《审查指南》中外观设计所占篇幅十分有限，其规定亦仅围绕现有法条展开，并未形成体系化的规范。更重要的是，该版指南借用了商标法的原理，在外观设计相同或相近似这一核心问题上，用"一般购买者"的眼光，以"产生混同"为准来进行判定，又未能进一步说明这种"混同"是否应服从于"整体观察、综合判断"，以及与商标法混淆理论的关系，所以容易增加实践中应用的不确定性，也会使得其与技术方案、商业外观的界线趋于模糊。

3.2.3　完整体系的建立（2001）

2001 年 7 月 1 日，第二次修改后的专利法正式实施，这次修改明确了专利立法的目的之一是促进科学技术进步和创新，为贯彻《中共中央、国务院关于加强技术创新，发展高科技，实现产业化的决定》，把专利工作纳入技术创新体系之中奠定了坚实的法律基础。❶ 从立法层面上来看，围绕"创新"展开的修法重点仍在于发明专利，涉及外观设计规定的修订并不多，不过，权利冲突被明确为外观设计专利无效的因素之一，意味着立法者注意到了外观设计的复合性特征，也间接表明了其对于权利重叠的态度：至少在权利人为不同主体情形下，不允许同一外观设计上不同权利的同时存在。

同年，行政部门考虑到外观设计的迅猛发展，在《审查指南》中就外

---

❶ 评论员文章．推动科技创新是着眼点——写在修改后的专利法颁布之际．人民日报，2000－8－28．

观设计相同和相近似的判断增加专章规定，内容主要包括判断客体、判断主体、判断原则、判断方式和判断基准几大部分，形成了比较系统、完整、符合我国外观设计立法宗旨和我国国情、有利于外观设计知识产权保护的判断体系。❶ 2006 年，《审查指南》再次进行修改，进一步完善了"整体观察、综合判断"方式的具体规定。此外，由于长期以来没有专门针对外观设计侵权判定的法律或司法解释，北京市高级人民法院于 2001 年颁布《关于专利侵权判定若干问题的意见（试行）》（以下简称北京高院《专利侵权判定意见》），从保护范围的确定、侵权判定、相同与相近似的认定方面首次进行了详细的规定，2008 年又专门制定了《关于审理外观设计专利案件的若干指导意见（试行）》（以下简称北京高院《审理专利案件意见》），对外观设计中一些基本概念再次进行阐述，为司法实践的应用提供了重要的参考依据。❷

实际上，我国从 1985 年实行专利制度时起，就对专利权的保护采取了司法和行政机关"两条途径、协调运作"的模式，意在为权利人提供充分的保护。对于发明和实用新型而言，其专利性，如创造性标准与专利侵权判断标准没有直接可比性和适用性，而外观设计则不同，无论是行政审查还是侵权认定，均围绕"外观设计的相同或相近似"这一命题展开，所以，在进行外观设计相同和相近似判断和侵权判断时，应当采用原则上一致的判断标准，否则，会出现许多从法理上难以解释的不公正、不合理的问题，造成专利行政执法与司法的矛盾，对外观设计专利保护产生严重的不利影响和后果。❸ 不过，由于各自所处的角度不同，这种双轨制的模式在运行过程中还是出现了一些问题：

第一，部门利益的博弈。根据立法者的解释，专利侵权纠纷是一种民事纠纷，原则上应当通过司法程序解决。❶ 专利管理机关只有在权利人申请的情况下才能进行侵权认定，且在侵权成立的情况下只能责令停止侵权行

---

❶ 国家知识产权局审查业务管理部．审查指南修改导读．北京：知识产权出版社，2002：212.
❷ 最高人民法院也曾于 2001 年颁布过《关于审理专利纠纷案件适用法律问题的若干规定》，但其中关于专利侵权判定的实质性规定寥寥无几，该《意见》虽不具备法律效力，但在 2009 年新的专利法和司法解释出台之前，一直是各级法院在审理专利侵权案件中重要的参考依据。
❸ 国家知识产权局审查业务管理部．审查指南修改导读．北京：知识产权出版社，2002：213.
❶ 国家知识产权局条法司．专利法第二次修改导读．北京：知识产权出版社，2000：56.

为，而无行政处罚权力。^❶ 对于后者而言，尽管其职能在于对外观设计专利申请、撤销、无效等事项进行审查，但"按照国务院三定方案，我局有专利侵权咨询的职能。在制定该章内容时，还充分注意到了外观设计相同和相近似性判断与侵权判断之间的关系，使该规章可以作为外观设计专利侵权判断的参考"^❷。这样一来，同一套规则由立法和行政两个部门来制定，出现不一致的地方在所难免。^❸

此外，根据修改后的专利法第 23 条的规定，授予专利权的外观设计"不得与他人在先取得的合法权利相冲突"，但是，由谁来判断外观设计专利权与他人在先取得的合法权利是否相冲突的问题，在专利法实施细则的修改过程中有较大争议。一种观点认为，判断是否存在权利冲突的问题，就是判断该外观设计专利权是否应当被宣告无效的问题，应当由专利复审委员会进行判断。另一种观点则认为，判断是否存在权利冲突的问题，就是判断是否侵犯他人在先取得的合法权利的问题，根据商标法、著作权法等法律的规定，这一问题应当由工商行政管理部门、著作权行政部门或者人民法院来判断，不宜由专利复审委员会进行判断，因此，以存在权利冲突为理由请求宣告外观设计专利权无效的，应当提交生效的证明权利相冲突的处理决定或者判决。^❹ 立法者最终采纳了后一种意见，但并未给出具体的理由。在笔者看来，除去法理本身的因素，这其实也可以视为部门利益博弈的一种表现。^❺

---

❶ 2001 年《专利法》第 57 条。

❷ 国家知识产权局审查业务管理部. 审查指南修改导读. 北京：知识产权出版社，2002：212.

❸ 如果同为规则的执行者，可能问题还不大，至少其基准是相同的，但同为规则的制定者，则会出现根本的不一致，下文会对这些地方进行详细分析。

❹ 国家知识产权局条法司. 专利法实施细则第二次修改导读. 北京：知识产权出版社，2001：46 - 47.

❺ 不过，鉴于"法院或相关行政机关在有关侵犯在先商标专用权、著作权的纠纷中，仅会对被告制造、使用、销售含有他人在先注册商标、作品的有关产品的行为是否侵犯原告的商标专用权、著作权作出认定，不会就被告享有的外观设计权与在先商标专用权、著作权是否相冲突作出认定；如果授权的外观设计未曾实施，则人民法院或者相关行政机关不能认定侵权，也不会认定构成权利冲突。这样会导致权利冲突的条款落款，无法实现保护在先权利人的正当利益和制止不诚信的专利申请的目的。"故在 2010 年修改的《专利法实施细则》中，将"权利冲突的处理决定或者判决的"修改为"权利冲突的证据"，扩大了权利冲突证明材料的范围，引自国家知识产权局条法司. 专利法实施细则第三次修改导读. 北京：知识产权出版社，2010：82.

第二，判定准则的不一。如上文所述，在第三次专利法修改前短短八年之内，《审查指南》历经两次修改，相关司法经验亦日趋丰富，二者虽均以更好地保护外观设计为目标，但针对外观设计相同和相近似这一关键问题，还是出现了一些矛盾之处：

（1）在判断主体方面，2001 版《审查指南》认为一般消费者是一种假想的人，具有一般的知识水平和认知能力，能够辨认产品的形状、图案及色彩，对被比外观设计产品的同类或者相近类产品的外观设计状况有常识性的了解，北京高院《专利侵权判定意见》则将其限定为购买群体或使用群体❶，北京高院《审理专利案件意见》进一步指出，一般消费者是产品物理效用的享用者。❷ 在经典的"路灯"外观设计专利无效案件中，正是由于专利复审委、两审法院所持依据不同，才导致三者对判定主体的界定存在较大的分歧和争议。❸

（2）在判断标准方面，2006 版《审查指南》对外观设计相近似性的判断原则作了较大改变，即将原有的混同标准改为显著影响标准，即如果一般消费者经过对被比设计与在先设计的整体观察可以看出，二者的差别对于产品外观设计的整体视觉效果不具有显著的影响，则被比设计与在先设计相近似；否则，两者既不相同，也不相近似。❹ 根据行政部门对此次修改的说明，整体视觉效果模式并非要彻底颠覆混淆模式，而是为了更符合日常生活中对于"一般消费者"的通常理解，在调整"一般消费者"的定义之后，对于判断原则进行相应的调整。❺ 另一方面，部分学者认为，采用上述判断标准在实践中会出现许多矛盾和不合理的情况，应当将外观设计专利保护的立足点放在对外观设计创新活动的保护上，在现行新颖性标准基础上引入创造性或独创性授权标准，即以保护产品外观设计的创新为根本点，进而围绕保护创新设计，相应改变现行的外观设计侵权判定方法。❻ 这种观点起源于司法审判对个案公平的追求，也在司法部门的意见中有所体

---

❶ 北京市高级人民法院《关于专利侵权判定若干问题的意见（试行）》第 66 条。
❷ 北京市高级人民法院《关于审理外观设计专利案件的若干指导意见（试行）》第 16 条。
❸ 北京市第一中级人民法院（2005）一中行初字第 115 号；北京市高级人民法院（2005）行终字第 337 号。
❹ 2006 版《审查指南》第四部分第五章 4。
❺ 国家知识产权局：《关于〈审查指南〉第 1 号公报的说明》。
❻ 吴观乐．试论外观设计专利保护的立足点．知识产权，2004，1．

现，早在 2001 年，北京高院《专利侵权判定意见》就提出，"（外观设计）比较的重点应当是专利权人独创的富于美感的主要设计部分与被控侵权产品的对应部分，看被告是否抄袭，模仿了原告的独创部分"●，在北京高院《审理专利案件意见》中也有类似的表述。●

创新模式的提出意味着我国外观设计保护理论的发展进入到了一个新的阶段，也正是从这时起，有关外观设计是否应引入"创造性"标准、如何对其进行判断，成为理论界和实务界争论不休的问题。不同的模式代表不同的逻辑，且不论究竟哪种模式更适合外观设计的保护，其长期以来的同时存续，无疑为实践中对相关原则的把握和适用增加了难度。

3.3　全面修改的开始

党的"十七大"明确提出了提高自主创新能力、建设创新型国家的战略目标，并确定要实施知识产权战略，2008 年 6 月，国务院颁布的《国家知识产权战略纲要》（以下简称《纲要》）指出，"进一步完善知识产权法律法规，及时修订专利法、商标法、著作权法等知识产权专门法律及有关法规""加强知识产权法律修改和立法解释，及时有效回应知识产权新问题"。作为该《纲要》颁布实施后立法举措的第一步，新《专利法》于 2009 年 10 月 1 日起施行，其中涉及外观设计的部分有了重大的变化，与之配套的行政审查规定和司法实践标准也均进行了大幅度的修改，由此，外观设计法律保护体系开始变得繁杂起来。

3.3.1　授权标准的提高

新《专利法》第 23 条第 2 款规定，"授予专利权的外观设计与现有设计或者现有设计特征的组合相比，应当有明显区别。"也就是我们通常所称的外观设计的"创造性"标准，其对比对象包括：（1）现有设计，即授予专利权的外观设计作为整体和现有设计进行对比，应当具有明显区别；（2）现有设

● 北京市高级人民法院《关于专利侵权判定若干问题的意见（试行）》第 67 条。
● 北京市高级人民法院《关于审理外观设计专利案件的若干指导意见（试行）》第 19 条。

计特征的组合，根据 Trips 的规定，成员国可以采用拼图式测试法来评价外观设计的创造性，即将整体产品的外观设计区分为若干设计特征，并将其与现有设计的特征进行对比，二者应当具有明显区别。强调授予专利权的外观设计与现有设计特征的组合相比应当具有明显区别，主要为了解决实践中拼凑外观设计的问题。拼凑专利主要有两种表现形式：一是将惯常设计与知名产品的设计特征结合而成的设计，如国内某厂家申请汽车外形专利，其车前部分模仿奔驰车型；另一种是将已有设计简单组合而成的设计，如在飞利浦的电熨斗造型的基础上增加一个充电插座，申请外观设计专利。❶

　　为配合专利法的实施，国家知识产权局于 2010 年对《专利审查指南》进行了修改，将"简单的商业性转用类设计"与"现有设计或现有设计特征的组合"一并作为"明显区别"的排除类型，并指出这两种情形是本次专利法修订提高授权标准的标志，同时还明确了设计手法启示的重要性。该《专利审查指南》还规定："在现有设计或者现有设计特征与专利对应部分的设计相同或者仅存在细微差别的情况下，判断在与涉案专利相同或者相近种类产品的现有设计中是否存在具体的转用和/或组合手法的启示。如果存在上述启示，则二者不具有明显区别。"❷《专利法》与《专利审查指南》关于外观设计授权条件规定对比见表 3.1。

表 3.1　《专利法》与《专利审查指南》关于外观设计授权条件规定对比

《专利法》第 23 条第 1、2 款	不属于现有设计（新颖性）	明显区别（创造性）
《专利审查指南》规定	a 不相同 b 不实质相同	a 不具有明显区别 b 现有设计转用 c 现有设计组合

　　在笔者看来，无论是"明显区别"，还是"启示"，均与美国专利制度中的相关概念有着密切联系，这在修改后的《专利审查指南》中体现得尤为明显，相对于立法条文的字面意思，其不仅增加了"明显区别"所包含的情形，还对各种情形下的判断方式和步骤做了详细规定。其实，作为"非显而易见性（Non-obviousness）"的中文直译，"明显区别"参考了美国

❶　全国人大法制工作委员会经济法室.《中华人民共和国专利法》释解及实用指南. 北京：中国民主法制出版社，2009：53.

❷　2010 版《专利审查指南》第四部分第五章 6.2.1。

专利法的创造性的标准，而"启示"手段的引入则更具有模仿的痕迹，这一概念来自美国专利法制度中"TSM 标准"，要求法官或审查员必须在确认显而易见性时首先检索出相关技术文献，再指出本领域普通技术人员可从这些技术文献中得到明确教导和启示并产生动机，将这些文献相结合得到专利技术，否则就不能认为具有显而易见性。[❶] 不过，在下文的分析中我们会发现，起源于发明专利的"非显而易见性"标准向外观设计领域的扩张有着深刻的历史原因，其合理性近年来遭遇了重大的质疑，而与其相应的"TSM 标准"是否能够在外观设计比对中适用也存有很大的争议。

3.3.2 侵权规则的确立

2010 年 1 月 1 日，新专利法实施仅两个月后，最高人民法院《关于审理专利权纠纷案件应用法律若干问题的解释》（以下简称《解释》）正式施行，首次对外观设计专利侵权判定进行了专章规定，填补了这一问题一直存在的法律空白，结束了长期以来司法实践对于行政部门规章的依赖。[❷] 由于仅仅四条规定远不足以完整地囊括这一困扰实践多年的难题，2013 年 9 月 4 日，北京市高级人民法院再次将在司法实践中积累的经验总结为规范性的指导意见，出台了《专利侵权判定指南》，在遵循《解释》原则性规定的基础上，对其进行了扩展，细化了外观设计保护范围、侵权认定的规则，对未来外观设计侵权案件的审理具有重要的指导意义，不过，从内容上来看，《专利侵权判定指南》并未脱离《解释》本身及最高法院对其说明的范围，从形式上来看亦不具备法律适用效力，其对于北京法院系统审理相关案件起到了重要的指导和参考作用，但对于该类案件整体的司法审判应用效果尚待观察。此外，受行政部门审查标准的影响，《解释》中的一些规定对于《专利审查指南》的参考和借鉴也略显僵硬。

第一，判定基准的差异。《专利法》第 23 条修改了外观设计专利的授权标准，不再提及"相同或者相近似"的判断，代之以"不属于现有设计"和"与现有设计或者现有设计特征的组合相比，应当具有明显区别"，但仍未对侵权标准进行规定。在笔者看来，为了平衡专利权人与公众利益的需

---

❶ 尹新天. 中国专利法详解. 北京：知识产权出版社，2011：273.
❷ 《关于审理侵犯专利权纠纷案件应用法律若干问题的解释》第八、九、十、十一条。

要，行政授权、确权程序应与侵权判定坚持同样的标准，换句话说，法院规定外观设计专利距离在先设计有多远，那么也应当让社会公众的行为距离专利权有多远。● 因此，侵权判定基准也应进行类似的调整，但《解释》仍以"相同或者相近似"来确定外观设计的保护范围，在表述上参考了《商标法》的规定，即"在与外观设计专利产品相同或者相近种类产品上，采用与授权外观设计相同或者近似的外观设计……"为侵权判定标准。❷

根据制定者的解释，我国外观设计专利制度保护的是以产品为载体的外观设计，而非脱离产品的外观设计。因此，在确定外观设计专利权的保护范围时，应当同时考虑产品的类别以及外观设计两个层面。亦即如果产品类别相同或者相近，但被诉侵权设计与授权外观设计不相同也不相似，或者被诉侵权设计与授权外观设计相同或者相似，但产品类别不相同也不相近，则被诉侵权设计没有落入外观设计专利权的保护范围。❸ 这虽然与北京高院《专利侵权判定意见》相比有了一定的突破❹，却仍将外观设计侵权判定的依据建立在产品相同或者类似的基础上，这不仅不利于打击那些跨类别仿冒设计的行为，也会影响与行政审查的一致性。例如，由其他种类产品的外观设计转用得到的玩具、装饰品、食品类产品的外观设计属于现有设计的转用，无法获得专利授权，但若权利人在诉讼中对类似设计的侵权主张很可能因不属于相同或相近种类产品而无法得到支持。

第二，"相同或者相近似"的理解。根据《解释》，被诉侵权设计与授权外观设计在整体视觉效果上无差异的，人民法院应当认定两者相同；在整体视觉效果上无实质性差异的，应当认定两者近似。❺《专利审查指南》则将上述两种情形均归为《专利法》第 23 条第一款的审查范围，即"不属于现有设计，是指在现有设计中，既没有与涉案专利相同的外观设计，也

❶ 林笑跃，刘稚等．外观设计制度的完善．载于：国家知识产权局条法司．专利法实施细则修改专题研究报告（下卷）．北京：知识产权出版社，2008：430.

❷ "在同一种商品或者类似商品上使用与其注册商标相同或者近似的商标"，《商标法》第 52 条第（一）项。

❸ 孔祥俊，王永昌，李剑．《关于审理侵犯专利权纠纷案件应用法律若干问题的解释》的理解与适用．人民司法，2010，3.

❹ "同类产品是外观设计专利侵权判定的前提，但不排除在特殊情况下，类似产品之间的外观设计亦可进行侵权判定"，北京市高级人民法院《关于专利侵权判定若干问题的意见（试行）》第 64 条。

❺《关于审理侵犯专利权纠纷案件应用法律若干问题的解释》第十一条第三款。

没有与涉案专利实质相同的外观设计。……同样的外观设计是指外观设计相同或者实质相同"。❶ 按照修改后《专利法》第 23 条的立法初衷，属于修改前《专利法》所述的"相近似"的情形被拆分为两部分，更接近相同或者明显不具有专利性的一部分情形在第一款中进行规范，其余部分属于第二款"明显区别"规范的内容。❷具体对比情况见表 3.2。

表 3.2 《专利审查指南》与《解释》关于"相同""相近似"规定的对比

文件名称	相同	相近似
《专利审查指南》	相同或实质相同	明显区别
《解释》	无差异	无实质性差异

第三，"创造性"标准的把握。专利法新增的该项标准在此次《解释》中也有明确反映，不过，起草者并未采纳北京高院《专利侵权判定意见》中"主要设计部分"的说法，而是借鉴了发明专利中"技术特征"的术语，引入了"设计特征"这一概念，但却未对其进行阐释。实际上，鉴于案件处理规则以及参考对象的不同，用语的不一致和含义的差别是我国外观设计法律保护体系中长期存在的问题，"设计特征"仅为其中一例。"创造性"标准规定的对比见表 3.3。

表 3.3 "创造性"标准规定的对比

项目	主要设计部分（要部）	设计特征	设计要点	要部（判断）
来源	北京高院《专利侵权判定意见》	《关于审理侵犯专利权纠纷案件应用法律若干问题的解释》	《专利法》	《专利审查指南》
定义	无	无	与现有设计相区别的产品的形状、图案及其结合，或者色彩与形状、图案的结合，或者部位	使用时容易看到的部位

---

❶ 《专利审查指南》第四部分第五章第 5 节。

❷ 国家知识产权局审查业务管理部. 专利审查指南修订导读 2010. 北京：知识产权出版社，2010：189.

上述概念虽然称谓不一，但均有相互重合之处，在笔者看来，在区分这些概念时应注意以下几方面。

（1）设计特征。依照《解释》的精神，关于侵权诉讼中外观设计相近似性的判断，应当基于一般消费者的知识水平和认知能力，根据外观设计的全部设计特征，以外观设计的整体视觉效果进行综合判断，同时将功能性特征以及视觉无法直接观察到的非外观设计特征排除在外，并认定区别于现有设计的设计特征相对于授权外观设计的其他特征，对外观设计的整体视觉效果更具有影响。[1] 也就是说，设计特征应该是一个较为上位的概念，既包括区别于现有设计的特征，也包括一般的特征，如惯用设计特征等。

（2）设计要点。也叫创新点，属于外观设计简要说明的重要组成部分，即《解释》第十一条第二款之（二）所述的，能使授权外观设计区别于现有设计的设计特征，属于设计特征的下位概念。值得注意的是，外观设计简要说明中设计要点所指设计并不必然对外观设计整体视觉效果具有显著影响，不必然导致涉案专利与现有设计相比具有明显区别。例如，对于汽车的外观设计，简要说明中指出其设计要点在于汽车底面，但汽车底面的设计对汽车的整体视觉效果并不具有显著影响。[2] 在设计要点的确定上，行政审查部门认为，设计要点在后续程序中的作用需要法院通过判例逐步确立。[3] 司法部门对此回应指出，区别于现有设计的特征，应当在当事人举证、质证的基础上认定，鉴于我国外观设计专利未经过实质审查，简要说明对设计要点的描述可以作为判断创新部分的参考。

（3）要部。2006 年版《专利审查指南》将作为独立判断方式的要部判断予以删除，但并没有完全否认特殊情况下以产品要部作为判断的方法。[4] 本次修订着意于在整体视觉效果判断模式下，更全面地阐明使用者在使用过程中容易看到的部分的变化相对于不容易看到的部位和看不到的部位设

---

[1] 孔祥俊，王永昌，李剑.《关于审理侵犯专利权纠纷案件应用法律若干问题的解释》的理解与适用. 人民司法，2010，3.

[2] 《专利审查指南》第四部分第五章第 6.1 节。

[3] 国家知识产权局审查业务管理部. 专利审查指南修订导读 2010. 北京：知识产权出版社，2010：189.

[4] 张广良主编. 外观设计的司法保护. 北京：法律出版社，2008：55.

计的变化对整体视觉效果通常更具有显著的影响。❶《解释》第十一条第二款之（一）说的也正是这种情况。

综上所述，在现有的体系下，我们很难建立起一套精准的"创造性"评估机制，基本概念尚未统一、评判方法和步骤尚不完善等固然是直接原因，但从更深层次的角度来说，或许"创造性"标准自被引入伊始，其与外观设计的保护宗旨就存在不可克服的矛盾。

3.3.3　司法判例的指导

近年来，随着司法公开程度的提升，典型判例的示范和引导作用也在不断加强，从 2008 年起，最高人民法院每年对自身审理的知识产权典型案件进行分析、梳理和归纳，形成《最高人民法院知识产权案件年度报告》，对审判经验进行及时的总结，同时也统一了法律适用标准。❷ 据笔者统计，外观设计的类型和数量如表3.4 所示。

表 3.4　《最高人民法院知识产权案件年度报告》涉及外观设计案件数量及类型统计

年份	2008	2009	2010	2011	2012
确权	无	无	2 件	1 件	2 件
侵权	无	无	无	1 件	无

不难发现，与外观设计相关的问题已成为知识产权司法实践的热点，这些判例不仅对外观设计领域原有的疑难问题进行了回应，亦引入了许多新的概念，以期实现案件审理客观公正的目标：

第一，旧概念的阐释。上文曾提到，我国法律体系一直缺乏对外观设计相关问题的详细规定，最高人民法院以指导案例的形式对上述问题进行了明确。例如，在"本田技研工业株式会社案"中，结合"常识性了解"的定义，对"一般消费者"的认知能力进行了界定;❸ 在"珠海格力电器股份有限公司案"中，对经典的"整体观察、综合判断"方法的内涵，以及

---

❶ 国家知识产权局审查业务管理部. 审查指南修订导读 2006. 北京：知识产权出版社，2006：291.

❷ 奚晓明主编. 最高人民法院知识产权审判案例指导（第三辑）. 北京：中国法制出版社，2011：前言.

❸ 最高人民法院（2010）行提字第 3 号。

判断时应遵循的原则进行了解释;❶ 在"弓箭国际案"中，指出了外观设计专利产品类别的确定依据。❷

第二，新规则的引入。在上述案例中，最高人民法院以更开放的视野，对外观设计领域一些热点的前沿问题进行了积极的讨论，并就司法实践的应用给出了具体的指导。例如，在"浙江今飞机械集团有限公司案"中，对"设计空间"的概念进行了阐述，并指出，在外观设计相同或者相近似的判断中，应该考虑设计空间或者说设计者的创作自由度;❸ 在"张迪军案"中指出，功能性设计特征是指那些在该外观设计产品的一般消费者看来，由所要实现的特定功能唯一决定而并不考虑美学因素的设计特征，并就如何区分功能性特征与装饰性特征、区分不同类型设计特征的意义进行了明确。❶

不过，典型司法判例在发挥其积极效用的同时，也引发了一些问题的出现：

第一，现有法律的匮乏。尽管司法机关在实践中对一些难点问题给出了初步的意见，但毕竟中国是成文法国家，司法判例仅供各级法院参考，不具备法律效力。这样一来，上述指导案例中虽然提出了不少具有前瞻性的新理论，但在法律没有明文规定的情形下，无法为后续司法实践所直接引用，这也增加了新理论普及和使用的难度。

第二，判例理论的不足。与行政审查部门可使用的规则体系相比，司法部门所掌握的法律法规存在数量少、更新慢等问题，这会使得二者即便在得出相同结论的情况下，所依据的法律也会有较大不同。例如，在"中山市君豪家具有限公司案"中，最高人民法院认为，在被诉侵权设计采用了涉案外观设计专利的设计特征的前提下，装饰图案的简单替换不会影响两者整体视觉效果的近似。"……以牡丹花图案替换本案专利设计的百合花图案，这种简单替换所导致的差异对于整体视觉效果的影响是局部的、细微的，以一般消费者的知识水平和认知能力来判断，该差异不足以将被诉侵权设计和本案专利设计区分开来，对于判断被诉侵权设计和本案专利设

---

❶ 最高人民法院（2011）行提字第 1 号。
❷ 最高人民法院（2012）民申字第 41 号、第 54 号。
❸ 最高人民法院（2010）行提字第 5 号。
❶ 最高人民法院（2012）行提字第 14 号。

计在整体视觉效果上构成近似无实质性影响。"❶ 该判决以整体视觉效果为标准衡量外观设计的相同或近似，但本案中，不同图案的替换是否会对整体视觉效果产生影响需要大量的说理和论证，这与混淆模式下同样的外观设计产品，仅表面图案不同是否导致外观设计相同或相近似的经典问题道理是一样的。

而在行政审查中，同样的问题已有了明确的规定，"将现有设计中的图案、色彩或者其结合替换成其他现有设计的图案、色彩或者其结合得到的外观设计"属于专利法所规定的"现有设计及其特征的组合"的情形，故不具有可专利性。❷ 也就是说，行政审查部门在处理类似问题时有较为扎实的规则依据。

第三，实践应用的局限。尽管外观设计已成为《最高人民法院知识产权案件年度报告》固定提及的内容，但总的来看，其仍非司法实践的重点，从绝对数量上来讲，远未达到类型化案件的要求。❸ 此外，在案件类型方面，涉及的 6 件案件中仅有 1 件为侵权案件，剩余均为确权案件，虽然二者在很多问题上采用的原则相同，外观设计侵权判定的规则体系最初亦由行政审查实践衍生而来，但毕竟是完全不同的判定程序，且从全国各级法院的司法实践来看，确权案件的审理渠道较为单一，绝大多数法院受理的都是侵权案件。❶ 因此，在没有通过大量类型化案件总结出一定审判规律之前，即便指导案例中出现了一些好的思路，其在实践中应用并推而广之可能还需要较长的时间。

3.4 存在的问题及原因

纵观我国外观设计法律保护体系的发展历程，与发达国家相比，能够在短短三十年内建立起一套完整的机制实属不易，在外观设计专利保有数

---

❶ 最高人民法院（2011）民申字第 1406 号。
❷ 《专利审查指南》第四部分第五章第 6.2.3 节。
❸ 在连续五年发布的《最高人民法院知识产权案件年度报告》中，共收入了知识产权司法判例 164 件，其中与外观设计相关案件仅为 6 件，占比 3.65%。
❶ 确权案件为专属管辖，其审理渠道为专利复审委员会、北京市第一中级人民法院、北京市高级人民法院、最高人民法院。

量上对我国跻身世界前列起到了"保驾护航"的作用。然而，在快速的发展节奏和特殊的保护体制下，一些问题也集中暴露出来，加之我国知识产权法律体系建立较晚，整体而言对国外借鉴程度较高，某些理论和规定的引入未充分考虑国情，从长远来看不利于产业的发展。

3.4.1 法律体系的完善

尽管外观设计自 1984 年起就被列为专利法的保护对象，但直至 2009 年，法律条文中鲜见与其相关的规定，与《专利法》相配套的司法解释也大都以发明专利为核心问题而展开，外观设计一直属于立法领域中较为薄弱的一环。在《专利法》的第三次修改中，虽然以授权标准为重点的一系列修改意味着外观设计法律保护快速发展时代的到来，最新司法解释也进一步明确了其侵权判定的相关准则，但总的来看，无论是整体体系的完整性，还是具体规定的详细程度，均有较大的改进空间：一方面，由于与发明专利采用了相同的立法体例，所以在一些与外观设计特殊性质关系密切的概念，如设计自由度、权利冲突等问题上欠缺规范性的意见；另一方面，在具体法规，尤其是侵权判定模式方面缺乏更深入的解释，如一般消费者的界定范围、设计要点的选取、侵权比对步骤等均没有统一的规定。所以，在新《专利法》及司法解释颁行时间有限的情况下，各级法院只能在案件审理过程中进行探索和理解，裁判文书出现问题的概率也大大增加。

作为外观设计专利行政审查的依据，《专利审查指南》自 1993 年实行以来，在二十年的时间内已修改三次❶，其中涉及外观设计专利无效审查的规定不仅是行政部门经过大量实践总结出的经验，在缺乏立法和司法解释的背景下，司法机关审理侵权类案件时对其一直有较强的依赖。不过，也正因《专利审查指南》的宗旨是为外观设计专利授权、无效审查工作服务，其对于司法实践的指导有着无法克服的局限性。例如，在 2010 年版《专利审查指南》中，其依照《专利法》第二十三条第三款规定，对外观设计专利性进行了详细的分解，这种分解和判断对于具有理工科背景的审查人员来说是其能力可及的，但对于法官而言，在缺乏对同类产品外观设计了解的前提下进行判断，其思维和视野均会受到较大的限制，客观上来讲可能

---

❶ 1993 年首次颁布和 2001 年、2010 年的修改均是配合专利法的修订。

无法得出一致的结论。此外，就体例而言，由于只是部门行政规章，加之每次修订都会增加许多具体的内容，导致审查指南的体系性和章节安排较为繁杂，对于行业以外的人来讲，要达到熟练掌握和运用的程度较为困难，其内容上也存在不够严谨的问题。例如，将"判断方式"置于"根据《专利法》第二十三条第一款（新颖性）的审查"一节下，导致"整体观察、综合判断"这一最重要的判断原则无法突显其重要性，亦未明确其在"根据《专利法》第二十三条第二款（创造性）的审查"中究竟能否适用。❶

3.4.2 "双轨制"模式的弊端

如上文所述，司法与行政并行的双轨制保护模式在政策导向上具有一定的合理性，对专利概念的迅速普及，社会公众专利意识的增强起到了推动作用，也为专利制度最初的建立夯实了基础，但随着时间的推进，社会技术的进步和发展对于法律规定统一性和指导性要求的不断提高，加之受保护客体产业经济的发展壮大，部门利益的竞争也使得双轨制模式运行中产生了不少分歧，2012 年 8 月公布的《中华人民共和国专利法修改草案（征求意见稿）》更是在二者之间引起了较大的争议。

作为该《草案》的研究起草部门，国家知识产权局认为，宣告专利权无效或者维持专利权的决定作出后，国务院专利行政部门应当及时予以登记和公告。该决定自公告之日起生效。同时，为了提高专利纠纷解决效率，解决专利侵权案件因无效宣告程序而周期过长的问题，征求意见稿建议规定，宣告专利权无效或者维持专利权的决定生效后，人民法院和管理专利工作的部门应当根据该决定及时审理和处理侵权纠纷。❷

上述建议意味着行政部门希望其审查意见能够对法院裁判过程有更大的影响，但从司法机关的角度来看：首先，作为行政机关，专利复审委员会作出的专利权无效或维持决定属于具体行政行为，根据《行政诉讼法》相关规定和现行《专利法》第四十六条第二款的规定，对该决定不服的，请求人有权向有管辖权的中级人民法院提起行政诉讼，在这种情形下，需经法院的司法审查程序，才能确定专利权无效或维持决定的效力；第二，

---

❶ 类似的问题还有很都，例如"设计要素的判断"也规定于该节下，为"创造性"审查对其适用增加了程序上的障碍。

❷ 国家知识产权局条，"关于专利法修改草案（征求意见稿）的说明"，2012 年 8 月 9 日。

对于漫长的行政处理程序（专利复审委员会、一审法院、二审法院）可能导致侵害专利权民事案件中止审理，从而延长审理周期的问题，最高人民法院已通过相应的司法政策解决了该问题，"民事裁判作出前，专利复审委员会作出宣告涉案专利权无效的决定的，可以根据案件具体情况裁定驳回专利权人的起诉"。依据该司法政策，宣告专利权无效的决定在随后的行政诉讼程序中被判决撤销的，专利权人可以在判决生效后重新起诉。且为促进司法公正，被告在答辩期内对原告的专利权提出无效宣告请求的，人民法院应考虑涉案专利权的稳定性程度及案件具体情况等因素，决定是否应当中止审理。也就是说，上述司法政策已经较好地解决了此问题，故无需再赋予行政决定以终局性的效力。

具体到外观设计专利，由于其保护的要点在于产品的外观形状，即便在规则统一的情况下，相同或相近似的判断也带有较强的主观性，如果行政和司法遵从两套不同判定体系的话，会导致更大分歧的产生，这不仅会加剧外观设计比对的模糊度，也会造成权利状态稳定性的下降，从而影响设计者对于专利保护的信心，削弱专利申请的积极性。在上述《草案》中，专利审查部门对于行政权利提出了延展的要求，希望其在无效方面的判定结论可以直接为法院所用，从提升案件审理效率的角度来看，这样的规定具有一定的积极意义，但对司法审判的独立性、司法标准的权威性会造成较大的影响。

3.4.3 前沿问题的关注与研究

作为知识产权体系中一个比较特殊的分支，在产业利益的推动下，外观设计的法律保护近年来逐渐成为各国关注和研究的重点，一些热点问题，如保护模式选择、功能性特征的作用、设计自由度的把握、权利重叠等均引发了大量的讨论，各种理论和学说在此期间被不断推出，其中不乏好的做法，也有一些失败的教训，如何对这些经验进行甄别，建立起一套与国情相符的保护机制，是理论界与实务界需要关注的重点问题。

例如，在保护模式问题上，我国与美国类似，是世界上为数不多的以专利模式保护外观设计的国家。近年来，受《专利法》引入类似"创造性"标准的影响，有意见认为，外观设计与发明、实用新型同为专利法规定的"发明创造"，判断侵权是否成立，应当考虑被告是否以相同或者相近似的方式利用了发明创造，而不是看是否会导致一般消费者的混淆，并在此基础上主张外观设计的保护应立足于创新。笔者认为，在创新模式下，对于那些因明显不会导致混淆、误认，从而不会导致侵权的设计，我们可以通过检验其对于专利设计创新点的采用，来准确判断是否落入专利权保护范围，从而加强对于创新设计的保护力度。但如果只进行专利产品与被控侵权产品的相应部分的纯粹创新点比较，仅仅将创新点作为保护的对象，完全脱离视觉观察的范畴，则会不合理地扩大外观设计专利的保护范围。因为创新点往往反映在外观设计产品的部分地方，如果只对创新点进行对比，会在实质上产生仅保护局部设计的结果。

再如，有学者建议强化简要说明中设计要点的作用，即专利权人说明的设计要点应当是反映该外观设计的设计创新内容，在侵权程序中，若被控侵权产品的外观设计中包含设计要点中所声明的部分，且这些部分与专利图片或照片中示出的相同和相近似，则应当认定侵权；相反，若被控侵权产品的外观设计中未包含设计要点的一部分、或者这些部分与专利的外观设计图片或照片中示出的不相同和不相近似，则应当认定为不侵权。❶ 但是，作为设计要点的确定者，申请人往往是与专利外观设计相关的设计人员，其认知水平和能力均高于现行专利法中侵权判定的主体，即一般消费者，所以无法从现有法律中找到依据，同时，由于不具备类似发明专利那样包含了权利要求和说明书的授权文本，法官很难在裁判时达到设计人员的认知水平；其次，若以设计要点为侵权判定依据，则还应在侵权诉讼程序中引入禁止反悔等原则，防止权利人为达到诉讼的目的而改变专利简要说明中的设计要点。❷

实际上，作为"创造性"标准的来源，美国专利法的"非显而易见性"原则在外观设计保护上适用的合理性近年来遭受了一系列重大质疑，由其衍生的"新颖点测试法"也在司法实践中遭到弃用：2008年，美国联邦法院在"Egyptian案"中宣布废除"新颖点测试"标准。❸ 在新近的"Titan

---

❶ 吴观乐. 试论外观设计专利保护的立足点. 知识产权，2004，1.

❷ 类似于美国司法实践中曾出现过"购物清单"方法，即为了证明被告盗用了自己的新颖点，根据被告产品的特点，原告有针对性的列举自己专利的新颖点。这种方法已被美国司法实践所否定。转引自：董红海. 中美外观设计专利侵权判定比较——基于美国外观设计案例的分析. 知识产权. 2005，4.

❸ Egyptian Goddess Inc. v. Swisa，Inc. 543 F. 3d665（2008）.

案"中，法庭认为回答 KSR 案件中的教导原则能否适用在外观设计专利上的时机已经成熟。❶ 这是在拷问实用专利领域的标准能否向外观设计专利标准拓展。在更近的"Int' Seaway 案"中，法官竭力想调和外观设计的创造性与实用专利领域创造性判定的不同，试图采取一个双重标准来确定外观设计的侵权。❷

3.5　本章小结

从历史上来看，外观设计似乎是在不经意间就"闯入"了我国专利法的视野，并在专利法体系建立之初就与发明和实用新型一并成为其保护对象。然而，这种保护模式的出现与政策导向、部门利益博弈、产业利益需求等种种法律外的因素密切相关，至于其究竟是否符合外观设计的特殊性质，则并非立法者最初关注的重点。此外，外观设计保护体系发展速度的迟缓也使得其一直是三大专利中法律渊源最为薄弱的一个领域，这种立法节奏上的迟滞不仅源于外观设计模糊的定位，也与相关产业在社会生产中的经济地位有关。

在专利法颁行实施的三十年中，市场化的普及和竞争意识的加强使得同种产品有了区别化的需要，在短时间内无法在技术上取得重大突破的情况下，许多中小企业企图通过变化多端的产品外形来吸引消费者，从而博得一席之地，外观设计的重要性亦逐日提升。相应的，随着外观设计专利申请量的激增和侵权案件的频发，与外观设计法律保护相关的问题层出不穷，现有保护机制暴露出的弊端越来越多：专利质量普遍较低、模仿抄袭现象严重、申请过程漫长、效率低下、权利边界划分不清等。保护什么，如何保护成为我们在下一个时期需重点研究的课题，总的来看，产生这些问题的本源在于对外观设计的客体界定和保护思路的选择，这也正是下文所要讨论的内容。

---

❶ Titan Tire Corp. v. Case New Holland, Inc., 566 F. 3d 1372, 1385 (Fed. Cir. 2009).
❷ Int'l Seaway Trading Corp. v. Walgreens Corp., 589 F. 3d 1233 (Fed. Cir. 2009).

第 4 章　外观设计可专利性分析

与作品和商标相比，技术方案无疑是知识产权保护客体中最为复杂和抽象的一种，与作品只保护表达相比，技术方案的保护可以延及思想，与商标所依赖的商品或服务相比，技术方案本身就蕴含了巨大的工业应用价值。因此，因保护技术方案而生的专利法，无论在排他性程度上，还是在垄断性力度方面，与著作权法和商标法相比，均有着鲜明的特点，相应的，外观设计的专利保护也就成为了当今最受争议的保护模式之一。

4.1　专利模式下的外观设计保护

从世界各国和各地区的情况来看，专利法并非外观设计保护的主流模式，但这并不妨碍其成为备受理论和实践关注的一种模式，究其原因，主要有以下几点：

第一，作为外观设计专利保护模式的代表性国家，美国自 1842 年起就在专利法中规定了与外观设计相关的条款，借助其在世界范围内强大的经济实力和在全球贸易中的话语权，其对外观设计性质的认识以及保护的方式对外观设计产业的整体走向产生了深远的意义，许多国家虽然没有采取美国的保护模式，但在立法和司法中均不约而同地将美国的经验作为重要的参考资料，这也在无形中强化了研究外观设计专利保护的意义。尽管近年来美国在该领域遭遇了一系列理论的质疑和实践的困难，但专利法作为外观设计的基本保护模式这一基础并未有实质性的动摇，因此，可以预见，专利权仍将作为一种常见的外观设计权在未来相当长的一段时间内存续。

第二，由前文对我国外观设计保护历程的回顾可知，外观设计在我国的立法起源带有一定的偶然因素，且不论立法者最初对其分类是否合理，可以肯定的是，在几十年的发展过程中，外观设计已逐渐稳定为专利法保护的客体之一，无论是立法者还是司法者均已习惯性地将"外观设计"与"专利"联系在一起，在这一过程中，尽管偶尔有不同的声音出现，但最终也未能引发实质性的改变，然而，即便我国现阶段仍处于外观设计专利的高速发展阶段，因保护模式所带来的各种弊端已初现端倪，这些弊端势必会对未来外观设计产业的发展造成一定的影响，因此，重新认识外观设计的性质，对在现有模式的基础上厘清正确的思路，避免陷入目前美国所面临的困境有着重要的意义。

第三，在确立一种权利应然的保护模式之前，任何已有的保护模式都是可供参考的经验，外观设计尤其如此，美国在专利保护方面积累了大量的立法资料和司法判例，虽然其曲折多变的保护历程充斥着各种不同的观点，但外观设计的特性正是在这些分歧的碰撞中不断清晰的，也只有对这些已有经验进行客观的分析，才能得出更为全面和不失偏颇的结论。

4.2　外观设计的专利化进程

作为外观设计的保护模式之一，专利法将外观设计纳入其中并非一蹴而就的，政策的趋向、立法体系的考量、经济因素的影响等客观因素在这一过程中起到了重要的推动作用。

4.2.1　专利保护的起源

如本书前述所言，美国在工业化的前期并未对产品的视觉效果予以太多的关注，随着经济的多元化发展和市场需求重心的转移，产品外形才开始为生产者们所重视。不过，19世纪初期的美国尚无任何保护产品装饰性外观的法律，当时其工业品外观设计产业的兴起并非来自厂家们创新性的主动设计，而是源自对外国进口商品的大规模仿造。[1] 尤其在纺织品制造行业，生产者们极度依赖进口产品的设计，一旦发现它们有可能在市场上流行开来时，便加以仿冒制造。[2] 1915 年，欧洲一些国家拒绝参加当时的"巴拿马－太平洋区域展会"，就是因为担心其新式设计被美国人所仿造。[3]

1839 年 4 月，英国国会率先通过法案，决定以版权法的形式给予产品设计者以有限时间内的保护，并引入了外观设计的登记制度，规定对纺织类设计给予一年期的保护，对金属类制品的设计给予三年期的保护。[4] 这样的立法举措对与英国贸易往来活动密切的美国有着重要的影响：生产者们见证了英国外观设计产业在法律保护下蓬勃发展，此外，如前文所述，在市场需求的引导下，他们也开始希望拥有自主设计的产品外形并被纳入法律的保护范围，以保障贸易活动中的利益。

1841 年 2 月 3 日，美国国会收到一封《来自数名制造者和手工业制造者的请求书》，要求给予产品式样和外观设计以保护，该请求书认为，"由于无法获得专利，在产品外形上作出的装饰和改进应给予注册保护，因为这些新的式样和设计耗费了大量的时间和成本，且易被他人仿造，从而以低廉的价格出售，损害设计者的利益。"[5] 同时，在保护可能带来的好处方面，请求者们从经济利益的方面给出了理由，"美国在手工制造、机械化生产、提升产品实用性能方面的实力不逊于任何一个国家，我们也有信心自己设计的产品外形在美感方面能与他人抗衡，所以，如果法律能为产品设计提供安全、便捷、高效的保护，不仅有利于改进产品的美感，最终也会增强与外国竞争的能力。"[6] 需要注意的是，上述请求书是发起人在见证英国外观设计立法所带来的积极影响之后提出的，从内容上也可以看出其最初

---

[1] Janice M. Mueller and Daniel Harris Brean, Overcoming the "Impossible Issue" of Non-obviousness in Design Patent, 99 Ky. L. J. 419, 2011.

[2] Arthur J. Pulos, American Design Ethic: A History of Industrial Design to 1940, 1983, p. 134.

[3] Id, p. 260. 可见，现今的美国虽对中国知识产权的保护现状作出频繁的指责，认为我国仿冒设计行为泛滥，性质恶劣，但反观历史，其也曾因大规模的仿造而为其他国家所诘责。

[4] An Act to secure to Proprietors of Designs for Articles of Manufacture the Copyright of such Designs for a limited Time, 1839, 2 & 3 Vict., c. 17

[5] Petition of a Number of Manufacturers and Mechanics of the United States, Praying the Adoption of Measures to Secure to Them Their Rights in Patterns and Designs, S. Doc. No. 154, 1841.

[6] Petition of a Number of Manufacturers and Mechanics of the United States, Praying the Adoption of Measures to Secure to Them Their Rights in Patterns and Designs, S. Doc. No. 154, 1841.

并不是想将外观设计纳入专利法体系，而是认为应采取类似英国的版权法模式，同时引入外观设计的注册制度，这种模式也符合当时设计者心中外观设计的特性。

1842年，《来自数名制造者和手工业制造者的请求书》被转交给美国国会中的专利委员会和专利局，时任专利委员会委员的亨利·艾尔沃斯在向参议院作的年度报告中对外观设计保护的必要性进行了详细的说明，该说明指出，"许多已建立外观设计保护体系的国家对我国（不保护外观设计）的现状感到惊讶，产品的某种新式设计可以在很短的时间内为众多竞争对手所模仿。如果作者可以就作品享有权利，发明者可以就其发明获得专利，为什么为创新设计而付出的努力和成本就不能得到平等的保护？"❶ 同时，艾尔沃斯还就可纳入外观设计保护范围的客体进行了列举式的说明，包括"任何新的、原创性的产品设计，无论其由何种材料制作，无论其应用于纺织品、丝制品或是各种类型的雕塑产品，均应受到专利法的保护"❷。虽然该报告提议赋予外观设计以专利权，但当时并未强调专利法原有的规定均适用于外观设计的保护，且措辞中"新的、原创性的"亦更靠近版权法的要求。

1842年8月29日，修改后的美国《专利法》正式将外观设计纳入其中，向那些"在产品上发明或生产任何新的、原创性设计"的人们提供为期7年的专利权。❸ 自此，美国有了两类不同的专利：实用专利（utility patent）和设计专利（design patent），1842年11月9日，纽约的乔治·布鲁斯因其印刷活字而获得美国第一号设计专利。❹ 从结果上来看，请求者未能如其所愿获得"低廉和便捷"的保护模式，而是进入到了成本更高、更为复杂的专利法框架内，立法者的选择并未在法理上作太多解释，主要是出于管理体系等客观因素的考虑：第一，外观设计附载于产品，后者的实用性能和商业性质也决定了前者有别于书法、绘画等"纯知识产品"；第二，保护草案建议稿的撰写人艾尔沃斯来自专利委员会；第三，1842年美国尚

❶ Report from the Commissioner of Patents, Showing the operation of the Patent Office during the year 1841, S. Doc. No. 169, 1842, p. 1.

❷ Report from the Commissioner of Patents, Showing the operation of the Patent Office during the year 1841, S. Doc. No. 169, 1842, p. 1.

❸ US Design Patent Act of August 29, 1842.

❹ 杨利华. 美国专利法史研究. 北京：中国政法大学出版社，2012：167.

未建立作品版权登记的统一管理机构。❶

不过，从保护的宗旨来看，尽管 1842 年《专利法》将外观设计描述为"发明或制作（invention or production）"的产物，但其本质上并未对外观设计提出新颖性和原创性之外更高的要求，理由如下：

第一，条文措辞解释余地较大。法律条文中使用了"发明或制作"，这个"或"字意味着一项设计既可以源于发明，也可以源于制作，无论哪种方式，只要设计具备新颖性和原创性即可。此外，"制作"所蕴含的创造性要求远低于"发明"，立法本意在于无论通过何种方式，只要将设计以附载于某种产品的形式展现出来即可，国会并无意要求其在"发明"这一点上达到太高的要求。❷

第二，美国《专利法》并无关于创造性的规定。美国第一部《专利法》于 1790 年通过，对于"申请者发明或发现的，之前未被知晓或使用的任何实用过程、制造方法、器械或其改进"提供为期 14 年的保护。该法也并未提及"创造性"的要求，实际上，首次对于该要求的明确源自 1851 年最高法院的"Hotchkiss 案"❸，本案将"创造性"视为实用专利授权的要件之一，直到 1952 年美国《专利法》大篇幅修改时才被正式纳入。也就是说，在 1842 年修法时尚无此要求，对于刚刚加入《专利法》大家庭的外观设计而言，更谈不上"创造性"的要求。

反观中国外观设计保护的起源，与美国相比，虽然我国在制定第一部《专利法》时就将外观设计与发明和实用新型并列作为三大客体，但从立法过程来看，其也存在着与美国类似的背景：

首先，立法建议出自专利行政部门。在制定《专利法》时，中国专利局上海分局对上海的轻工业界进行了走访，对因外观设计缺乏保护而发生的大量问题进行了总结，写出了《关于法律保护外观设计必要性的调查》并呈交给全国人大常委会审阅，这也使得最后外观设计被纳入《专利法》

---

❶ 美国最初没有统一管理作品版权的机构，而是保存于当地法院的书记员处，直到 1909 年《版权法》修改时才将这一职能统一收归版权局。Thomas B. Hudson, A Brief History of the Development of Design Patent Protection in the United States, 30 J. Pat. Off. Soc'y 380, 1948.

❷ Janice M. Mueller and Daniel Harris Brean, Overcoming the "Impossible Issue" of Non-obviousness in Design Patent, 99 Ky. L. J. 419, 2011.

❸ Hotchkiss v. Greenwood, 52 U. S. （11 How. ）248, 266, 1851.

的范围显得顺理成章。❶

其次，其他法律尚无法提供保护。如果说 1842 年的美国仅是因为尚无统一存放版权登记的机构而未考虑给予版权保护的话，1984 年中国首部《专利法》出台时则连保护版权的法规都尚未制定，也正是出于这样的考虑，当时的《专利法》成为外观设计保护的"首选"。而在 1990 年制定《著作权法》时，有关方面曾考虑不再依著作权法对外观设计给予保护，以免对专利法保护外观设计造成冲击，所以最初的《著作权法》保护的作品中提到了美术作品，而未提及实用艺术品。❷

再次，外观设计并非《专利法》的保护重点。在我国第一部《专利法》诞生之前，围绕着是否要进行专利立法有过长期的探讨，《专利法》甚至一度有夭折的可能。支持者和反对者都认为引进先进的科学技术是必要的和紧迫的，但是否需要通过建立专利制度来达到这一目的则各执一词。在当时的背景之下，立法者更关注的是发明专利能否在我国得到引进和运用，实用新型乃至外观设计都不是关注的重点。❸对中国《专利法》立法事宜提出过经济建议的 WIPO 总干事鲍格胥更是直言，"关于保护的对象，专利比实用新型等更重要，两者不能相比，中国可先搞专利，其他可不搞或缓搞。德国专利局开始也只搞专利，欧洲专利局不搞外观设计，因为外观设计不属于专利，中国专利法如规定不保护外观设计，仍可以成为巴黎联盟成员国。"❶

从中美两国外观设计相似的立法起源中不难发现，外观设计进入专利法的视野并无太多法律上的合理性可言，更多的是来自政治、经济、立法环境等法律之外因素的驱动，其法律特性并非天然地与专利法立法宗旨相契合，遗憾的是，之后的立法进程不仅未能及时纠正，反而进一步拉大了二者之间的偏差。

---

❶ 赵元果. 中国专利法的孕育与诞生. 北京：知识产权出版社，2003：79.

❷ 汤宗舜. 专利法教程. 北京：法律出版社，2003：49.

❸ 李小武. 回到外观设计保护制度的起点——从 GUI 的保护谈起. 清华法学，2012，5.

❶ 赵元果编著. 中国专利法的孕育与诞生. 北京：知识产权出版社，2003：29. 不过，因为工业品外观设计是《巴黎公约》规定的保护客体之一，所以，在笔者看来，鲍格胥并非是说外观设计可以不保护，而是说没必要非要以专利的形式来保护。

4.2.2 立法的偏差

1861 年，在美国经济迅速发展、专利申请和授权数量急剧增多、《专利法》实施中的问题不断涌现的情况下，国会对《专利法》进行了修改。其中，与外观设计保护条件有关的条款保留了 1842 年法的表述，仍为"发明或制作的任何新的、原创性的设计"，但在保护期方面有了较大的改进，即根据专利申请人的需要，设计专利的保护期可以是 3 年半、7 年和 14 年，从而改变了原有 7 年的固定期限制度，并自此长期延续下来。❶ 这也符合某些时效性较强的外观设计的保护要求。

到了 1870 年，为系统整理 1836 年以来有关专利的立法成果，并予以充实、调整和补充，全面确立美国反映工业社会需要的现代《专利法》，国会重启修法，并于当年的 7 月 8 日通过了《关于修改、整合、补充有关专利法规的法案》，通常称为 1870 年《专利法》。❷ 后经 1874 年的微调，首次形成了完整的外观设计定义。❸ 该定义一个显著的变化在于，"发明或制作"被改为"发明和制作"，对于这个连接词的替换，立法部门并未作出太多的解释，但从种种迹象来看，这并不意味着创造性被引入外观设计可专利性的评判标准中，原因在于：第一，该版本并无意对专利法作出实质性的修改，几乎只是对上一版本的重新编纂而已；❹ 第二，本条中共有两处提到"发明或制造"，仅对一处的"或"改为"和"，这意味着国会并没有想对整条进行修改。

如果说 1874 年《专利法》的修改只是细微的，1902 年的调整则引起了更大的争议，该次调整主要涉及两处：一处涉及外观设计专利授权条件，

---

❶ Patent Act of 1861, ch. 88, 12 Stat. 246.

❷ An Act to Revise, Consolidate, and Amend the Statutes Relating to Patents and Copyrights. Patent Act of 1870, Ch. 230, 16 Stat. 198 – 217.

❸ "任何人，基于其勤勉、天资、努力或投资，发明和制作了某一制造品、人像、雕塑、高浮雕或浅浮雕的新颖而原创的设计，印制毛纺织品、丝绸、棉纺织品或其他织物的新颖而原创的设计，印制、描画、铸造或安放、纳入任何制造品中的新颖而原创的压印、装饰、模板、印版或图画，或者任何新颖、实用、原创的制造品的形状与结构，且在他的该发明或制作前，他人不曾知晓或使用过，或者取得过专利，或记载在任何印刷出版物中，他可以在支付法律要求的费用并办理了与发明或发现要求相同的必要程序后，就此取得一项权利。" Revised Statutes of the United States 1873—1874, §4929.

❹ S. Rep. No. 82 – 1979 (1952), reprinted in 1952 U. S. C. C. A. N. 2394, 2395.

将"新颖、原创的"修改为"新颖、原创和装饰性的";另一处涉及对外观设计产生的理解，将"发明或制作"修改为"发明"。❶ 对于授权，专利委员会给出的解释是，"这样的替换是为了将实用专利和设计专利区分开来，前者以实用为目的，后者与实用无关，更多的是装饰性的考虑。"❷ 对于第二处修改，立法者并未给出直接的回答，但专利委员会曾表示"本次条文的修改目的之一是去除一些不必要的措辞"。此外，从时间上来看，从专利委员会的报告，到国会的通过，再到总统的签署，1902 年法案的修改仅用了一个多月的时间，国会甚至都没有进行太深入的讨论。❸

可以看出，在本次修改之前，立法者已经注意到实践中因外观设计的界定问题所引发的的一些争论，故试图在新法中加以明确，但两处修改内容意思截然相反，前者强调外观设计自身的特点，后者却又使用"发明"这一实用专利的惯用措辞，这无疑增加了后续实践中的困惑：首先，如何理解"实用性（utility）"这一在实用专利和外观设计专利中本应有所区别的术语；第二，如何在鉴别客体的特性——有实用性、无装饰性，或有装饰性、无实用性，或兼具两种特性。❹

这种理解上的混淆增加了外观设计授权的不确定性，也导致外观设计专利申请量急剧下降：❺

表 4.1　美国 1900—1903 年外观设计申请及授权量

数量 ＼ 年份	1900	1901	1902	1903
申请量	2225	2361	1170	770
授权量	1758	1734	640	536

由于外观设计产业长期落后于欧洲的贸易对手，加之国内设计人员对保护现状的不满，1913 年，时任美国专利委员会委员的爱德华·摩尔提出

---

❶ Act of May 9, 1902, ch. 783, § 4929.

❷ H. R. Rep. No. 57 – 1661, 1902.

❸ Harold Binney, Present Status of the Law Relating to Designs, in Report of the Twenty-Fifth Annual Meeting of the American Bar Association 662, 1902.

❹ William D. Shoemaker, Patents for Designs, 1929, Sec. 74.

❺ Thomas B. Hudson, A Brief History of the Development of Design Patent Protection in the United States, 30 J. Pat. Off. Soc'y 380, 1948.

对外观设计法律保护体系进行扩张和修改，接下来就开始了"将近一个世纪看似热烈但未成功的修法过程"，1916 年、1924 年、1957 年、1969 年、1980 年、1990 年，在这段"漫长而崎岖的道路中"，各种不同版本的外观设计登记法案被引入国会，外观设计的立法目的也从最初单纯防止竞争对手的仿冒升华到增强美国在国际市场上的竞争力。[1] 可惜的是，无论这些法案作出怎样的调整和修改，最终都难逃失败的结局，究其原因，有人认为"来自汽车零部件制造者、保险公司、零售商等群体政治上强势的反对力量"是上述法案通过最主要的障碍。[2]

第二次世界大战以后，美国在恢复战时被破坏的科技经济秩序的同时，专利工作秩序也得到快速的恢复，调整战时比较明显的对专利实行严格限制的政策，强化专利保护，鼓励技术创新和投资，成为战后的时代要求，同时，为顺应 1926 年开始的《美国法典》编纂工作的需要，1949 年，众议院根据修改有关专利法的议案，决定成立专利法法典化委员会，修改专利法规并将其作为第 35 篇纳入 1952 年的《美国法典》。[3] 这是美国专利法自 1870 年以来的第一次完整而系统的规定，其中与外观设计有关的包括：

第一，"显而易见性"标准的确立。1851 年首次认识到衡量进步性的需求及其理论根基，并由此提出专利应具有"创造性"的 Hotchkiss 案，在影响法院将近一个世纪后，终于以"新颖性之上（novelty-plus）"的形式成为与新颖性、实用性并列的专利授权法定要求。[4] 也就是说，除了具备"新颖性"之外，一项发明必须具备"非显而易见性"，即相较于先前相关技术领域的技术方案已经有足够的进步，才会给予专利的独占权。[5] 1966 年最高院

---

[1] David Goldenberg, The Long and Winding Road, a History of the Fight over Industrial Design Protection in the United States, 45 J. Copyright Soc'y U. S. A. 21, 1997.

[2] Perry J. Saidman & Theresa Esquerra, A Manifesto on Industrial Design Protection: Resurrecting the Design Registration League, 55 J. Copyright Soc'y U. S. A. 423, 2008.

[3] 杨利华. 美国专利法史研究. 北京：中国政法大学出版社，2012：206 - 207.

[4] Martin J. Adelman, Randall R. Rader, Gordon P. Klancnik（著）. 美国专利法. 郑胜利，刘江彬（译）. 北京：知识产权出版社，2011：83.

[5] "A patent may not be obtained though the invention is not identically disclosed or described as set forth in section 102 of this title, if the differences between the subject matter sought to be patented and the prior art are such that the subject matter as a whole would have been obvious at the time the invention was made to a person having ordinary skill in the art to which said subject matter pertains. Patentability shall not be negatived by the manner in which the invention was made." 35 U. S. C. 103.

在 Graham 案中进一步明确了该标准的判定要素：（1）现有技术的范围及内容；（2）现有技术与系争发明的差异；（3）在相关领域中的通常技术水准；（4）其他间接因素，如商业上成功、长期以来存在但没有解决的需求与其他人的失败。❶ 可以看出，"非显而易见性"标准的确立进一步提高了专利授权的难度。

第二，授权标准的统一化。1952 年美国专利法统一了实用专利和设计专利的授权条件，即除了具有"新颖性、原创性和装饰性"之外，由于"本法关于发明专利的规定适用于外观设计专利"❷，这也意味着"非显而易见性"标准在法律体系上完成了由发明专利向设计领域的扩展。不过，在立法者看来，本次修订主要是为了完成法典化的汇编，故与外观设计保护这一难题有关的规定均可推后考虑，其中涉及外观设计的 171 条至 173 条与原有规定无实质性差别。❸ 此外，当时的修订者还曾与来自版权部门的同事就注册外观设计的独立保护体系进行探讨，并于 1957 年共同提出修改草案，但终究因遭遇到其他政治力量的反对而未能实现。❶ 可见，该标准并非针对外观设计专利而提出，自然也不应将其扩展至对于外观设计可专利性的评价。

第三，保护期限的固化。1952 年美国专利法收回了申请人自由选择的权利，统一给予 14 年的保护期。现在看来，这种固定式的保护期与外观设计种类繁多，附载产品时效性各异的性质是不相符合的。

外观设计立法保护模式"专利化"的趋势引起了某些学者的重视，兼具律师和上诉法院工作经历的里奇法官曾指出，"这种掺杂了'创造性'标准的外观设计保护模式会增加法院在实践中判断的困难，从而造成最终决定的不确定性。"可惜的是，这些批评性的意见还是未能引起国会的重视，"非显而易见性"标准开始成为法院处理外观设计案件中重要的准则，然而，由于其与外观设计特性天然的不合，加之不同法院的理解不一，司法实践中的情况显得更加混乱和令人纠结。

---

❶ Graham v. John Deere Co. , 383 U. S. 1, 1966.

❷ 35 U. S. C. 171, 2.

❸ P. J. Federico, Commentary on the New Patent Act, 35 U. S. C. A. § 1, 1954, 75 J. Pat. & Trademark Off. Soc'y 161, 181, 1993.

❶ The Industrial Innovation and Technology Act: Hearing on S. 791 Before the Subcomm. on Patents, Copyrights and Trademarks of the S. Comm. on the Judiciary, 100th Cong. 8, 1987.

中国专利法虽然自 1984 年颁行以来仅修改过两次，没有美国那么曲折的立法经历，但学术界似乎对美国的做法颇有追随之风，以"非显而易见性"标准为例，学术界对外观设计授权条件中应当引入创造性或类似要求的呼声一直存在，早在 1998 年，我国的专利工作者就曾呼吁对于外观设计专利"创造性"的要求应当有所考虑。❶ 之后还就该问题掀起过一番讨论的热潮，不少学者纷纷提出，专利法原有的关于"不相同和不相近似"的要求属于新颖性的范畴，不包含对"创造性"的要求，并且认为该项要求过低，应该引入"创造性"要求。❷ 或许是这些呼吁得到了立法者的重视，现行版本的 2009 年《专利法》亦在"新颖性"之外引入了类似美国的"非显而易见性"标准，即"授予专利权的外观设计与现有设计或者与现有设计特征的组合相比，应当有明显区别。"❸ 对于此，立法部门的解释是，我国实际采用的外观设计专利权授权标准仍然偏低，一些申请人通过简单模仿现有设计或简单拼凑现有设计特征形成其提出专利申请的外观设计，也能获得外观设计专利权并被维持有效，这种状况不利于充分发挥专利制度对我国产品外观创新活动的激励作用，为了尽快提高我国产品外观的创新水平，形成更丰富多彩、更具市场竞争力的产品样式，有必要适当提高外观设计专利权的授权标准。❶ 这样的解释似乎确有道理，但根据后文的分析，这种法律条文上对美国做法的直接参照是否有足够的立法背景研究，以及是否有足够的实证数据来支撑其合理性，尚存在很大的疑问。此外，根据新专利法制定的背景材料来看，针对有关创造性或类似概念的界定、创造性或类似条件判断系统的设立等方面进行的科学而系统的研究还很少。

---

❶ 赵嘉祥，"外观设计专利创造性要求的探讨"，中国知识产权研究会：《外观设计专利保护——98 学术研究讨论会论文集》，1998 年 5 月，第 106 – 112 页。

❷ 参见：张沧. 外观设计专利实质性授权条件研究. 国家知识产权局条法司编. 专利法研究 2003. 北京：知识产权出版社，2003；许清平. 论我国工业品外观设计的法律保护. 国家知识产权局条法司编. 专利法研究 2004. 北京：知识产权出版社，2005；王桂莲. 中美外观设计比较研究. 程永顺主编. 外观设计专利保护实务. 北京：法律出版社，2005.

❸ 2009 年《专利法》第 23 条第 2 款。

❶ 国家知识产权局条法司. 《专利法》第三次修改逐条说明. 北京：知识产权出版社，2009：53 – 54.

4.2.3　混乱的司法实践

作为判例法国家，美国最高法院在某一问题上的态度对于立法和实践有着重要的影响作用，然而，其在外观设计保护标准问题上的反复偏离了最初的立法宗旨，也违背了外观设计的保护目的，加之不同法院对于立法条文和在先案例的不同理解，进一步加大了外观设计保护的模糊度。

1871 年的"Gorham 案"是最高法院审理的首例外观设计专利侵权纠纷，在本案中，被控侵权的餐具与原告获得外观设计专利授权的餐具（汤匙与餐叉把柄）在外观上存在一些相似之处，是否构成实质相同成为双方争议的焦点。❶ 作为外观设计领域里程碑式的案件，该案主要有以下几方面的意义：

第一，明确了外观设计的性质。本案中，法院指出，"国会赋予设计者以专利权的目的仅仅在于给装饰性艺术的发展以鼓励，不同于那些提供功能性方案的实用专利，设计专利提供的是一种美学上的利益，……因此，外形才是需要保护的地方，……法律所关注的是那些可以提升产品价值，增进公众需求的产品外形。"此外，尽管 1870 年美国《专利法》将"发明或制作"改为"发明和制作"，但从法院的措辞中不难发现，其更倾向于用"制作"来描述外观设计的产生过程，因为在最高法院看来，外观设计是最终产品所展现的外在样态，与产品的发明过程、方法手段等无关，其代表产品美学意义上的价值。所以，"Gorham 案"明确了外观设计的重点不在于产品实用功能和不同设计特征组合，而在于其整体外观给人留下的印象。

第二，提出"相同或相近似"的判定原则。按照其对外观设计本质的解读，最高法院进一步指出了在判断外观设计"相同或相近似"时应遵循的原则，即"必须是外观上的相同，如果仅存在一些不足以改变整体视觉效果的区别，则不会破坏二者的实质性相同"。也就是说，外观设计的价值在于其为附着的产品营造了一种可以吸引消费者的整体外形，这种整体的视觉效果不会因为某些细节表现的差别而发生变化，这与某一技术特征的改变可能导致整体技术方案丧失目标效果的实用专利有着显著区别。

第三，"普通观察者"还是"专业观察者"。在明确了"相同或相近

---

❶　Gorham Co. v. White, 81 U. S.（14 Wall.）511, 1871.

似"的判定原则后，美国最高法院对该判定主体认知能力进行了界定。在本案中，地区法院借鉴了发明专利中"本领域普通技术人员"的规定，认为外观设计比对的判定主体必须熟知或精通涉案专利设计，具备同类产品的设计技能，最高法院认为这样有悖于立法的基本宗旨，因为按照"专业观察者"的水平，只要被比对设计与专利设计不完全一致，均能找出区别，这样不利于外观设计的保护，所以，判断被控侵权产品的外观与专利产品是否相同，不是从一个专家的眼光来看，而是应当从一个普通观察者的眼光来看。在具有购买者通常所具备观察力的普通观察者眼中，两项设计实质上相同，如果这种相似欺骗了上述观察者，导致他将购买的被控侵权产品误认为专利产品，则可以认定侵权的成立。

1882 年的"Lehnbeuter 案"延袭了"Gorham 案"的精神，并进一步明确，"外观设计不一定非要比在先设计更优质、更漂亮，只需要是新的、不同的即可。"[1] 也就是说，在最高法院看来，与发明有关的创造性等都不是外观设计的授权条件。

总的来说，"Gorham 案"从外观设计的本质出发，很好地回应了人们对于 1870 年美国《专利法》中有关外观设计措辞修改的质疑，也准确地展现了外观设计的保护目的，其所确立的一系列准则对后续司法实践产生了深刻的影响，尤其是"普通观察者法"，曾作为一种主流的外观设计侵权判定方法被各国法律吸纳。[2] 我国虽未在立法中明确将其作为外观设计侵权判定的方法，但一直为立法理念和司法实践奉为圭臬，成为毫无疑义的主流观点。早在 1999 年，最高人民法院即以公报的形式，在"富士宝家用电器有限公司诉家乐仕电器有限公司外观设计侵权案"中，确立了混淆模式适用的可能性，在本案中，最高人民法院指出，"侵权产品与原告专利产品的外观区别在整体上并不显著，容易使普通消费者在视觉上产生混淆，应该被认定为相近似，构成侵权。"这种观点反映在之后的《关于审理专利侵权纠纷案件若干问题的规定会议纪要稿》（2003 年 10 月）中，该稿第 24 条第 1 款规定："人民法院在判断近似外观设计时，应当以一般消费者施以一般注意力是否容易混淆为准。"

---

[1] Lehnbeuter v. Holthaus, 105 U. S. 94, 1882.

[2] 如匈牙利、奥地利、日本、我国台湾地区等。参见：胡充寒. 外观设计专利侵权判定混淆标准的反思与重构. 法律适用，2010，6.

　　然而，到了 1893 年的"Whitman Saddle 案"，外观设计的保护标准骤然提高，无论对法律条文的解释，抑或对外观设计本质的理解，美国最高法院的态度均呈现出了与"Gorham 案"截然不同的新变化：❶

　　第一，法律条文的误读。与"Gorham 案"不同，"Whitman Saddle 案"似乎更倾向于遵从法律规定的字面意思，因此，在美国最高法院看来，1870 年专利法将"发明或制作"改为"发明和制作"的举动意味着"发明（性）"已成为外观设计专利所需达到的新要求，这种观点似乎在几年后的立法修改中得到了印证，1902 年专利法将"发明或制作"修改为"发明"。不过，如上文所述，立法者并无意将"发明性""创造性"引入外观设计可专利性的评价体系中，这两次修法与外观设计并无太大关系，显然，美国最高法院对于法条的解释过于"僵硬"了。

　　第二，授权条件的提升。基于对法律条文错误的理解，美国最高法院将"发明性"列为外观设计保护的条件之一，并对该特性的判断方法提出了要求，"如果仅仅是为了新的目的对旧有外形的改动，无论有多漂亮、多实用，都不能达到发明性的要求，且不能仅仅是对在先设计的模仿，必须要具有相当的创造性。"在本案中，美国地区法院认为，"将三个不同炉子的支架、盖和门组合在一起可能体现不出创造性，但如果将完全不同的、体现不同主旨的两种外观揉合在一起，形成全新的、具有良好视觉效果的设计，还能说它没有创造性么？"对此，美国最高法院予以反驳，"除非能从设计过程中体现出突出的创造性，否则不能给予保护。"这样一来，在最高法院的坚持下，实用专利和设计专利的保护条件和判定标准就趋于一致了。

　　第三，判断主体的变化。在强调"发明性"的前提下，外观设计相同或近似的判定主体所需具备的认知能力自然也有了相应的提升，在美国最高法院看来，外观设计的保护中所应关注的不是产品的整体外形，而是产生设计的创造性过程，涉案外观设计之所以不具备可专利性，就在于其所蕴含的设计过程在现有设计中都有所体现，普通观察者或公众显然没有这种解析的能力，只有具备本领域普通设计水平、熟悉该类产品的设计者才有判断的资格。显然，这与发明专利中"本领域普通技术人员"的概念已

❶　Whitman Saddle, 148 U. S.

十分接近。

其实，之所以出现与"Gorham 案"相反的结果，与当时的历史背景也有密切关系，如上文所述，在 1893 年前后，与机械师、工程师及传统的生产制造业相比，"工业品外观设计"尚未成为一种独立的职业领域，本案中马鞍的生产者既是制造者，也是设计人，而现代社会中的设计者即便没有制造产品的能力，也不影响他们对产品的外形进行设计，所以，"Whitman Saddle 案"对二者不加区分，施以同样标准的做法是可以理解的。❶

在美国最高法院为数不多的外观设计纠纷案件中，"Gorham 案"和"Whitman Saddle 案"最具代表性，其反映了最高法院对于外观设计专利两种截然相反的理解，前者强调外观设计整体视觉效果的美感，后者侧重对外观设计创造性的设计过程进行剖析，两种思路纠缠在一起，形成了模糊的指导原则，在之后逾百年的时间中，在地区法院和上诉法院的审理过程中反复出现，并被加以各种诠释，最终形成了外观设计司法实践看似观点丰富，实则缺乏统一的混乱局面。

4.3　外观设计专利化的困境及成因

根据美国现行专利法的规定，外观设计专利的授权条件不仅包括新颖性、原创性和装饰性，还需达到"非显而易见性"的要求，即具有创造性。根据本书对于上述条件成因的分析，在对外观设计申请进行可专利性评估时，不仅创造性等原适用于发明专利的要求难以达到，即便是新颖性、装饰性等由外观设计性质衍生的评估标准，也因带有浓厚的专利色彩而显得格格不入。

4.3.1　"新颖性"与"新颖点测试"

作为外观设计专利授权所需通过的第一道审查，新颖性（novel）是 CCPA 在"Bartlett 案"中提出的，"当普通观察者认为此设计是一项不同的、不是对已有设计修改的新设计时，确立新颖性所要求的与（现有设计）

❶　William D. Shoemaker, Patents for Designs, 1929, Sec. 74.

的区别程度就是存在的。"● 该判断方法也被 MPEP 载入其中，成为 USPTO 在审查外观设计专利申请时的参考标准。● 之后的 "Horwitt 案" 对此作了进一步的阐释，"被比设计必须能在视觉上产生新的效果。"● 可见，从专利审查的角度来看，新颖性的评判应该是与 "Gorham 案" 所确立的 "普通观察者法" 一致的，即以普通观察者的视角，对被比设计的整体视觉效果作出判断，如果能产生区别于在先设计的效果，则可认定具有新颖性。

尽管已成为 MPEP 的明文规定，但受专利法保护模式的影响，司法实践似乎更愿意在侵权判定案件中对新颖性作出更为细致的解读，在 "Litton 案" 中，CAFC 对其前身 CCPA 的结论进行了修正，"无论二者看上去有多相似，被控侵权产品必须使用了专利产品区别于现有设计的新颖点。也就是说，即便法院通过普通观察者的眼光进行了比较，若要判定侵权成立，还必须认定这些相似是由与使其区别于现有设计的新颖点而造成的。"● 所以，在侵权比对中，法院要先对专利设计所具有的新颖点进行逐一列明和认定，如果被控侵权设计包含了上述所有新颖点，则落入专利设计保护范围。显然，这种对外观设计新颖性进行拆分的方法，已经与发明专利权利要求的解释很接近了，这也是发明专利模式的传统思想逐步深入外观设计保护的表现之一。

之后，"Litton 案" 所确立的 "新颖点检测法（point of novelty test）" 与先前的 "普通观察者法" 一并成为了美国外观设计侵权判定的两大准则，不难看出，与坚持 "普通观察者法" 精神的 "新颖性" 授权条件相比，"新颖点检测法" 有着不同的思路，这也使得二者在实践应用的过程中出现了不少问题：

第一，行政审查与侵权判定标准不统一。由 MPEP 的规定可知，美国外观设计专利审查员查询在先设计，进行新颖性、创造性和装饰性判断的基础均在于外观设计的整体，而不会去辨别个体的新颖点来进行可专利性的判定，因为这样会给审查员带来巨大的工作量。● 更重要的是，对于外观设

● In re Bartlett, 300 F. 2d 942；133USPQ 204（CCPA 1962）.

● MPEP 1504. 02.

● Horwitt v. Longines Wittnauer Watch Co, 388 F. Supp. 1257, 1260（SDNY 1975）.

● Litton Systems Inc v. Whirlpool Corp, 728 F. 2d 1423（Fed. Cir. , 1984）.

● MPEP 1504. 02, 1504. 03, 1504. 01（c）.

计附图而言，只允许一项权利要求来进行描绘，而非多个新颖点及其组合。❶

而到了侵权诉讼中，新颖点的确定则成了侵权比对的首要任务，根据"Bush Industries 案"的结论，原告为了证明被告盗用了自己的新颖点，根据被告产品的特点，原告有针对性地列举自己专利的新颖点，也被称为"购物清单"方法，被告也会根据诉讼的需要罗列出其认为的新颖点。❷ 这样一来，在专利设计存在多个可能构成新颖点的情况下，案件的结果就转化成法院或事实发现者将注意力聚焦在哪个潜在的新颖点这个问题上。这时，法院的注意力不再关注被控设计是否盗用了专利的整体设计，而仅仅在意是否盗用了某个具体的设计特征。❸ 从权利人的角度考虑，越新颖的外观设计会被确认有越多的新颖点，当专利外观设计中有几个不同的设计特征被认为是新颖点时，如果包括所有点才能认定侵权，则会使新颖程度越高的设计越难以保护。❶

可见，与行政审查相比，侵权比对的做法大大复杂化了对于新颖性的判断，由于美国司法实践兼具确权案件的审理职能，新颖点检测法的适用不仅增加了侵权比对的模糊度，也为权利人的确权增加了额外的举证负担。同时，二者的不一致也会使得法律的引导作用降低，设计者们在进行设计创作时究竟关注整体形象，还是关注其中个别的新颖点，授权和侵权不同的态度不仅无法给其明确答案，双重化的标准也不利于权利存续的稳定。

第二，侵权判定难度提高。与"新颖点检测法"关系最密切的一个问题就是如何在实践中确定新颖点？我们知道，与实用专利可被拆分、细化的技术方案不同，区分不同外观设计最直观的方法就是不同角度的视图，新颖点的罗列并无太多可参照的标准，实践中往往由当事人双方共同进行新颖点的确认工作，这样做看似给予其确定保护范围的自由，但也会使得

---

❶ "A design patent application may only include a single claim. The single claim should normally be in formal terms to the ornamental design (for the article which embodies the design or to which it is applied) as shown. ", MPEP 1503. 01.

❷ Bush Industries, Inc. v. O'Sullivan Industries, Inc. , 772 F. Supp. 1442 (D. Del. 1991).

❸ 董红海，陆准. 美国外观设计专利侵权判断方法的最新发展——简评 Egyptian Goddess 案. 知识产权，2009，7.

❶ 闫文军，胡云秋. 外观设计专利侵权判断标准探讨——以创新点对外观设计侵权判断的影响为中心. 载于《外观设计相关法律问题研讨会论文集》，中国社会科学院知识产权中心，2012 年 6 月 9 日。

保护范围僵化，从而导致侵权主张的失败。

对法院而言，则需在双方各自主张的新颖点中进行判断，确定哪些可以成为确保专利权有效的新颖点，哪些是被控侵权设计抄袭了的侵权点，这无疑对法官的认知水平提出了更高的要求，尤其在"组合式外观设计"本身是否能构成新颖点的问题上，CAFC 始终没有统一的结论。❶ 例如，在"Avia 案"中，CAFC 认定涉案鞋面设计专利的新颖点是"鞋帮、鞋眼、穿孔的组合"，并据此驳回被告无效请求理由，即在先设计这些独立特征的存在不能被组合起来再次成为新颖点，这一观点在最近的"L. A. Gear 案"中再次得到确认，涉案专利设计的个别特征虽在在先设计中有体现，其"组合起来的整体外形"还是可以构成新颖点而使其区别于在先设计。❷ 然而，在最近的"Lawman 案"中，CAFC 在该问题上的态度开始变得模糊，它一方面维持了地方法院拒绝承认组合设计新颖性的结论，一方面又强调"在某些合适的情形下，组合式设计可以具备新颖性"，但并未指出什么是"合适的情形"。❸ 这种矛盾的说法无疑不利于地区法院在类似案件的审理过程中把握"新颖点检测法"的应用，也大大复杂化了侵权比对的过程，其实，对于绝大部分外观设计而言，其并不具备可拆分性，更多是凭借整体视觉效果来区别于在先设计的，这种带有很强主观色彩的解释并不符合外观设计的本质。❹

第三，专利无效风险增大。美国《专利法》规定，专利权应被推定为有效❺，所以，在外观设计侵权诉讼中，应由主张专利权无效的被告承担主要的举证责任，证明专利设计缺乏新颖性或创造性，这是为判例所承认的做法。❻ 而"新颖点检测法"将这种举证责任不合理地转移到了权利人身上，如上文所述，原告需罗列出专利设计的新颖点，并说明被控侵权设计盗用了全部的新颖点，这往往会给被告带来发起无效宣告申请的借口。在

---

❶ "组合式外观设计"即在重新组合不同在先设计的基础上完成的设计。参见：董红海，陆准. 美国外观设计专利侵权判断方法的最新发展——简评 Egyptian Goddess 案. 知识产权，2009，7.

❷ L. A. Gear v. Thom MacAn Shoe Co. 988 F. 2d 1117（Fed. Cir. 1993）.

❸ Lawman Armor Corp. v. Winner，437 F. 3d 1383（Fed. Cir，2006）.

❹ Perry J. Saidman，What is the Point of the Point of Novelty Test for Design Patent Infringement，90 J. Pat & Trademark Off. Soc'y 401，June，2008.

❺ "A patent shall be presumed valid." 35 U. S. C. 282（a）.

❻ Bernhardt. L. L. C. v. Collezione Europa USA Inc.，386 F 3d 1371，1379（Fed. Cir. 2004）.

"Lawman 案"中，原告为主张其专利设计遭被告侵权，列出了 8 个新颖点，认为对方设计涵盖了所有的新颖点，被告并未采取常见的抗辩手段，如否认盗用专利设计新颖点，而是引入在先设计，并指出这些新颖点均可在在先设计中体现，据此，地区法院作出了不侵权的判决，CAFC 予以维持，原告专利也因此被宣告无效。❶ 实际上，真正的无效宣告请求往往需要更为清晰和具备说服力的证据，外观设计侵权案件中所适用的"新颖点检测法"虽在新颖点的确认上本来就无统一的标准，将涉案专利的新颖点与在先设计进行对比的方法用来判断是否侵权尚可，但据此认定专利无效显得有些草率。❷

在外观设计专利授权的实质性条件上，我国在 2009 年《专利法》中修改了之前以"不相同和不相近似"为基准来定义新颖性的做法，将授权条件统一建立在现有设计的基础上，并拓宽了现有设计的范围，上升到了"绝对新颖性"标准。❸ 这一修改其实与引入"创造性"标准的道理一样，都是为了提升外观设计专利授权门槛，解决质量偏低的问题。不过，这样的规定及后续司法解释也存在不少问题。

首先，从措辞上来看，"不属于现有设计""没有……同样的外观设计……"的表述似乎将新颖性判定限制在了同类产品上，根据《专利审查指南》的规定，这里的"同样"是仅指"完全相同"，还是包含了"相近似"的含义，立法部门并未加以明确，这一点在《专利法》修改之前一直也存有争议，有人认为"相同"是新颖性要求，而"相近似"是创造性要求。这种观点遭到了大多数业内人士的反对，理由在于我国外观设计专利没有创造性要求，《专利法》当中并无该项条款，曾有课题对此进行调研，绝大多数法官也认为我国只有新颖性的要求。❶ 遗憾的是，修改的《专利法》也仍然只在第 22 条中给出了发明和实用新型新颖性、创造性和实用性的概念，并未在第 23 条中对此予以明确，只是在立法部门的解读中认为第

---

❶ Lawman Armor Corp. v. Winner, 437 F. 3d 1383 (Fed. Cir, 2006).

❷ Thom McAn Shoe Co. , 988 F. 2d.

❸ 1984 年《专利法》的表述是"不相同或者不相近似"，且采用了"相对新颖性"标准，者两者分别在 2000 年《专利法》和 2009 年《专利法》中进行了修正。

❶ 钱亦俊。外观设计专利的授权标准. 载于：国家知识产权局条法司. 专利法及专利法实施细则第三次修改专题研究报告. 北京：知识产权出版社，2006：390.

23 条第一款前半部分是外观设计新颖性的要求。❶ 在笔者看来，这样不利于解决新颖性判断中如何考虑产品类别的问题。

第二，我国法律虽未明确规定"新颖点检测法"，专利法对于"创造性"标准的引入，或多或少掺杂了使用"新颖点检测法"的意图。在此之前我国司法实践中就已出现了类似的案例，例如，河南省高级人民法院在"宋文周案"中指出，"只有被控侵权产品的外观设计中包含设计要点中所声明的部分，且这些部分与专利照片中表示出的相同或相似，才能认定为侵权；相反，若被控侵权产品的外观设计中未包含设计要点的一部分，或者这些部分与专利照片中表示出的不相同或者不相似，则不能认定为侵权"。❷ 山东省高级人民法院在"广东兴发集团有限公司案"中认为，"区别于专利申请日以前现有设计的创新设计作为外观设计专利的保护范围，案中外观设计专利的创新设计有四点，而被控侵权产品在四点上均与专利不同，因此不构成侵权。"❸

实际上，在新《专利法》起草的过程中，曾有意见主张采用与之类似的"创新点判断法"，即只有被控侵权产品采用了专利外观设计的创新部分，才能认定侵权。对此，立法者认为，判断外观设计相同或者近似的根本标准是整体视觉效果，而创新部位的设计特征只是影响整体视觉效果的重要组成部分。而且，对于区别于现有设计的特征，应当在当事人举证、质证的基础上认定。鉴于我国外观设计未经实质审查，外观设计的简要说明对设计要点的描述可以作为判断创新部分的参考。❶ 这其实也是我国一直坚持的"整体观察，综合判断"的侵权判定原则。与此相应的，2008 年修改后的《专利法》不仅规定简要说明是外观设计专利申请的必要文件，而且规定在确定外观设计专利权的保护范围时，简要说明可以用于解释图片或者照片所表示的该产品的外观设计。对此，专利行政审查部门给出的解释是："外观设计专利要素包括形状、图案及其结合以及色彩与形状、图案的结合，通过视图把这些要素及其结合表达出来，体现的是一种视觉特征，

---

❶ 国家知识产权局条法司.《专利法》第三次修改导读. 北京：知识产权出版社，2009：54.

❷ 河南省高级人民法院 2008 豫法民三终字第 8 号判决。

❸ 山东省高级人民法院 2008 鲁民三终字第 74 号判决。

❶ 孔祥俊，王永昌，李剑.《关于审理侵犯专利权纠纷案件应用法律若干问题的解释》的理解与适用. 人民司法，2010，3.

通过简要说明将产品的设计特征表达出来，有助于对图片或者照片的正确理解和细化，起到了具体说明的作用。"❶ 不过，与美国现有的问题类似，新颖性标准在侵权判定中细化和拆分的初衷虽然是为了使得侵权比对的结果更客观，但也许会带来更麻烦的问题。

4.3.2 难以适用的"创造性（非显而易见性）"标准

创造性的标准源自发明专利，从专利法相关规定的演变过程中可以看出，其又被称为"新颖性之上（novelty-plus）"标准，也就是说，在满足新颖性的基础上，一项发明还必须具备创造性，可以说，没有新颖性的发明创造，肯定会没有创造性，而没有创造性的发明创造不一定就没有新颖性。❷ 与新颖性相比，该标准是法院在长期的司法实践中对于产品或方法可专利性条件探索的结果，对于申请者而言，也是最难通过的一项测试。根据 MPEP 的规定，美国最高法院在"Graham 案"中确立的判断发明专利创造性的四点考虑因素，亦可用于对外观设计创造性的评估。❸ 前文已对这种"移植"的过程进行了回顾，立法者并未对此进行过多的解释，也没有将外观设计与发明等同化的意图，法律之外的因素在这个过程中似乎起到了更大的作用，那么，这样的"移植"是否合理？在实践中应用的情况又如何呢？

其实，不同于设计专利，实用专利授权的动力来自对机械设备、生产方法、制造过程、物质组成等技术方案进行保护的需要，里奇法官曾总结道："发明者的创造过程就像在一间布满了在先技术的、封闭的房间内进行探索，只要其作出的技术方案能够为这些在先设计所覆盖，（则这一发明对本领域技术人员而言）都是显而易见的。"❶ 所以，发明创造的实质就是从一大堆现有技术的组合因素中找出设定技术问题的解决方案，并且，司法实践和行政审查从其处理的大量案例中已经形成了一套较为固定和成熟的实用专利评判方法。然而，外观设计的本质在于整体外形所营造的视觉美

---

❶ 林笑跃，刘稚等．外观设计制度的完善．载于：国家知识产权局条法司．专利法实施细则修改专题研究报告（上卷）．北京：知识产权出版社，2008：519.

❷ 钱亦俊等．外观设计专利的授权标准．载于：国家知识产权局条法司．专利法及专利法实施细则第三次修改专题研究报告．北京：知识产权出版社，2006：390.

❸ MPEP 1504.03.

❶ In re Winslow, 365 F. 2d 1017, 1020 (C. C. P. A. 1966).

感，以及生产者由此获得的成功，其并不关注产品的内在结构和实用功能。从设计者的角度而言，他们的目的不是对已有技术进行突出的改进，而是把精力用在以人们熟知的方式对产品设计作出细微的改进，这种改进往往无法通过专利法框架下创造性的检测。❶ 同时，由于对于视觉吸引力或视觉区别性的评价本身就带有较强的主观性，法院亦多次表示对其创造性判定的困难。❷ 这种困难在行政审查中也有所反映，有人曾对 USPTO 拒绝授予外观设计专利的数据进行了统计，其中只有很少部分是以缺乏创造性为由驳回申请的，这也可能是近十年来美国外观设计授权量翻倍的原因之一，即在 USPTO 看来，与在先设计进行比对的工作缺乏可操作性，故该标准并非审查的重点。❸ 在具体的判定过程中，创造性标准适用的困难及成因主要反映在以下几个方面。

第一，"类似领域的设计"的确定。根据"Graham 案"确立的规则，创造性评价的第一步就是对在先设计的范围和内容进行界定，MPEP 对此给出的答案是"类似领域的设计"，并指出，在决定设计是否具有类似性的问题上，外观设计和实用发明大体上都是一样的，"Glavas 案"的结论则被作为具体指导纳入 MPEP 中。❹ 本案中，审查部门结合不同在先设计的特点认定被比设计不具备创造性，故驳回其申请，CCPA 维持了该决定。不过，现在看来，"Glavas 案"的结论存在自相矛盾的地方，一方面，法院认可一项外观设计除了装饰性特征外无其他实用性，因此关于对比文件的结合问题在于外形的结合而不是其用途的结合，如果问题仅仅在于把具有吸引力的外观表现在某个外在的部位上，那么至于这个外在部位是墙纸、烤箱门，还是一件陶器……这都不重要了；另一方面，又针对本案设计的特点进行分析，如果设计人员的工作是为游泳者设计一种浮块，他不可能转向瓶子、香皂或者剃须刀磨刃器去获得启示。因此，外观设计中的问题是，试图结合的对比文件是否属于相关设计领域不是机械意义上的，而在于它们是否"如此相关"，以至于其中一个装饰性特征的外观可以对在另一物品上的应

---

❶ Jay Dratler, Jr. Trademark Protection for Industrial Designs, U. Ill. L. Rev. 887, 1988.

❷ Donald S. Chisum, Chisum on Patents § 23.03［6］(2009).

❸ Dennis Crouch, Design Patents: Sailing Through the PTO Part II, Patently-O, http://www.patentlyo.com/patent/2009/04/design-patents-sailing-through-the-pto-part-ii.html, visited at July 23, 2013.

❹ MPEP 1504.03.

用起到暗示作用。●

简而言之，前述矛盾的焦点在于"类似领域的设计"是否应局限在相同或类似产品上，按照"Glavas案"的结论，在评价创造性时，对比文件必须来自类似领域，而且要达到"如此相关"的程度。这其实是受到了实用专利创造性判断思维的影响，固然，与实用专利发明者相同，外观设计者在设计过程中也离不开对在先设计的参考，但里奇法官对于实用专利创造过程的形容并不适用于外观设计领域，因为设计者并不是在为某一特定技术问题寻求特定的解决方案，他们所参考的在先设计是没有边界的，对其进行组合和改进的灵感也可能源于任何出处。换言之，对实用专利而言，一个特定的技术问题被提出时，与其相关的现有技术范围必须出自类似领域，才能为发明者的研发提供参考，这是一套严格而谨慎的发明创造程序●，而设计者则显然不会拘泥于类似领域的在先设计，一项针对设计行业人员的调查报告显示，设计者经常阅读和接触各类资源以开拓自己的视野，而不论这些资源与其设计所附载的产品是否相关或类似，他们的想法极具跳跃性，甚至能从"翻盖手机联想到龙虾的钳子，再到铲车的铲臂"。● 因此，将外观设计专利的在先设计限定在"类似领域"与其实际的设计过程是不一致的。● 此外，从设计者的角度来讲，其并不像发明领域那样有特定的专业和方向，例如，IDSA中半数的设计顾问不区分领域，而是根据客户的需求去进行各种类型的设计创作，他们所参考的在先设计更是五花八门。●

第二，"普通设计者"还是"普通观察者"？与在先设计界定问题相仿，外观设计创造性判定的主体所需具备的认知能力与授权标准密切相关，也

● In re Glavas, 230 F. 2d 447 (C. C. P. A. 1956).

● In re Antle, 444 F. 2d 1168, 1171 –72 (C. C. P. A. 1971).

● Telephone Interview with Dr. Ron Kemnitzer, Fellow, Industrial Designers Society of America and Chair, Indus. Design Program, Sch. of Architecture & Design, Virginia Polytechnic Inst. & State Univ. (Aug. 10, 2009).

● 当然，下文在分析功能性限定时还会提到，这种设计上的随意性和灵活性要以不损害产品的实用功能为前提。

● Industrial Designers Society of America (IDSA) Fact Sheet, Indus. Designers Soc'y of Am., http：//idsa. org/content/content1/industrial-designers-society-america-idsa-fact-sheet, visited at July, 26, 2013.

借鉴了实用专利的做法，即判定者需具备"本领域的普通（设计）水平"。[1] 该标准由"Nalbandian 案"提出，亦被 MPEP 明文指定为行政审查的参考原则。[2]

在本案中，CCPA 出于统一地区法院认定标准不一的目的，指出在外观设计案件中，法院应遵循专利法的规定，看被比设计对"本领域普通设计人员"是否显而易见，其与"普通技术人员"的内涵是一致的。具体来讲，"本领域普通设计人员"是指在某一特定领域中就改进外观设计所需解决的问题而言，具有一定的背景和受过培训的从业者，而非"普通的智慧的人"或"普通观察者"。[3] 此外，CCPA 还认为，与"普通观察者"相比，该标准有利于法院、审查部门在侵权诉讼和审查过程中获得专家证人的意见，也正是基于此，CCPA 否认了"Nalbandian 案"中被比设计的创造性，因为与在先设计相比，其区别和改进在普通设计人员看来是显而易见的，是他们设计能力范围之内可以轻而易举达到的，但并未进一步指出其究竟具备何种设计水平，以及对他们来讲哪些改进是显而易见的。[4] 实际上，那些具有该类商品购买、销售等相关经验的消费者或许能够提供更为客观的依据，因为他们是基于外观设计的整体印象来进行判断的。[5]

与"Graham 案"同期的"Laverne 案"对判定主体的阐释或许更符合外观设计的本质。在本案中，CCPA 明确了国会的观点，即实用专利和设计专利是不同的，外观设计不过是产品整体外形的表现，对于外形的观察和判断不需要借助任何特殊技能，只需在普通观察者看来在整体上有区别性即可。[6] 这样的结论无疑更能体现外观设计对于产品的价值和意义，对于营造设计者间良性竞争的气氛，提供创造新设计动力起到政策上的促进作用。此外，该标准也反映了 CCPA 对于创造性标准向外观设计领域的扩张持保留态度，至少在服从专利法规定的基础上根据外观设计的特点对其进行了灵

---

[1] 从第一点的分析也可以看出，如果将在先设计的范围限定在本领域内，那对应的判定主体自然倾向于认知能力更高的专业设计者。

[2] MPEP 1504.03.

[3] 林笑跃等. 外观设计制度的完善. 载于：国家知识产权局条法司. 专利法实施细则修改专题研究报告. 北京：知识产权出版社，2008，475.

[4] In re Nalbandian, 661 F. 2d 1214, 1216（C. C. P. A. 1981）.

[5] Janice M. Mueller and Daniel Harris Brean, Overcoming the "Impossible Issue" of Non-obviousness in Design Patent, 99 Ky. L. J. 419, 2011.

[6] In re Laverne, 356 F. 2d 1003（C. C. P. A. 1966）.

活的应用，即"非显而易见性测试必须以一种符合专利法本意（通过专利保护促进工业品外观设计的发展）的方式来适用"。❶ 值得注意的是，"Laverne 案"提出的"普通观察者"标准之后一直为司法实践广泛使用，直至15 年后才被"Nalbandian 案"修正。❷

第三，"创造性"程度的把握。"非显而易见性"的要求在 1952 年的美国《专利法》中予以明确，但受外观设计定义变化的影响，司法实践在此之前就有对"发明性"标准的讨论，❸ 有的认为外观设计只需具有较低程度的原创性即可，有的则持相反观点，认为外观设计专利所需蕴含的发明程度应与其他类型的专利一样。❹ 总的来看，在 1952 年美国《专利法》的重大变革之前，法院在裁判中对外观设计的性质给予了更多的关注，注意到了其与实用专利之间存在的区别。例如，在"Freund 案"和"Smith 案"中，法院均表达了类似的观点，即外观设计旨在呈现与在先设计不同的整体视觉效果，且能够产生一定的吸引力，绝大部分外观设计中不会蕴含太高的创造性，后者一般只适用于机械类的发明。❺ 而当创造性在立法层面上成为外观设计授权的必要条件时，司法实践的态度也开始逐渐向完全专利化倾斜，例如，在"Lewis 案"中，法院认为，外观设计不仅要具备"新颖性和有利于交易的外观"，还要能反映出"比普通设计者还要高的才华"或"设计天赋"，并由此推定外观设计专利的获权具有相当的难度。❻

其实，更多案件中法院在该问题的处理上表达了一种两难的情绪：质疑创造性的标准适用于外观设计领域的规定，但又不得不痛苦地探索其用于外观设计可专利性判断的具体方式。❼ 在"Faustmann 案"中，CCPA 明确

---

❶ In re Laverne, 356 F. 2d 1003 (C. C. P. A. 1966).

❷ 从另外一个角度看，CCPA 并非最初就将发明专利中的一套评判体系完全照搬到外观设计领域中，而是经过了一个漫长的过程，在立法推动和司法混乱的双重因素下逐渐产生态度上的变化，一步步将外观设计彻底"专利化"，这也反映出专利模式强大的渗透性和影响力。

❸ 根据当时的专利法，"invention（发明性）"也是外观设计的特征之一。

❹ Thomas B. Hudson, A Brief History of the Development of Design Patent Protection in the United States, 30 J. Pat. Off. Soc'y 380, 1948.

❺ Untermeyer v. Fruend, 37 F. 342, 344 (C. C. S. D. N. Y. 1889).; Smith v. Stewart, 55 F. 481, 483 (C. C. E. D. Pa. 1893).

❻ G. B. Lewis Co. v. Gould Products, Inc. 436 F. 2d 1176, 1178 (2d Cir. 1971).

❼ Schwinn Bicycle Co. v. Goodyear Tire & Rubber Co., 444 F. 2d 295, 298 (9th Cir. 1970); Hadco Prods., Inc. v. Walter Kidde & Co., 462 F. 2d 1265, 1271 – 72 (3d Cir. 1972); Fields v. Schuyler, 472 F. 2d 1304, 1306 (D. C. Cir. 1972).

表示，"在外观设计中判断其是否具有发明性几乎是不可能的任务"，但又不得不遵守法律的"强制性规定，即外观设计必须是被发明出来的"。❶ 这样的处理结果一方面含蓄地指出了美国国会在相关法律制定上的疏漏，另一方面也表达了对美国最高法院在权威案例中矛盾做法的不满。

反观我国，如前文所述，2008 年修订的《专利法》在涉及外观设计的规定中最引人注目的变化就是引入了类似"创造性"的标准。"明显区别"其实就是美国"非显而易见性"的中文直译，这一规定包含两层含义：一是授予专利权的外观设计与每一项现有设计单独相比，不仅不应当在整体视觉效果上实质相同，还应当具有明显区别，这一标准排除简单的商业性专用类设计，例如，对自然物的简单模仿，采用众所周知的外观设计特征等，也排除了与现有设计不相同但与现有设计的区别对产品的整体视觉效果不具有显著影响的外观设计；二是允许将两项或者两项以上现有设计的特征组合起来，判断申请获得专利权的外观设计与之相比是否有明显区别，这一标准排除将惯常设计特征、知名产品的设计特征组合而成的设计，也排除对多项设计的特征进行简单组合而成的设计。❷ 这样做固然解决了先前针对一些明显不应授予专利权，但仅依据新颖性标准无法排除的申请的问题，但也随即带来了新的与美国类似的问题。

第一，现有审查机制和司法水平不匹配。与美国不同，我国对外观设计实行的是形式审查，在这种审查机制下，无论是审查人员的业务水平，抑或现有的审查方式，均无法在实际上对被比设计的创造性作出精确客观的评估，这种矛盾到了司法实践中会更加突出，因为法官的专业背景决定了其不可能通过听取双方的意见就对发明类专利的技术方案有初步的了解，外观设计涉及的在先设计种类繁多，设计过程灵活性较大，法院作出的创造性的认定很可能与实际情况不符，导致最终出现有多少位法官，就有多少部专利法的尴尬境地。

对此，司法机关曾总结认为，目前对外观设计方案之间相同、相似关系的判断尚未形成统一的标准，现有法律规定过于泛泛，专利行政机关与司法机关在具体适用时，也各有说法，尺度不一，它势必导致法院与专利

---

❶ In re Faustmann, 155 F. 2d 388（C. C. P. A. 1946）.

❷ 国家知识产权局条法司.《专利法》第三次修改导读. 北京：知识产权出版社，2009：54.

复审委员会对同一外观设计专利，在与同一无效申请材料进行比对后，作出不一致的判断结论。[1] 在这种情况下，引入更高标准的创造性，无疑会给实践带来更繁重的比对工作，也会使得授权专利不稳定性增强。

第二，由于我国长期以来一直使用"新颖性"的单一标准，这也造成了在"创造性"的要求被引入后，如何区分二者成了一种困扰。在笔者看来，美国虽然在二者的应用上存在不少问题，但至少有一个相对清晰的界限。而在我国，该标准究竟是"新颖性"的补充，还是发明专利中的"创造性"，立法和司法似乎均未对该问题有明确的回应。一方面，立法者认为，我国专利法虽然将外观设计称为专利，但实质上，外观设计保护的是授权图片所显示的产品的外观，而非发明或实用新型所保护的技术方案；[2] 但另一方面，如上文所述，该标准的引进客观上使得外观设计与发明专利的保护模式趋同，而这种趋同所造成的困境已在美国逐渐显露出来。

4.3.3 功能性理论的扭曲[3]

美国专利法并未对外观设计的非功能性作出明确要求，而是通过装饰性的授权条件来达到与发明专利相区分的目的。[4] 外观设计专利保护的客体必须是出于装饰性目的的发明创造，一个装饰性的特色外貌或设计被定义为"为装饰目的而创造"的东西，不能是功能性或机械性方面考虑的结果，或是上述方面考虑的"副产品"。[5]

在如何判断一项外观设计是否具有装饰性时，美国通过司法实践总结出了两项原则：一是以整体观察为基准，二是替代性测试法。前者来源于"L. A. Gear 案"，在本案中，CAFC 指出，"在确定一项外观设计是功能性还是装饰性时，必须从权利要求的外观设计的整体角度来考虑，在确定权利要求的外观设计是否仅仅由实用性目的而决定时，最终的问题不是实用性

---

[1] 参见：北京市第二中级人民法院民五庭，"审理外观设计专利侵权纠纷案件中有关问题的调研报告"；北京市高级人民法院民三庭编. 知识产权审判规范. 北京：知识产权出版社，2003：246–249.

[2] 孔祥俊，王永昌，李剑.《关于审理侵犯专利权纠纷案件应用法律若干问题的解释》的理解与适用. 人民司法. 2010，3.

[3] 功能性理论其实并非为专利法独有，就外观设计而言，在版权、商标领域也均有所反应，不过形式不同，之后的章节还会有相应的分析。

[4] 35 U. S. C. 171.

[5] MPEP 1504. 1（c）.

或装饰性等单个特征，而是整个工业品的外表，对装饰性的确定不是基于装饰性特征的尺寸大小的数量分析，而是基于它们对整个外观设计的贡献。"❶ 替代性测试法亦来自与"L. A. Gear 案"有关的案件，在"Avia 案"中，法院提出，"如果还有许多其他方式来完成原有的功能或目的，则足以证明该设计并非以功能性为主要意图。"❷ 从初衷来看，这两项原则都是符合外观设计的特性的，也有利于实现功能性理论被引入的目的。然而，从实际情况来看，在强大的专利式思维影响下，上述两项原则的应用存在不少问题：

第一，要素分析法的应用。在确定外观设计保护范围时，我们的着眼点无疑是其整体造型，但这一原则在实践中经常处于被忽略的地位，设计要点往往成为法院判定是否具有功能性的决定因素。在早期的"Pashek 案"中，涉及一种轮胎的表面设计，在将该设计拆分为一个个独立的组成部分并对其功能性逐一进行辨识后，法院认为，"轮胎的纹路、沟壑和走向等是为了更好地发挥功能性"，据此排除轮胎整体表面外观的可专利性。❸ 在近期的一些案件中，CAFC 屡次宣称在评估功能性时要坚持对外观设计进行整体考虑，但却还是会陷入到对个体要素的分析中，在"KeyStone 案"中，CAFC 则认为外观设计专利保护的是一项设计中"非功能性的方面"。❹ 这意味着一件完整的外观设计可以被人为地割裂开，分为功能性方面和装饰性方面，这显然与功能性理论的初衷是相违背的。在几年后的"OddzOn 案"中，CFAC 结合之前的判例试图确立一种区分两方面特性的规则，即由权利人进行解释，说明被控侵权设计与其专利设计是在装饰性方面相同或相近似的。❺

这种规则对后续的司法实践产生了很大影响，在 2010 年的"Richardson 案"中，我们还可以看出由此带来的矛盾的局面：一方面，法院再次强调"功能性要素的去除不意味着要从整体观察判断法转化为要素逐一对比法，……在判断侵权时，应该看整体上是否相同或近似，而非仅仅是装饰

❶ L. A. Gear v. Thom MacAn Shoe Co. 988 F. 2d 1117 (Fed. Cir. 1993).

❷ Aiva Group International v. L. A. Gear California, 7USPQ 2d 1548, 1533 (Fed. Cir., 1988).

❸ Pashek v. Dunlop Tyre & Rubber Co., 8 F. 2d 640 (N. D. Ohio 1925).

❹ "A design patent protects the non-functional *aspects* of an ornamental design as shown in a patent as a whole", KeyStone Retaining Wall Sys., Inc. v. Westrock, Inc., 997 F. 2d 1444 (Fed. Cir. 1993).

❺ OddzOn Prods., Inc. v. Just Toys, Inc., 122 F. 3d 1396 (Fed. Cir. 1997).

性要素的近似"；另一方面，在本案中，法院首先将被比设计从物理上分为各个独立的部位，将其中具有功能性的几处剔除出去，仅就剩余的几处设计点进行比较，最终作出不侵权的结论。❶

从理论上讲，一项外观设计专利中任何一种要素，无论其性质如何，都有可能对整体视觉效果造成影响。因此，且不论本案中对功能性部位的甄别是否准确，这种剔除都会破坏外观设计的整体性，影响其对普通观察者产生的印象，进而影响保护范围的确定。再者，即便就个别要素而言，本案仅依据用途来认定其具有事实上的功能性❷，按照这种思路，任何要素均具备这种"事实上的功能性"，只有那些附着于产品表面的纯粹装饰性设计可以通过上述检测，这无疑会对权利人主张权利产生不利影响。❸

第二，替代性测试的把握。与版权法和商标法类似，替代性测试是在对外观设计这类兼具实用性和美感的客体进行保护之前，用以划分两种特性的常见方法，但实践中各个法院对其认识的不一致导致最终结果具有相当的不确定性。例如，有的法院认为一件外观设计不能注册是因为其"主要是功能性的"❹，而在另外一些案件中，法院又推出了"决定性标准"，即只有当该设计是由功能或实用目的决定的唯一样式时，才能否定其可专利性。❺

2007年的"PHG案"在判定专利设计效力时，为替代性测试法的适用举出了一系列需要考虑的因素：

（1）被保护的是否为最优秀的设计；

（2）替代性方案是否会对附载产品的功能发挥产生不利的影响；

（3）是否存在类似的其他类型专利（发明或实用新型）；

（4）是否就其中某些特征所具备的功能性进行了着重宣传；

（5）整体外观是否由功能性所决定。

这种做法很快就遭到了不少反驳意见，有学者提出，这些因素会使得设计专利的效力变得极其脆弱。对于权利人来讲，他当然认为自己创作并

099

第
4
章

外
观
设
计
可
专
利
性
分
析

---

❶ Richardson v. Stanley Works, Inc., 610 F. Supp. 2d 1046, 1050 (D. Ariz. 2009).

❷ Rich法官曾在商标案件中将功能性分为事实功能性和法律功能性，下文还将对此详细论述。

❸ Jason J. Du Mont, Mark D. Janis, Functionality in Design Protection System, 19 J. Intell. Prop. L. 261, 2012.

❹ Lee v. Dayton-Hudson Corp., 838 F. 2d 1186, 1188 (Fed. Cir. 1988).

❺ L. A. Gear, Inc. v. Thom McAn Shoe Co., 988 F. 2d 1117 (Fed. Cir. 1993).

用于产品的设计不会影响对其实用功能性的使用，而以产品本身或其使用到的方法申请发明专利也是常见的行为，并且，商家在对产品进行宣传时并不会对其功能和美感进行刻意的区分。至于最后一点，这本就是替代性测试法所判断的目的，将其重新列入考虑因素显得自相矛盾。●

实际上，这一系列因素在之前的"Berry 案"中就有所体现。● 这种判断方式其实借鉴了 USPTO 在商标确权案件中的做法，也是 TMEP 在评价商标功能性中的明文规定。● 不过，外观设计与商标毕竟属于两种不同的客体，这种借鉴自然需要结合外观设计本身的特殊性质来进行。此外，该理论在商标法领域中也一直颇受争议，并受到了部分法院的明确质疑，在这种情况下，未经充分的实践检验就将其引入专利法中是否妥当，有待进一步商榷。●

作为外观设计专利保护制度中的基本规则，我国并未在专利法中对功能性理论作出明确的规定，与美国的"装饰性"标准类似，我国对外观设计专利提出的"富有美感"的要求可以视为功能性理论的来源：如果产品外形是一个解决技术问题的技术方案，即便其具有美感，也不能给予外观设计保护。对此，行政审查部门注意到，在外观设计专利确权案件的审查中需要对由产品的功能所决定的外观予以充分考虑●，故在《专利审查指南》中有关外观设计相近似判断章节中进行了明确说明，"产品的功能、内部结构、技术性能对整体视觉效果不具有显著的影响。由产品的功能唯一限定的特定形状对整体视觉效果通常不具有显著的影响。例如，凸轮曲面形状是由所需的特定运动行程唯一限定的，其区别对整体视觉效果通常不具有显著影响；汽车轮胎的原型形状是由功能唯一限定的，其胎面上的花纹对整体视觉效果更具有显著影响。"● 这种表述方式得到了对专利确权案件有管辖权的北京市高级人民法院的认可，其在出台的相关规定中对功能设计的认定作出了进一步的规定，即"仅起功能、技术效果作用的设计

❶ Perry J. Saidman, Functionality and Design Patent Validity and Infringement, 91 J. Pat & Trademark Off. Soc'y 313, 2009.

❷ Berry Sterling Corp. v. Pescor Plastics, 122 F. 3d 1452, 1455 (Fed. Cir. 1997).

❸ TMEP 1202. 2 (a) (v).

❹ 下文还会针对商标领域的功能性判定进行专门分析，在此不再赘述。

❺ 比如，TRIPs 第 25 条就规定，外观设计主要是由技术因素或功能性要素决定不保护。

❻ 《专利审查指南》第四部分第五章 6.1。

是指产品功能的有限设计，主要是指实现产品功能的唯一设计。如果实现产品功能不止一种外观设计，则一般不得将实现产品功能的每一种外观设计视为仅起功能、技术效果作用的设计"。❶

与美国同样的问题在于，我国最高人民法院在 2009 年的司法解释中的表述却将"唯一"修改为了"主要由"，即在侵权判断过程中，对于主要由技术功能决定的设计特征……应当不予考虑。❷虽然其与《专利审查指南》是分别针对外观设计侵权和确权案件审理的规定，但二者的不一致很可能使得司法实践的应用出现混乱的结果，从而有损司法裁判的公信力。

例如，在"SEB 公司案"中，北京市高级人民法院在排除外观设计功能性时指出，"至于在透明蒸锅的内部，本专利增加了深盘和带提手的箅子，这两个部分属于功能性的设计。在比较两项外观设计是否相同或者相近似时，如果二者的区别主要是由功能性设计带来的，该区别不应作为被考虑的关键性因素。"❸ 而在 2010 年的"株式会社普利司通案"中，最高人民法院似乎更倾向于审查部门的意见，以是否唯一来判定专利设计的功能性。本案涉及一种"机动车轮胎"的外观设计专利，对于申请人基于功能性理论提出的无效宣告，法院认为，"轮胎设计肯定要考虑安全性能、转向性能、刹车性能、磨耗、滑水、散热和噪声等特性，但是在满足上述功能的前提下，轮胎的设计包括主胎面上花纹布局、图案构思等方面仍然具有较大的创作自由度，并非由实用功能性所唯一决定。轮胎的花纹布局、图案构思等的差异都可能使得不同轮胎形成不同的整体视觉效果。因此，即使轮胎的设计需要考虑功能性，只要其设计并非由实用功能性所唯一决定，并且符合外观设计专利的授权条件，就可以作为外观设计予以保护。"❹

此外，从最新的司法实践来看，我国似乎也试图将外观设计的特征进行分类，作为进一步判断的基础，在"张迪军案"中，最高人民法院认为一件外观设计至少存在三种不同类型的设计特征：功能性设计特征、装饰性设计特征以及功能性与装饰性兼具的设计特征。不同类型设计特征对于外观设计产品整体视觉效果的影响存在差异。功能性设计特征对于外观设

---

❶ 《北京市高级人民法院关于审理外观设计专利案件的若干指导意见（试行）(2008)》第 14 条。
❷ 《最高人民法院关于审理侵犯专利权纠纷案件应用法律若干问题的解释（2009）》第 11 条。
❸ 北京市高级人民法院 2003 高行终字第 190 号民事判决书。
❹ 最高人民法院 2010 民提字第 189 号民事判决书。

计的整体视觉效果通常不具有显著影响；装饰性特征对于外观设计的整体视觉效果一般具有影响；功能性与装饰性兼具的设计特征对整体视觉效果的影响则需要考虑其装饰性的强弱，其装饰性越强，对整体视觉效果的影响可能相对较大一些，反之则相对较小。❶ 这意味着法院在审理外观设计案件中要承担更重的划分特征的任务，大大增加了判断的步骤和繁琐程度，值得商榷。

近年来有不少人提出应参照美国的做法，将我国外观设计授权标准中的"富有美感"要求修改为"装饰性"要求，理由主要在于："富有美感"的判断带有相当大的不确定性，而"装饰性"本身的含义相对清晰，只要该产品的外观设计内容不是由功能所唯一限定的，且能引起人们的视觉感受，就可以满足"装饰性"的要求。❷ 从追求客观裁判结果的目的来看，这种建议的初衷是好的，但殊不知，如何把握"装饰性"要求也是美国司法实践中一直争论不休的问题。该标准出台伊始，大部分人都将其等同于艺术上的吸引力，一些法院认为可以通过探寻设计者的意图来判断一件设计是否有装饰性。❸ 还有些判例认为应该观察消费者的意图，看他们购买产品的动力究竟是来自对功能的喜爱还是外形产生的吸引。❹ 在对"装饰性"程度的把握上，不同法院也会有不同的观点，甚至会体现出法官浓重的个人倾向性，勒纳德·汉德法官就曾经指出，该标准的判断与法官的艺术品位紧密相关。他认为，艺术本身并不存在标准一说，在具体案件中不能仅依靠法官的艺术感知度来判断，还是要从客观上证明该设计具有最起码的艺术吸引力。❺ 在一起涉及儿童用三轮车的案件中，汉德虽然主张以儿童的视角来观察，但最终还是回到了个人的主观判断上，并认定"原告的童车没有任何装饰性，孩子们喜欢它也只是因为想骑它，而非出于外观上的吸引"。❻

可见，"富有美感"和"装饰性"的替换并不能彻底解决判断易受主观影响的问题，反而可能引发新的争议。全国人大法律委员会也曾就此进行过较

---

❶ 最高人民法院 2012 行提字第 14 号民事判决书。

❷ 吴观乐等. 外观设计专利的保护. 载于国家知识产权局条法司：《专利法及专利法实施细则第三次修改专题研究报告》. 北京：知识产权出版社，2006：536 - 537.

❸ In re Carletti, 328 F. 2d 1020, 1022 (C. C. P. A. 1964).

❹ Wallace Int'l Silversmiths, Inc. v. Godinger Silver Art Co., 916 F. 2d 76, 81 (2d Cir. 1990).

❺ H. C. White Co. v. Morton E. Converse & Son Co., 20 F. 2d 311, 312 (2d Cir. 1927).

❻ H. C. White Co. v. Morton E. Converse & Son Co., 20 F. 2d 311, 312 (2d Cir. 1927).

长时间的讨论，决定保持原有的规定不变，但对"富有美感"进行了重新界定，认为其主要作用在于表明判断是否属于外观设计专利权的保护客体，应当关注的是产品外观给人的视觉感受，而不是该产品的功能特性或者技术效果，该词应当做广义理解，不受具体个人的感受是"美"还是"不美"的影响，现实中也没有出现过仅仅由于认为"不美"而拒绝授予外观设计专利权或者宣告一项外观设计专利权无效的事例。[1] 所以，在笔者看来，不应盲目学习国外的做法，对已有规定进行更好的理解和解释才是我们需要努力的方向。

4.3.4　高昂的保护成本

对于专利模式下的外观设计保护，行政审查和授权程序也是长期以来为众多业内人士所诟病的问题之一，尽管与实用类专利的相关规定相比已经有了明显变化，但毕竟同属于专利实质审查的范围，这也意味着外观设计专利的获权并非易事。

第一，耗时长。外观设计专利自申请至获权平均需要大约两年的时间，即便第一次实质审查也需在申请后等上 15 个月。[2] 近年来，USPTO 针对该问题推出了"火箭式注册"的程序，宣称可在 6 个月左右完成注册，但由于种种原因，此程序的平均时间也被拖延至一年左右，且申请人需为此多支付 900 美元的注册费。[3] 这对一些时效性较强的产品设计而言无疑是极为不利的，例如，很多时装设计的流行寿命仅可维持一个季度或一年，在等待获权的期间可能就已经过时了，而在获悉授权之前，设计师可能早已投入到新设计的创作中了。[4]

第二，费用高。一件外观设计专利的申请费用大概需要 2000～4000 美元，虽然与实用类专利 5000～20000 美元相比低不少，但一项申请中仅可有一件外观设计，而在实用类专利中则可就多项关联技术同时提出申请。同样以时装行业为例，其在一个季度之内就能有多项类似设计问世，无形之

---

❶　国家知识产权局条法司.《专利法》第三次修改导读. 北京：知识产权出版社，2009：54.

❷　http：//www. patentlyo. com/patent/2007/02/how_long_do_i_w. html，visited at Aug. 3，2013.

❸　MPEP 1504. 30

❶　Sara R. Ellis，Copyright Couture：An Examination of Fashion Design Protection and Why the DP-PA and IDPPPA Are a Step Towards the Solution to Counterfeit Chic，78 Tenn. L. Rev. 163，2010.

中使得申请成本大大提升。❶

第三，易模仿。依据专利法相关规定，外观设计从申请到正式授权之间并无具体的保护措施，只是赋予了申请人在获权之后一个主张追溯赔偿的权利。❷ 这样一来，相当于为他人提供了长达两年的时间来模仿待授权设计，再加上外观设计的模仿实现起来相对容易，申请人有可能面临在获权之前就发现市场上已经出现了大量仿冒品，却无法加以制止的尴尬境地。❸

除上述常规程序之外，申请人还需花费大量时间和精力应对审查员的质疑意见，与专利律师进行沟通，繁杂的程序性事项也会影响设计者申请专利的积极性。总之，这种申请制度并不适合外观设计这种性质多变、寿命短暂的客体，高昂的保护成本也使得很多设计类中小企业望而却步，从而阻碍其创新发展，就我国的具体情况而言，较之于创新程度较高的发明和实用新型专利，设计产业是近年来发展较快，且短期内可预期经济效益较强的产业群，而我国目前的外观设计专利申请制度与美国类似，也存在耗时长、费用高等问题，因此，如何结合企业需求，构建出更符合经济发展需要的外观设计授权制度，也是我国未来需要重点考虑的问题。

4.4 外观设计专利保护的新发展

在司法实践困境迭生的状况下，原有的专利理论和保护体系均遭受了一系列的质疑，这种现状敦促立法者和司法者们不得不开始检视原有模式的合理性，并尝试着提出新的观点，这一举动很快在司法实践中得到了反馈。

4.4.1 "非显而易见性"标准的修正

"Graham 案"为"非显而易见性"的判断确立了四项要素，但美国最

---

❶ Perry J. Saidman, The Crisis in the Law of Designs, 89 J. Pat. & Trademark Off. Soc'y 301, 2007.

❷ 35 U. S. C. § 154（d）.

❸ Robert P. Merges, Peter S, Menell & Mark A. Lemley, Intellectual Property in the New Techno-logical Age, 2006, p162.

高法院并没有明确如何判断"非显而易见性",即没有提出一个明确的可操作的判断"非显而易见性"的标准,而是把这一问题留给了CAFC。[1] CAFC认为,大多数发明源于已有要素的组合,每一个已有要素都能存在于现有技术中,然而,在发明中识别出现有技术并不能有效地反驳组合发明作为整体的可专利性。[2] 1982年,CAFC引入了"教导(Teaching)—启示(Suggestion)—动机(Motivation)"的所谓"TSM标准",根据TSM标准,法官或审查员必须在确认"显而易见性"时首先检索出相关技术文献,再指出本领域普通技术人员可从这些技术文献中得到明确教导和启示,并产生动机,将这些文献相结合得到专利技术,否则就不能认为具有"显而易见性"。TSM标准的好处在于可以防止以"事后之明"方式看待他人作出的发明创造,提高创造性判断的法律确定性,在一定程度上防止创造性的判断成果因人而异,使公众、专利申请人、专利权人都可以事先合理地预期美国专利商标局审查和法院审理的结果,从而将创造性判断的主观随意性减小到最低程度。[3]

应该说,TSM标准放宽了"非显而易见性"的要求,即不能随意否定待申请方案的创造性,这无疑是有利于外观设计通过授权的。然而,随着经济和技术的发展,人们发现在美国现行的专利体制下出现了专利权过多过滥的现象,这不仅不能促进创新,反而不利于技术的开发和推广,甚至造成了对自由竞争的阻碍。美国联邦贸易委员会和美国司法部在这一背景下就专利与竞争的协调以及现行专利制度中存在的问题召开了听证会,并作出了名为《促进创新—竞争与专利法律政策的适当平衡》的报告。该报告认为,由于授予专利的"非显而易见性"标准过低,问题专利(一些价值不高专利或实质上已处于公有领域的发明)不断涌现,从而阻止了创新或提高了创新成本;"专利丛林"的出现使得防御性的专利与许可变得非常复杂,增加了交易成本,因而需要对专利制度进行革新。该报告所推荐的一个重要措施就是缩紧专利"非显而易见性"的判断标准,其认为对"非

---

❶ 曹阳. 专利的非显而易见性判断——对美国最高法院 Teleflex 案判决的解析. 北方法学,2008,2.

❷ Rouffett, 149 F. 3d.

❸ 尹新天. 中国专利法详解. 北京:知识产权出版社,2011:273.

显而易见性"的适宜判断标准是阻止问题专利出现的关键。❶ 在该政策精神的指引下，2007 年的"KSR 案"重新明确了非显而易见性判断的要素，该案也是在"Graham 案"后，美国最高法院时隔 41 年后对该问题再次表明其立场。❷

美国最高法院认为 CAFC 过于严格地采用 TSM 标准而不愿求助于常识，不但是不必要的行为，同时已经违背了之前的 Graham 标准，因为在许多情况下，尽管结合行为非常显然，但是证明该结合却非常困难乃至不可能，CAFC 这种做法显得"僵固且强制，'非显而易见性'的分析不能够被启示、建议与动机这些文字的形式上的意义所限制，或过度强调已出版文章与已颁发专利明显内容"，在此基础上，美国最高法院还就专利授权的实质性进行了重新明确，"在普通的技术发展进程中，在更高水平的成就基础上不断取得进步是一件可以预料的事情，因此普通的创新不能成为根据专利法可以享有独占权的主题。如若不然，专利制度就将违背美国宪法的有关规定，窒息而不是促进实用技术的发展。"❸

"KSR 案"在一定程度上采纳了上述报告的建议，对授予专利权的"非显而易见性"条件的判断标准作出了一定调整，限制了明确性很强的 TSM 检验法的适用，转而采用客观性较低的"常识"和"普通创造力"标准，由此增加了预测专利有效性和新发明可专利性的难度。这不仅对美国专利制度的发展方向产生了深远影响，对其他国家的相关制度也具有参考价值。

需要注意的是，前文曾提到过，"非显而易见性"标准是应实用类专利审查要求所产生的，并无针对外观设计使用的本意，而在司法实践中，无论是 TSM 规则，还是"KSR 案"的结论，其对于"非显而易见性"的讨论也是围绕实用类专利的技术方案展开的。不过，囿于美国专利法的规定，该条件是外观设计专利授权实质审查的一项重要内容，法律也并未指出其与实用类专利的区别之处，这就使得审查员或法官在面对具体问题时会照搬专利模式的思路，从而影响结论的客观性。此外，与"KSR 案"提升创

---

❶ 曹阳. 专利的非显而易见性判断——对美国最高法院 Teleflex 案判决的解析. 北方法学，2008，2.

❷ KSR Int'l Co. v. Teleflex Inc.，550 U. S. 398（2007）.

❸ KSR Int'l Co. v. Teleflex Inc.，550 U. S. 398（2007）.

造性要求的做法相反，在下文提到同期的"Egyptian 案"❶ 中，CAFC 放弃了在外观设计侵权案件中一直使用的"新颖点检测法"，又似乎在竭力划分外观设计与实用技术方案之间的界限，这两种意见交织在一起，为后续司法实践在同类问题的判断上注入了不少的混淆因素。

4.4.2 Egyptian 案的意义

2008 年 9 月 22 日，CAFC 以全席审理（En banc）的方式对"Egyptian 案"作出判决，判定被告不构成对原告专利权的侵犯，该判决对于美国外观设计侵权判定标准作出了重大调整，在对新颖点检测法提出质疑的同时，主张外观设计的侵权判断应回归"Gorham 案"确立的普通观察者法，这也意味着 CAFC 在对外观设计的理解上有了不同于以往的观点，归纳起来有以下几个方面。

第一，新颖点检测法的放弃。在本案中，被告认为自己的设计并未盗取专利设计全部的新颖点，并以"Litton 案"为先例进行侵权抗辩，CAFC 驳回了被告的观点，在对"Litton 案"进行回顾与解读后认为，新颖点法是第二位的、独立的证明外观设计侵权的判断标准，同时与"Gorham 案"中提出的普通观察者法不能保持一致。同时，新颖点法并未经 Whitman Saddle 案件授权作为司法先例，也不应过于宽泛地、不合理地在外观设计专利纠纷中被主张。❷

在此基础上，法院进一步指出了适用该标准可能带来的问题，即新颖点法在具体的司法判例中变成了仅仅去鉴别是否构成新颖点相似就可以认定是否构成侵权这样一件简单的事情。然而，当原有专利如果有诸多外观特征都可以被看做新颖点或者原有专利是关于在先存在的多种艺术元素的组合的时候，新颖点法的适用就变得尤其困难。采用新颖点标准容易使判断者将其注意力集中在授权外观设计的个别设计特征上，而不是集中在更为恰当的判断上，也就是被控侵权产品作为一个整体是否抄袭了授权外观设计的设计方案。此外，授权外观设计的创新程度越高，其与现有设计之间的区别点也就越多，本来应当得到更为有效的专利保护，然而采用新颖

---

❶ Egyptian Goddess Inc. v. Swisa，Inc. 543 F. 3d665（2008）.

❷ 桂昱. 美国外观设计专利 Egyptian Goddess 一案评析. 法制与社会，2012，9（上）.

点标准的结果却会使被控侵权人获得更多的争辩机会，因为其更容易抗辩侵权产品没有逐一采用授权外观设计的这些新颖点。

第二，在先设计的引入。为证明专利设计和被控侵权设计的新颖性，法院在本案中引入了第三方的在先设计进行比较，这样一来，当二者相同或相近似时，通过与在先设计的比对能够使得最终结论更合理和客观。不过，对于在先设计的适用，CAFC也强调了其对新颖点检测法的影响，对于以单项在先外观设计为基础，并且专利外观设计与该在先外观设计的区别在于单个特征不同的简单外观设计专利侵权案件，新颖点检测被证明是合理且易适用的。在这种案件中，确定新颖点以及被控侵权产品外观是否擅自使用了新颖点均是简单的事情。然而，如果专利外观设计有多个特征被认为是新颖点，或者存在多项在先外观设计，专利外观设计的每一项特征均能在一项或者多项在先设计中找到，在这样的案件中适用新颖点检测被证明是困难的。特别是，当存在多项特征与多项在先外观设计时，特征的组合或者外观设计的整体外观是否构成专利外观设计的新颖点，在适用新颖点检测时，会出现不同见解。

第三，权利要求的解释。"EGI案"涉及的另一重要问题是如何解释外观设计权利要求。与"非显而易见性"类似，这一概念亦源自实用专利领域，在"Markman案"中，美国最高法院指出，对于实用专利侵权案件，要首先对专利权利要求进行合理解释以确定保护范围，该解释工作则由法庭来决定，这也被称为"Markman准则"。[1] CAFC将该准则套用到了随后的"Elmer案"中，并就如何在外观设计领域适用进行了说明，即先将呈现在专利图案中的设计特征尽量详尽地以"言语化"表达出来，或转化为书面文字，然后由陪审团来进行侵权判定。[2]

有学者对这种格式化的侵权判定提出了质疑，"按照'Markman准则'的要求，将设计专利图案以'言语化'形式表达出来的只能是字面意思上的权利要求，判断者很难再加入与其实质性等同的要素。也就是说，如果这些权利要求没有在被控侵权设计中逐一实现，则无法认定侵权成立。……因为在权利要求解释为前置程序的情形下，侵权人不会蠢到（按

❶ Markman v. Westview Instruments, Inc, 52 F. 3d 967 (Fed. Cir., 1995), 517 U. S. 370, 116 (S. Ct., 1384) (1996).

❷ Elmer v. ICC Fabricating, 67 F. 3d 1571; 365 USPQ 2d 1417 (Fed. Cir., 1995).

照上述解释去模仿专利设计），这也使得'Gorham 案'确立的实质性相近似原则名存实亡。"❶

早在 1982 年的"Rosen 案"中，CCPA 就曾对类似的方式表示过反对，认为对于外观设计进行"机械的解释"是不合理的，判断者应该将注意力集中在其艺术性的美感方面。❷ 其实，"Markman 准则"不适用于外观设计的根本原因在于其与实用技术方案相比有着本质的区别，外观设计的价值在于整体形象营造出的视觉效果，这种效果很难以文字形式进行精确的转述，加之主观因素的影响，即便是针对同一件外观设计，也不会有任何两家法院可以作出完全相同的解释。❸ CAFC 在"EGI 案"中发现了这个问题，并明确表示不会在本案中适用"Markman 准则"，并建议地区法院在同类型案件的审理中也避免对外观设计进行"言语化"的权利要求解释。同时，CAFC 还提出"法院可结合一些其他影响权利范围的因素来进行事实认定"，这些因素包括：❶

（1）指出专利设计中与被控侵权设计和在先设计相关的要素；

（2）描述那些在专利图示中存在的某些惯常设计；

（3）描述在诉讼中任何有关设计特征的陈述；

（4）区分专利设计中装饰性特征和纯功能性特征。

如果说对"Markman 准则"的否定意味着法院意识到了对外观设计的认知应建立在其整体形象的基础上，上述要素的提出似乎又让人看到了将权利要求拆分和细化的踪影，这让我们很难把握在外观设计案件中，究竟是参照实用专利的思路将其权利要求"言语化"后再做判断，还是以图示和整体外观为准来考虑，CAFC 在本案中未加明确，有学者认为，这其实是专利模式影响力过于强大造成的结果❺，笔者认为，且不论该解释是否合理，至少可以说明法院尚未找到一种有效的方法，可以实现将外观设计与

---

❶ Perry J. Saidman, The Crisis in the Law of Designs, 89 J. Pat. & Trademark Off. Soc'y 301, 2007.

❷ In re Rosen, 673 F. 2d 388 (C. C. P. A. 1982).

❸ Perry J. Saidman, Allison Singh, The Death of Gorham Co. v. White: Killing It Softly With Markman, 86 J. Pat. & Trademark Off. Soc'y 301, 2004.

❶ Egyptian Goddess Inc. v. Swisa, Inc. 543 F. 3d665 (2008).

❺ Susan Scafidi, Panel II: The Global Contours of IP Protection for Trade Dress, Industrial Design, Applied Art, and Product Configuration, 20 Fordham Intell. Prop. Media & Ent. L. J. 783, 2010.

实用技术方案清晰地区分。

第四，普通观察者法的改进。在明确了新颖点检测法可能带来的问题后，CAFC 将"Gorham 案"确立的普通观察者法重新搬了出来，并认为该标准应当是判断是否侵犯外观设计专利权的唯一标准，即"除非被控侵权设计采用了专利设计或者对其做了有伪装性质的模仿，则不构成侵权"。❶这表明了法院对于普通观察者法的回归，但与此同时，CAFC 亦对该方法提出了新的理解，认为"不再采用新颖点检测法不意味着专利设计与在先设计之间的区别点是无关紧要的，相反，审查专利设计的新颖之处是将其与被控侵权设计和在先设计进行比较的重要组成部分。但是，对设计方案的比较，包括任何对新颖点的审查必须作为普通观察者法的一部分予以进行，而不是作为一个单独的判断标准，将其注意力集中于仅仅在诉讼程序中才强调指出的个别新颖点上"。❷

这也意味着在"EGI 案"中，法院注意到了如果将普通观察者混淆作为外观设计专利侵权的判定标准，那么，极有可能忽略外观设计专利作为一种专利其内含的新颖性特征，而仅关注被控产品与原有专利在整体视觉效果中是否达到混淆的可能。因此，法官出于平衡的考虑，在原有"Gorham 案"中确立的"普通观察者法"基础上进行了平衡性改良，即在关注是否会造成消费者混淆的基点上引入了新颖性考量。❸同时，法院也改进了原有的普通观察者法，要求其对在先设计有一定的熟悉程度，这与同时使用两种独立的侵权判断方法时的普通观察者法有明显的区别。即尽管在"EGI 案"中 CAFC 仅仅使用了普通观察者法，但这时的普通观察者法的内涵发生了变化，是渗入了在先设计的带有客观性特征的主观判断方法。❶

4.4.3 模糊的司法态度

虽然由不同的法院作出，涉及的保护客体和案件性质也不同，但"KSR案"和"EGI 案"在本领域内均有着重要意义，并在随后的案件中展现出

---

❶ Egyptian Goddess Inc. v. Swisa，Inc. 543 F. 3d665（2008）.

❷ Egyptian Goddess Inc. v. Swisa，Inc. 543 F. 3d665（2008）.

❸ 桂昱. 美国外观设计专利 Egyptian Goddess 一案评析. 法制与社会，2012，9（上）.

❶ 董红海，陆准. 美国外观设计专利侵权判断方法的最新发展——简评 Egyptian Goddess 案. 知识产权，2009，7.

了强大的影响力，如何在同一案件中协调二者不同的思路，成了法院面临的难题之一。

2009 年的"Titan 案"涉及一种拖拉机轮胎的外观设计专利，在本案中，CAFC 拒绝了专利权人临时禁令申请，理由在于涉案专利与在先设计相比不具有非显而易见性。[1] 而在对非显而易见性的解释上，CAFC 的结论似乎显得有些自相矛盾：一方面，CAFC 肯定了地区法院对于"KSR 案"的借鉴，即"根据在先设计元素的功能进行可预期的使用"是显而易见的，并指出应以"普通设计者能否结合在先设计的教导和启发创作出同样的设计"为准来进行非显而易见性的判断；另一方面，CAFC 重申了"EGI 案"结论的合理性，即对外观设计的判断应着眼于产品整体视觉效果，那种"首先确定主要在先设计，然后用辅助在先设计对其加以改进来判断是否显而易见"的方法容易将法庭的注意力引回到个体特征上，从而再次陷入新颖点检测法的怪圈中。[2]

而当面对美国最高法院在"KSR 案"中确立的创造性标准时，CAFC 则显得有些闪烁其词，"不能确定最高法院意图将外观设计排除在'KSR 案'准则的适用范围外"，同时指出"'KSR 案'准则的适用时机已经成熟了"。[3] 不过，CAFC 并未对此作进一步的解释，在本案中也没有明确适用"KSR 案"准则的原因和方法。事实上，该准则并不适合外观设计的保护：

第一，"KSR 案"的局限性。"KSR 案"涉及的是组合式技术方案"非显而易见性"的判定，其意义在于提升了该标准的要求，并重申了"Gorham 案"所确立的四要素规则，美国最高法院在本案中的一系列讨论是围绕实用专利有效性的问题展开的，与外观设计保护无关，也没有将其扩展至该领域的意图，因为后者是产品整体的装饰性形象，而非由独立特征或方式组成的产品的设计过程。

第二，在先设计的范围。在"KSR 案"中，法院认为对于技术方案而言，其现有技术是"数量有限，可以识别和预期的技术方案"[1]，但如前文

---

[1] Titan Tire Corp. v. Case New Holland, Inc., 566 F. 3d 1372, 1385 (Fed. Cir. 2009).

[2] 在笔者看来，因为 EGI 案本来就有一些没有明确的地方，加之专利惯性思维的影响，所以出现这种矛盾的结论也很正常。

[3] Titan Tire Corp. v. Case New Holland, Inc., 566 F. 3d 1372, 1385 (Fed. Cir. 2009).

[1] KSR Int'l Co. v. Teleflex Inc., 550 U. S. 398 (2007).

所述，设计者在进行设计创作的过程中不会将精力局限于固定的资源或其创作的领域，而会通过各种渠道和方式寻求设计灵感，将与在先设计零散的区别进行比对会在实质上削弱设计者的贡献。

第三，"预期"规则的失灵。预期原则是指如果人们能在有限的现有技术方案中选择并加以结合，制定出可预期的新技术方案，则后者是显而易见的。按照"KSR案"对于"非显而易见性"标准的阐释，实用专利是发明者为解决某种特定的技术问题而创造的，如果具有本领域普通水平的技术人员能够在其一般认知范围内预期出该技术方案，则其就不是创新的成果，从而不应具备可专利性。[1]而外观设计是在人们已经熟悉的产品上"锦上添花"，使其能够更受消费者的青睐，激起他们的购买欲望，这种对艺术美感的探索与对技术方案的寻求是截然不同的，对于审查员和法官而言，在结合在先设计的情况下，以视觉效果示人的产品外观自然比复杂的技术方案更易于判断，也更容易得出被比设计"可预期"的结论，这样一来，绝大多数外观设计都可能因此而无法获得充分的保护。

可见，"Titan案"不仅未明确实用专利保护准则是否可扩展至外观设计领域的问题，还混淆了二者间的本质区别，然而，这些问题似乎并未引起CAFC的注意，六个月后的"Int' Seaway案"使得情况变得更加复杂。本案涉及一款"CROCS"沙滩鞋的外观设计，地区法院以该专利设计可为在先设计所预期而应无效为由，驳回了原告对被告提出的侵权指控，CAFC认为地区法院仅依据鞋子表面的一些特征来判断是不合理的，违反了"EGI案"对普通观察者法的回归，故撤销了地区法院的判决。[2] 不过，尽管反复强调其判断依据是设计的整体形象，但CAFC接下来却又仅以鞋内底面这一个部位的设计特征完成了预期的分析，并援引了"Durling案"的结论，并指出："在显而易见性的预期判断中，普通观察者法和新颖点检测法的适用方式是相同的。"[3] 这种观点又与其之前对"EGI案"的肯定相矛盾。

而在涉及显而易见性判断主体的问题上，"Int'l Seaway案"的做法更令人费解，法院提出了"双重标准"的说法，"对于外观设计专利而言，应先由普通设计人员来确定对比所需要的在先设计，确定的方式既包括组合不

---

[1] KSR Int'l Co. v. Teleflex Inc., 550 U. S. 398 (2007).

[2] Int'l Seaway Trading Corp. v. Walgreens Corp., 589 F. 3d 1233 (Fed. Cir. 2009).

[3] Durling v. Spectrum Furniture Co., 101 F. 3d 100, 105 (Fed. Cir. 1996).

同元素得出一个单独的在先设计，也包括改进了的在先设计。一旦在先设计确定后，再由普通观察者来对预期性进行判断。"❶ CAFC 并未对适用该标准的原因作出进一步的解释，此前的判例中也并未出现过类似的做法，在笔者看来，如果将其视为 CAFC 在探索外观设计创造性评估方法道路上的一次尝试的话，这次尝试只会将该判断引向更纠结的方向，因为从专利法对创造性的规定来看，判断者应该就是具备本领域普通设计能力的设计人员。并且，这种标准表面上使得侵权或确权判定"流程化"，以期达到更客观和精准的评价结果，但同时也破坏了这个过程的整体性，人为地将其分割为两个步骤也使得判断过程显得僵化和不够灵活。更重要的是，将两种具备不同认知水平的主体混在对同一条件的判断中，无论对于审查员还是法官而言，都不具有可操作性。

4.5　本章小结

作为世界上最早选择专利模式的国家，美国将外观设计纳入专利法客体范围之内有着复杂的因素，现在看来，这一选择并无太多理论上的合理性可言，而是充满了偶然性，除了对其法律特性的定位之外，政治上的博弈、产业利益的推动、法律体系的构建等均起到了重要的作用。在此后一个半世纪的保护历程中，美国在外观设计专利的授权要件、侵权认定等焦点问题上有过诸多经典的判例，其立法也在前期数次修改之后逐渐固定下来，形成了一套完整的规范。应该说，美国在外观设计专利保护方面有着深厚的理论根基和丰富的实践经验，也是我国现行体系主要的参考来源。

不过，随着技术的发展和设计产业重要性的日益突显，外观设计在其天然属性的作用下呈现出与传统专利模式格格不入的趋势，无论是"新颖点测试"，还是"创造性标准"，均在适用的过程中遭遇了越来越多的诟病，司法者也开始在实践中反思过往规则的合理性，审视本用于发明专利的判断体系是否可以用于解决外观设计的相关问题。同时，产业类型的多样化也对外观设计保护提出了更为灵活的需求，原有严苛的审查机制和僵硬的

---

❶　Int'l Seaway Trading Corp. v. Walgreens Corp. , 589 F. 3d 1233（Fed. Cir. 2009）.

保护体制已经不能满足设计者的要求，因此，重新评估外观设计的性质，构建新的保护模式逐渐成为多数人的共识。

作为建立专利制度的后起之国，我国目前外观设计的保护不仅没有脱离专利体系，反而在致力于将传统的专利规则改造应用于外观设计领域，虽然与美国的保护制度不完全相同，但其走过的曲折历程和经验教训应当引起我国立法者和司法者的重视，在下一步的工作中应在准确界定外观设计概念的基础上重构现有的保护模式，至少作出有别于传统技术方案的规定。

那么，知识产权体系中其他分支是否可以涵盖外观设计的保护，外观设计的其他保护模式又存在怎样的弊端，则是接下来我们要讨论的内容。

第 5 章　著作权法视野下的外观设计

著作权模式的合理性一直是外观设计领域的一个难点问题：一方面，保护客体性质上的趋同及著作权法不断延展的保护范围，使得不少外观设计成为著作权法意义上的作品；但另一方面，如何明确二者的界线，以及准确界定外观设计中受著作权法保护的成分，又一直是立法和司法所面临的难题。因此，在承认外观设计著作权法保护可能性的前提下，探讨后者是否可以成为外观设计保护的基本法律制度，应该是具有澄清理论误区，指导实践的意义的。

5.1　著作权法的扩张

在笔者看来，在知识产权的几大法系中，著作权法毫无疑问是最具"自由精神"的一个分支，其不仅是人类智力创作成果最典型的保护方式，还有着最为灵活的保护外延，这些也是其得以涉足外观设计领域的基本原因之一。

5.1.1　著作权的理论基础

作为知识产权领域最基本，同时也是建立最早的法律制度，著作权的产生和发展与人类科学技术的发展密切相关，其重要表现之一就在于受保护客体范围的不断扩大：一方面，新保护客体不断涌现，例如，美国 1790 年颁布的第一部版权法仅提供对于地图、图表和书籍的保护，到了 19 世纪后半叶，随着摄影技术的普及，摄影逐步成了受保护的作品，进入 20 世纪后，科技的进步更是极大地扩展了作品的范围，电影技术和计算机技术的出现催生了电影作品和计算机软件著作权的诞生；另一方面，随着人们认识的深入，一些原本存在的作品种类也被逐步纳入著作权保护的范围，例如，美国版权法 1831 年才规定了对于音乐作品的保护，1879 年增加了对于绘画、素描和雕塑的保护，1990 年则增加了对于建筑作品的保护，中国2001 年修订著作权法，增加的杂技艺术作品、建筑作品和模型作品，也属于这类情形。❶

也正是由于人们对作品形式的认识还在不断深化，世界上绝大多数国家的著作权法，都在列举受保护作品时作出了弹性规定，如"应当受到保护的其他作品""法律和行政法规规定的其他作品"等。如上文所言，外观设计是一类特殊的知识产权，复合性的特点决定了其在产生之初并未被明确地归入传统意义上的作品或工业产权，不过，该特点也成为著作权法得以扩张至工业产权领域，与后者发生重叠的原始动力。具体来讲，外观设计之所以能够成为著作权法律领域的一项重要问题，主要包含两个因素：

第一，满足利益群体的需求。著作权是一种民事权利，而权利一定代表并且保护着某种利益，法律之所以要创设著作权这种新型民事权利，也是基于某种特定利益需要受到保护的现实，这种利益最初反映为出版商出版文学艺术作品而产生的利益。❷ 在前述章节中曾提及，外观设计是生产力发展到一定程度，同类产品大量涌入市场后，商家之间为相互区别以增强对消费者的吸引力出现的概念。由此，对于以营利为目的的设计者而言，何种保护模式更有利是他们关注的重点，尤其在现代社会中，复制能力的提升，设计类产品时效性的增强，均敦促设计者在不断探索最为便捷和高效的保护方式，在这样的背景下，较低的保护要件、快捷的注册程序、相对较长的保护期限无疑有着很强的吸引力，也引发了将外观设计纳入著作权保护范围的呼声。❸

第二，符合著作权保护的原则。著作权法的一个基本原则是只保护对于思想观念的表达，但在此基础上对表达的方式不做限制，而对于相同或

---

❶ 李明德，许超. 著作权法（第二版）. 北京：法律出版社，2009：10 - 11.

❷ 王迁. 著作权法. 北京：北京大学出版社，2007：2.

❸ 当然，由于在理论上存在难以克服的障碍，价值诸多外在因素的干扰，外观设计的著作权保护之路注定不会一帆风顺。

不同的思想观念，可以有不同形式的表达，如文字的、线条的、色彩的、造型的和数字的等，与此相应，也就有了不同形式或不同种类的作品，如小说、散文、诗歌、戏剧、舞蹈、音乐、美术，甚至图形作品、建筑作品和计算机软件。同样，对于美学思想而言，其对应表达自然也包括形状、图案、色彩及其组合的方式，也就是说，一件富有美感，以图案、形状和色彩组成的外观设计是有机会成为著作权法意义上的作品的。美国 1954 年著名的 Mazer 案的结论亦佐证了这一逻辑，在本案中，最高法院认为，"我们在版权法中找不到这样的结论，即一件可受版权保护的艺术品，因用于或意图用于实用目的而被拒绝给予版权注册，我们也无法从版权法中解读出这样的限制原则。"❶

5.1.2 "艺术统一性"原则的提出

18 世纪末叶，法国大革命时期诞生的著作权法，把著作权保护推向了一个新的阶段，其于 1793 年颁布了全新的《作者权法》，从标题到内容离开了"印刷""出版"等专有权，成为保护作者的法律。❷ 相应的，其保护客体范围也有了变化，作为保护文学艺术产权的法律，在某些案例中已被应用于工业品外观设计的保护，法院亦承认"应用于工业的艺术品（art applied to industry）"可被视为艺术品而受著作权保护。❸ 到了 1806 年，作为工业革命的产物，外观设计的保护需求日益强烈，由纺织工业普及开来，逐渐扩展到其他工业领域。同年，法国在里昂建立了一个特别委员会，作为对工业品外观设计保存及调停与工业品外观设计有关的制造商之间的纠纷的反应，后来，该委员会的工作又扩展到了其他城市，涉及内容也从最初的纺织制造业扩展到工业领域所有的二维、三维外观设计，从而形成世界上第一个保护外观设计的专门立法。❶

从设立的初衷来看，《作者权法》和外观设计法有着各自对应的保护客体，并无重叠之处，但二者在保护范围不断扩大的过程中逐渐产生了重叠

---

❶ Mazer v. Stein, 347 U. S. 201, 212 n. 23, 1954.

❷ 郑成思. 知识产权论（第三版）. 北京：法律出版社，2007：19.

❸ Finniss, The Theory of 'Unity of Art' and the Protection of Designs and Models in French Law, 46 J. PAT. OFF. SOC'Y 615, 618 – 19, 1964.

❶ WIPO：INTELLECTUAL PROPERTY READING MATERIAL, http：//www. wipo. int/about-ip/en/index. html, visited at Oct. 21st. , 2013.

的可能性，某些具有复合性特点的智力活动成果同时符合了两种法律的保护要件，从而产生了区分的必要。法国于 1806 年颁布了工业品外观设计专门法，给它以工业产权的保护。此后不久，法国法院感到，有些美术创作成果如果已经受到 1806 年法的保护，是否还应当受到 1793 年法国版权法的保护，这是个经常遇到的难题。于是法国法官们引入了一个"纯艺术性"概念，打算用它来划分二者所保护的不同对象的界线。但后来法官们发现：几乎一切能够付诸工业应用的、受 1806 年法保护的外观设计，都不缺乏"纯艺术性"的一面。后来，他们又试图采用一些其他划分界线的标准。例如，他们规定：如果有关的设计当初创作的目的是工业应用，则不该享有版权保护；如果有关设计仅仅能够以手工制作，则可以享有版权，但如果能以机器制作，则不应当享有版权；如果有关设计的首要特征是"纯艺术性"，第二特征才是"工业应用性"，则可以享有版权；反之，则不能享有版权，等等。在将近一百年的时间里，法国法院作了多次尝试，结果发现：无论用什么标准，都无济于事。哪些外观设计只能由工业产权法保护而不能受版权法保护？对这个问题，始终没有获得满意的答案。❶

对于上述尝试，法国学者鲍莱特认为，这些区分方式主要依靠判断者对于艺术价值的主观评估，而且将本就融合在一起的实用功能和艺术美感人为地分离开来，可能会形成不够客观的判断结论。在此基础上，他提出了著名的"艺术统一性"理论（theory of the unity of art），该理论的核心内容在于：对于任何具有艺术美感独创性的表达而言，其在享受的法律保护程度上不应有所不同，均应被视为文学艺术财产来保护。因此，所有的装修师、油漆匠、雕塑家及时装设计者同时也是艺术家，他们的劳动成果理应为著作权法的保护范围所涵盖。❷ 作为外观设计著作权保护历史上最早，也是最具代表性的理论之一，"艺术统一性"通过夸张地运用不歧视原则，无限地扩张了"艺术"的含义，其主要有两方面的意义：

第一，奠定了外观设计著作权保护的基础。"艺术统一性"理论的提出为当时苦苦寻求外观设计保护边界的法国人提供了一种截然相反的思路：既然一切区分的尝试都是徒劳的，那著作权的保护应该扩展至所有工业艺

❶ 郑成思. "权利冲突"与外观设计保护. 中国知识产权报, 2004 - 7 - 24.
❷ Eugne Pouillet, Trait Thorique Et Pratique Des Dessins Et Modles de Fabrique, Nabu Press, 2010. 3, p. 52 - 54.

术品上，包括那些应用于实用艺术品上的商业性设计。●在该理论的影响下，法国于1902年修改著作权法，明确"装饰性设计者们的（成果）……无论保护目的和价值为何，均应受到保护"。该原则在1957年著作权法中得到了再次确认，该法规定，"保护作者一切形式的作品，而不论它们的样态、表现形式、价值或目的为何。"● 在此之后，尽管国内外均有人对"艺术统一性"理论提出批评，认为其存在诸多瑕疵，且过于极端，并由此导致伯尔尼公约成员国之间分歧局面的形成，但其仍在当时的世界范围内产生了巨大的影响，它至少使人们深刻地意识到，外观设计所具备的艺术特性，在构成美感表达时，是有机会成为著作权法意义上的作品的。

第二，引发了外观设计重叠保护的讨论。"艺术统一性"原则为将工业品外观设计纳入著作权法体系提供了理论上的支撑，在外观设计专门法继续有效的情况下，法国成为当时欧洲范围内唯一具有著作权法与专门法重叠保护可能性的国家。● 这种模式使得法律重叠成为"设计与模型保护领域最大的问题"●，同时也引发了其他国家对于是否允许对外观设计进行重叠保护的讨论。例如，在不主张重叠保护的意大利，专门立法成为唯一选择，如果外观设计无法满足以专利法原则规定的形式和实质要件，则不能受到任何形式的保护；而在允许部分重叠的德国、比荷卢联盟及斯堪的纳维亚国家，设计者们的设计如果有特别明显的独创性，则可以获得著作权法的保护。● 上述讨论为之后伯尔尼公约布鲁塞尔会议上的争论埋下了伏笔，这些分歧不仅与各国对外观设计性质认识不一有关，也反映了他们在权利保护利益平衡上不同的政策考虑，同时也是许多外观设计法律保护问题难以解决和统一的根本原因。

● Finniss, The Theory of 'Unity of Art' and the Protection of Designs and Models in French Law, 46 J. PAT. OFF. SOC'Y 615, 618 – 19, 1964.

● J. H. Reichman, Design Protection in Domestic and Foreign Copyright Law: From the Berne Revision of 1948 to the Copyright Act of 1976, Duke Law Journal, 1983.

● Duchemin, La protection des arts appliqués dans la perspective d'un d' epôt communautaire en matière de dessins et modèles industriels, 97 REVUE INTERNATIONALE DU DROIT D'AUTEUR [R. I. D. A.] 4, 10 – 15, 1978, p. 42 – 43.

● Frano n, Modèle et droits d'auteur, reprinted in PROTEGER LA FORME 96, 98 – 99, 1981, p. 18.

● J. H. Reichman, Design Protection in Domestic and Foreign Copyright Law: From the Berne Revision of 1948 to the Copyright Act of 1976, Duke Law Journal, 1983.

5.1.3 《伯尔尼公约》的确定

对于实用艺术作品（works of applied art），在世界知识产权组织编写的《著作权与邻接权法律词汇》中定义为：具有实际用途的艺术作品，而不论这种作品是手工艺品，还是工业生产的产品。❶作为著作权领域最基本的国际条约，《伯尔尼公约》认可的保护范围扩张至"应用于工业的实用艺术作品"的过程是非常缓慢的，并曾遭遇大量的反对意见。

1908年的柏林会议曾第一次提及"实用艺术品"的概念，但最终未明确将其纳入公约的保护客体，而是采取了一种模糊的规定，"只要各国自己在国内法中允许（这种保护），用于工业目的的实用艺术品在这些国家中就应该受到保护。"❷也就是说，成员国无需在本国著作权法中保护实用艺术品。❸

到了1948年，在修改《伯尔尼公约》的布鲁塞尔会议上，实用艺术品著作权保护的问题被再次提及，受"艺术统一性"理论的影响，将实用艺术品纳入公约规范客体的呼声日渐高涨。与此相对的，许多成员国也表达了明确的反对意见，其主要理由在于：一方面，从1883年《保护工业产权的巴黎公约》的立场来看，实用物品的装饰性外观与工业财产有着密切的关系，"艺术统一性"理论虽然解决了外观设计专利保护所遇到的障碍，但完全引入著作权法模式侵蚀了原属于工业产权法律保护的领域；❶另一方

❶ 我国目前在理论上和立法、司法实践中存在对"实用艺术品"和"实用艺术作品"概念的混用，一定程度上源于对《保护文学艺术作品伯尔尼公约》中"Works of Applied Art"之翻译和理解有偏差。应当明确"实用艺术品"是仅用于知识产权法理论探讨的一个概括性非正式用语。现实生活中作为对具有实际用途的有形艺术品的总称，"实用艺术品"的概念要远远大于属于美术作品范围的"实用艺术作品"的概念。具体说"实用艺术品"主要包括著作权法意义上之美术作品范畴的"实用艺术作品"的有形载体、专利法意义上的含"外观设计专利"的工业品、以及前两项之外的其他具有新式独特造型的产品。引自管育鹰，"实用艺术品法律保护路径探析——兼论《著作权法》的修改"，载于《知识产权》，2012年第7期。因此，在笔者看来，《伯尔尼公约》所指可受著作权保护的应该是"实用艺术作品"，在探讨保护可能性时对应的称谓为"实用艺术品"。

❷ The Berlin Revision Conference of November 13, 1908.

❸ 但如果有相应的规定，根据互惠原则，则应该对来源于其他成员国的实用艺术品给予保护，而不论后者是否保护。Stephen Pericles Ladas, Patents, Trademarks, and Related Rights: National and International Protection, Harvard University Press, 1975, p. 833–834.

❶ Pérot-Morel, Les projets communautaires en matière de dessins et modèles ornementaux, Conference at the University of Pavia, Nov. 26–27, 1979.

面，著作权法对实用艺术品不加区别地进行保护会导致很多荒谬的结果，一些艺术独创性极低的实用物品也可能被纳入保护范围内。❶

基于上述理由，反对国开始积极探索区分实用艺术作品和工业品外观设计的途径，并形成了两种具体的方案：一种是意大利坚持的"艺术二元性"理论，该理论认为装饰性的外观设计通常无法受到著作权法的保护，因为它们需要以实用物品为载体，而后者具有浓厚的商业性色彩，这使得它们无法作为纯粹的艺术作品独立存在；另一种观点是德国人提出的，他们认为绝大部分外观设计都缺乏著作权法要求的最低限度的艺术价值，因而不能受到保护。❷ 不过，需要注意的是，这些国家对著作权保护模式的反对并不意味着外观设计应处于公有领域内，他们认为可采取法国最初专门立法的模式予以保护，且这种模式应建立在专利法的框架下，这样才与外观设计所附载的实用物品的工业特性相符。❸

最终，1948 年的布鲁塞尔会议未能消除各成员国之间的分歧，参会者无法就法国提出的"艺术统一性"理论达成一致意见，建立工业艺术品国际保护体系的尝试最终以相互妥协的方式结束：实用艺术作品被作为"文学和艺术作品"的一种写入《伯尔尼公约》第二条第一款，但同时在第七款中声明，"成员国的立法可以规定其法律对实用艺术作品以及工业品外观设计和模型的适用范围，以及这类作品、外观设计和模型受到保护的条件。"❹ 这种规定有以下几层含义：

第一，明确实用艺术作品的法律地位。除了在保护客体中予以承认外，公约还强调，"文学艺术作品"这一表述必须理解为包括一切能够受到保护的作品，并且不许因它们的表现形式或方法而进行任何限制，意图包含文学、科学和艺术领域内的一切产物。就实用艺术作品而言，公约指出其包括"工业产品"和"手工艺品"，因而范围更广。❺

---

❶ Duchemin, La protection des arts appliqués dans la perspective d'un d' epôt communautaire en matière de dessins et modèles industriels, 97 REVUE INTERNATIONALE DU DROIT D'AUTEUR〔R. I. D. A.〕4, 10–15, 1978, p. 191–192.

❷ J. H. Reichman, Design Protection in Domestic and Foreign Copyright Law: From the Berne Revision of 1948 to the Copyright Act of 1976, Duke Law Journal, 1983.

❸ 事实上，德国于 1876 年，意大利于 1868 年均曾推出过外观设计保护的专门立法, Id.

❹ Berne Convention, Brussels revision, June 26, 1948.

❺ 世界知识产权组织编. 著作权与邻接权法律术语汇编. 刘波林译. 北京：北京大学出版社，2007：9.

第二，赋予成员国以一定的自主权。公约使用这种一般性的表述来涵盖小摆设、首饰、金银器皿、家具、壁纸、装饰品、服装等的制作者的艺术品，但在这种情况下，公约准许，同时也是一种给予成员国的任务，即在国内法中规定对这类作品的适用范围和保护条件，因而各国制度会有很大差异。不过，这一自主权是有限的，在实用艺术作品的保护期方面，成员国必须给予其最低的保护期，即自该作品创作完成之日起的二十五年。❶

值得注意的一个细节在于，从布鲁塞尔会议新增的规定来看，其承认了实用艺术作品在著作权法中的法律地位，却将其与工业品外观设计并列作为两种客体，这也意味着伯尔尼公约似乎认为它们是不同的，但又无如何区别二者的进一步的解释，加之公约未能就实用艺术作品受保护的实质性条件形成统一规定，这就使得工业品外观设计的著作权保护成为一个开放式的话题，由此引发的如外观设计与实用艺术作品的关系、外观设计重叠保护的态度、外观设计与著作权法的协调等难题至今仍困扰着人们。

5.1.4 美国版权保护的历程❷

美国没有专门的外观设计版权法，且于1989年才加入《伯尔尼公约》，但其从不缺乏对于该问题的探讨，外观设计的版权保护一直以来都是美国立法和司法实践富有争议性的议题，围绕该议题形成了一系列理论，并在具体保护方式上作出了深入的探索，这些均成为其他国家在处理相关问题时重点参考的对象。总的来看，美国在外观设计版权保护上主要经历了三个过程：

第一，早期的立法。美国首部版权法，即1790年版权法的保护对象包括书籍、地图和图表，1802年，议会在保护内容方面又增加了"历史记载及其他出版物"，照片在1865年也跻身于受保护之列，直到1870年，版权保护范围才首次从平面视觉作品扩大到立体作品，包括雕像、模型或设计，但要求必须是"纯艺术作品（fine arts）"，这也意味着国会还是希望在实用

---

❶ 世界知识产权组织编. 保护文学和艺术作品伯尔尼公约（1971年巴黎文本）指南. 刘波林译. 北京：中国人民大学出版社，2002：12-20.

❷ 作为英美法系的代表国家，美国在实践中长期以来都强调版权是一种经济权利，对于作者的精神权利的保护相对不太重视，虽然其1989加入了《伯尔尼公约》，但仍未明确对于精神权利的保护，而"版权"与"著作权"两种称谓的不同之处就在于是否保护精神权利，故在介绍美国情况时多使用"版权"二字。

性物品与版权法之间保持一定的距离。❶ 之后，在1903年的Blestein案中，最高法院反对"纯艺术作品"的表述，并认为"让那些仅接受过法律教育的人来对（涉案作品）的艺术价值进行判断是有风险的"❷，在该案结论的影响下，1909年版权法将保护的范围扩大为"艺术作品、艺术作品模型或设计（works of art；model or designs for works of art）"。❸

1909年版权法的意义在于，其用词消除了"纯艺术品和实用艺术品之间的词语差别"，其内涵超出了传统美术的范围，为实用作品的设计敞开了保护之门，但"门"要开得多大，"艺术作品"的范围如何限定，则有待于版权局和法院斟酌。❹ 而版权局在次年出台的具体规定中，明确缩小了上述范围，即"艺术作品——该词包括完全属于所谓的美术作品的所有作品（绘画、素描和雕塑），以实用性为目的和特性的工业艺术产品，即使经过艺术加工或装饰，也不予以版权注册"。❺ 这样做的目的在于防止设计者规避专利授权的难度转而寻求版权保护。

不过，早在1917年，版权局着手将其法规与法律条文一致化，到了1948年，版权局在其修订的法规中终于放弃了上述要求，放宽了"艺术作品"的范围，认为"艺术性的工艺品就其形式而非就其机械或实用方面而言，应属于这类作品，如工艺珠宝饰物、瓷器、玻璃制品和绒绣饰品；通常所说的美术作品，如绘画、素描和雕刻，也属于这类作品"。❻

第二，Mazer案的影响。作为外观设计保护里程碑式的案件，美国最高法院在1954年的Mazer案中明确裁定，"当创作者意图将可获版权的艺术品用为实用品，而且在事实上也付诸工业实施时，该作品并不因此而丧失其可获版权性，……在版权法中，我们找不出支持以下观点的条文，即一件合乎版权保护的物品，当其预期的目的是用于或已经用于工业时，就不能

---

❶ US Copyright Act of May 31，1790，ch. 15，1 Stat. 124，Act of Apr. 29，1802，ch. 36，2 Stat. 171，Act of Mar. 3，1865，ch. 126，13 Stat. 540，Act of July 8，1870，ch. 230，§ 86，16 Stat. 198，212.

❷ Bleistein v. Donaldson Lithographing Co，188 U. S. 239，1903.

❸ US Copyright Act of Mar. 4，1909，ch. 320，35 Stat. 1077.

❹ 沙伊拉·珀尔马特著. 美国版权法对实用艺术品的保护. 冯晓东译. 知识产权，1991，4.

❺ Copyright Office，Rules and Regulations for the Registration of Claims to Copyright，Bull. No. 15，§ 12（g），1910.

❻ 37 C. F. R. § 202.8（a）（1949）.

获得版权注册，或使版权注册无效。"❶

根据学者的解释，Mazer 案可被解读为"任何实用物品，只要其具有令人愉悦的外形，均可就其外形享有版权的保护。"❷ 但也有人直言不讳，认为"本案对于实用物品设计全面受到版权法保护的目标差得还很远"，其只是确立了艺术作品的可版权性不会因被嵌入实用物品而自然丧失，但"最高法院未能再进一步，而是把在具体情况中判断外观设计可版权性这一难题留给了版权局和下级法院。"❸

与版权法的修法历程类似，Mazer 案的未尽事宜也是在几年后版权局修改法规时得到了具体的体现，1959 年，版权局修改了注册规则，否定了下列几个因素在外观设计版权保护判定时的作用，即"作者意图、可复制数量、专利保护可行性"。❹ 并加入了相应的判定标准，"如果物品的唯一内在功能是其实用性，虽然该物品是独特的并具有吸引人的外形，也不具有艺术品的资格。然而，如果实用物品的形状具有一些诸如艺术雕塑、艺术雕刻、艺术图形的特征，同时这些外形特征又能够作为艺术品被分离出来，并且能够作为艺术品而独立存在，这些外形特征就可以获得注册。"❺ 也就是后来充满争议，但又为外观设计版权保护合理模式探索极具意义的"分离测试法"原则。❻

第三，1976 年版权法的确认。20 世纪 50 年代末期，美国国会为大幅度修改版权法进行了一系列的酝酿。❼ 1976 年，修订后的版权法终于问世，并将"绘画、图表和雕塑作品"明确为版权保护的客体之一。❽ 对于该类作品的界定，版权法规定："……包括艺术工艺，但不包括其技术方案和实用功

❶ Mazer v. Stein, 347 U. S. 201, 212 n. 23, 1954.

❷ Melville B. Nimmer & David Nimmer, 1 Nimmer on Copyright § 2.08 [B] [3], 2006, p. 2 – 90.

❸ Robert C. Denicola, Applied Art and Industrial Design: A Suggested Approach to Copyright in Useful Articles, 67 Minn. L. Rev. 707, 707, 1983.

❹ Uma Suthersanen, Design Law: European Union and United States of America, Thomas Reuters (Legal) Limited, 2nd, 2010, p. 232.

❺ 37 C. F. R. § 202. 10 (c) (1959).

❻ 关于本原则的原理及其在司法实践中的运用会在下一节中详细说明。

❼ Shira Perlmutter, Conceptual Separability and Copyright in the Designs of Useful Articles, 37 J. Copyright Soc'y U. S. A. 339, 339, 1990.

❽ Copyright Act, Pub. L. No. 94 – 553, 90 Stat. 2541 (1976) (codified as 17 U. S. C. § § 101 – 1332 (2000)).

能，只有实用物品的外观设计具有的绘画、图表和雕塑作品的特征能够与实用功能分离，且能单独存在时，该外观设计才可视为绘画、图表和雕塑作品。"❶ 此外，版权法还就"实用物品"的概念进行了专门规定，"是指不仅仅具有描绘物品外观或传递信息的内在功能的物品"❷。

根据众议院的说明报告，作出以上规定的目的是想"在可获版权的实用艺术品与不可获版权的工业品外观设计之间划一条尽可能清楚的线。"该报告还特别指出，"尽管工业品的形状会有美感的满足和价值，但委员会的意图是不对它提供依据本法案的版权保护。"❸ 可以看出，此次版权法采纳了版权局注册规则中的"分离测试法"原则，值得注意的是，为了达到上述划出界限的目的，众议院还提出了一个"观念上分离"的概念，但对此未作任何解释。❶

根据1976年版权法，一项外观设计是否能受版权法保护需经历以下三步检测：首先，是否属于101条所列物品；其次，是否是一件实用物品；最后，是否符合"分离测试法"的要求也是最关键、最有可能出现障碍的步骤。❺

回顾美国外观设计版权保护漫长而曲折的历史，我们可以从中得到一些更深层次的启示，主要表现在以下几方面：

第一，版权保护的合理性。尽管各国对外观设计的保护模式选择不一，但从美国的法律保护历史来看，版权法的保护始终是一个不可回避的话题，那些最初试图将外观设计完全拒于版权法保护门外的观点也随着形势的发展而逐渐消失，这也印证了上文对外观设计特性的分析，即其所具备天然的艺术美感使得版权保护成为可能。

在这一点上，美国尽管于1989年才加入《伯尔尼公约》，但在相关问题的进展上与后者有着"不谋而合"的一致性。例如，1908年，"实用艺术品"的概念开始为公约成员国所知晓和了解，而在1909年的美国，版权法对作品范围的扩大也首次为外观设计的保护提供了依据。再如，1948年的

---

❶ 17 U. S. C. § 101 (2000).

❷ 17 U. S. C. § 101 (2000).

❸ H. R. Rep. No. 94 – 1476. 1976.

❶ H. R. Rep. No. 94 – 1476. 1976.

❺ Uma Suthersanen, Design Law: European Union and United States of America, Thomas Reuters (Legal) Limited, 2nd, 2010, p. 234.

布鲁塞尔会议正式从国际公约的层面确认了外观设计在著作权中的地位，美国版权局对此迅速作出反应，修正了其排斥外观设计的一贯态度，承认了"艺术品就其形式"可受版权法的保护。这些事件既可以视为各国在知识产权保护上有着统一规则的需要，也意味着外观设计版权保护的合理性在世界范围内得到了认可。

第二，政策选择的考量。如前文所言，外观设计法律体系的构建有着极强的政策性，更容易受到法律之外因素的影响，美国在外观设计版权保护之路上坎坷不断的一项重要原因也在于此，各个部门不同的解读模糊了人们对外观设计性质的认识，实践中不一致的做法使得法律法规缺乏应有的稳定性。

一方面，从司法实践的情况来看，在以 Mazer 案为代表的一批案件中，法院面对新问题时，在缺乏立法依据和判例的情况下进行了创新的推理和论证，虽然很多结论存在瑕疵，有的甚至在日后被推翻，但由此引发的问题引起了大量的关注和讨论，无论是在保护客体合理性方面，还是在具体区分的问题上，均推动了之后的立法工作，为外观设计版权保护打下了扎实的基础；另一方面，出于自身部门利益的考虑，版权局对该问题始终保持了一种回避和反对的态度，即便在有明确的判例和立法规定之后，依然竭力寻求办法，如要求较高的独创性、苛以严格的审查条件、敦促国会进行专门立法等方式避免外观设计踏入版权法规范的领域，这也是造成今天与外观设计相关的客体在美国很难通过版权法注册的重要原因。❶

第三，区别保护的影响。严格说来，版权法保护的是"实用艺术品"，而非"工业品外观设计"，版权法与外观设计专利法似不应有重叠、交叉之处。然而，就实用艺术品来说，版权法保护的是实用品的艺术表述形式，而非实用品本身。当这种艺术表述以图形、雕刻、雕塑的形式表现出来，并体现于、附着于三维的实用品上时，又在很大程度上与工业品的"外观设计"相重合。❷ 在立法和司法中，美国一直试图在二者之间划一条线，将外观设计专利法的保护对象与版权法的保护对象区分开来，并为此做了一系列的尝试，尽管最终多以失败告终，但这些尝试使得法律冲突及重叠保

❶ J. H. Reichman, Design Protection in Domestic and Foreign Copyright Law: From the Berne Revision of 1948 to the Copyright Act of 1976, Duke Law Journal, 1983.

❷ 李明德. 美国对外观设计及其相关权利的保护. 外国法译评, 1998, 1.

护成为知识产权领域一类热点话题，也成为人们在界定著作权和工业产权保护范围重要的切入点。

5.1.5 我国对实用艺术作品的保护

从立法过程看，实用艺术作品在我国的保护经历了由拒绝到默认，再到肯定三个阶段。

（1）不予保护阶段

我国《著作权法》于1990年颁布，2001年修改，从内容上来看，作品种类和著作权权项方面的规定都有了明显的丰富和完善，但迟迟没有明确实用艺术作品的地位。对此，立法机关的解释有以下几点：一是实用艺术作品同纯美术作品不易区分，有些美术作品创作出来时属于纯美术，但是可以用在工业产品上，比如齐白石的画最初是纯美术作品，以后可能印在茶杯上，如果印有美术作品的茶杯也由著作权法保护，就会混淆文学艺术作品与工业产品的界线，而工业产品本应由工业产权调整，不应由著作权法调整；二是实用艺术品同工业产权中的外观设计不易区分，工业产权保护在手续和保护期方面显然不具备著作权保护的优势，如果都用著作权保护，将会严重影响工业产权保护体系的发展；三是实用艺术品同工艺美术作品不好区分。❶

1992年10月15日，我国成功加入《伯尔尼公约》，在此之前，实用艺术作品已被公约明确列为一类保护客体，为弥补著作权法在该领域与公约的差距，国务院在当年9月出台了《实施国际著作权条约的规定》，给"外国实用艺术作品"以25年的保护期。❷ 按照国民待遇原则，起源于中国的实用艺术作品在其他成员国也应受到相应的保护，但仍缺乏在国内受到著作权法保护的依据。

在著名的乐高案中，法院判决对乐高公司50种构成实用艺术作品的玩具积木块给予著作权保护，这也是上述规定在判例当中的具体体现，作为司法实践中实用艺术作品保护的先例，该案也曾一度引起人们对于实用艺

---

❶ 胡康生主编.中华人民共和国著作权法释义.北京：法律出版社，2002：10.
❷ 《实施国际著作权条约的规定》第6条。

术作品保护"超国民待遇"的热议。❶

（2）默认保护阶段

虽然在著作权相关法律体系中没有实用艺术作品的规定，但如上文所述，立法机关在著作权立法和修改过程中曾考虑到实用工艺品的法律保护问题，由于种种原因最终放弃将其明确列为著作权的保护客体。不过，就同一问题，司法实践在无法律条文依据的条件下，对外观设计著作权保护路径进行了积极探索，无论针对本国人还是外国人，均表现出通过美术作品进行保护的倾向。产生这一倾向的原因有以下两方面：

首先，从《著作权法实施条例》对美术作品的定义可以看出，其不仅包括绘画、雕塑等纯美术作品，而且包括立体形状类外观设计。此外，如果我们把著作权法对实用艺术作品的保护定义为对其"艺术"的保护，且承认这里的"艺术"方面就是对某种美学思想观念的表述，我们就可以将实用艺术作品归入美术作品的范畴。❷

其次，按照1990年《著作权法》的规定，实用艺术作品属于科学技术作品，应受专利法保护。❸2001年修改的《著作权法》删除了上述条款，即不排除外观设计的著作权保护。同时，为了解决超国民待遇的问题，统一将实用艺术作品作为美术作品的一类给予著作权保护，这也是在著作权法尚未单设该类作品条款的条件下的权宜之计。

上述做法在实践中逐渐得到了普遍的认可，例如，在美国复兴地毯公司案中，原告主张对涉案地毯图案享有著作权，而被告则以其是一种工业品外观设计，应受专利法保护为由进行抗辩，法院则认定，根据《伯尔尼公约》和我国《著作权法》的规定，上述地毯设计图案最低应作为美术作品来保护。❹ 在杨英才案中，法院认为，涉案的"树疤壶"是将造型、图案、线条、色彩的结合表现在陶瓷产品上，是具有审美意义的立体造型艺术作品，可作为美术作品保护。❺

---

❶ 北京市第一中级人民法院1999年一中知初字第132号民事判决书，北京市高级人民法院2002高民终字第279号民事判决书。

❷ 李明德，许超．著作权法（第二版）．北京：法律出版社，2009：49.

❸ 1990年《著作权法》第7条：科学技术作品中应当由《专利法》、《技术合同法》等法律保护的，适用《专利法》、《技术合同法》等法律的规定。

❹ 青岛市中级人民法院1998青知初字第67号民事判决书。

❺ 广州市中级人民法院2002穗中法民四初字第86号民事判决书。

（3）明确保护阶段

在加入《伯尔尼公约》20 年后，我国再次启动了《著作权法》的修改工作，在 2012 年 3 月公布的《著作权法修改草案（一稿）》中扩充了"作品"的类型，首次增加了实用艺术作品的概念，即具有实际用途的艺术作品，这一概念在 7 月公布《著作权法修改草案（二稿）》中被进一步阐释为"具有实际用途并有审美意义的作品"。对此，草案制定者指出，我国现行《著作权法》中并无实用艺术作品的规定，但在《实施国际著作权条约的规定》中却有保护二十五年的规定。这种超国民待遇的规定长期以来受到学术界和实务界的质疑，并且对于我国国民的实用艺术作品是以美术作品保护还是不保护没有统一认识。因此，草案根据《伯尔尼公约》规定，将实用艺术作品单列为一类作品进行保护，其保护期规定为二十五年。[1]

当然，由于我国长期以来缺乏外观设计著作权保护的相关规定，司法实践对这种情况的处理相对较少，所以在独创性判断、与美术作品等相关概念的区分、与专利法的界线等问题上仍然有不少争论，因此，即使被明确列为一类保护客体，上述问题也依然是未来理论界和实务界研究的重点之一。

5.2 外观设计著作权保护的路径

"权利就是权利主体与权利客体之间的关系。"[2] 权利客体作为权利上利益的承载者，是权利主体之间发生权利和义务关系的中介，也是法律权利关系主体的权利和义务所指向、影响和作用的对象。[3] 在知识产权领域，不同的知识产权可以说是为不同的权利客体量身定做的制度外衣。"客体是权利这一概念工具的生活事实基础。这不仅因为客体是利益的源泉从而产生创设权利的必要，更因为客体是利益的载体从而决定了权利的内容。"[4]

❶ 国家版权局：《关于〈中华人民共和国著作权法〉（修改草案）的简要说明》，http://www.ncac.gov.cn/chinacopyright/contents/483/17745.html，访问于 2013 年 11 月 16 日。

❷ 约瑟夫·拉兹著. 法律体系的概念. 吴玉章译. 北京：中国法制出版社，2003：210.

❸ 张文显. 法哲学范畴研究（修订版）. 北京：中国政法大学出版社，2001：106.

❶ 朱谢群，郑成思. 也论知识产权. 科技与法律，2003，2.

在历史上，基于利益平衡的政策目标，知识产权领域确立的是以著作权和工业产权为基础的两极结构保护体系，随着科学技术的发展，出现了有别于传统文学艺术作品和发明的新型客体，外观设计作为其中的典型代表，对原有的体系形成了巨大的冲击，人们开始借助各种方法，试图作出新的划分，分离测试理论的适用则是最重要的手段之一。

5.2.1 著作权与工业产权的分野

WIPO 总干事阿帕德·鲍格胥曾指出，"在委托给世界知识产权组织管理的所有国际公约中，历史最悠久，同时也最负盛名的是《巴黎公约》与《伯尔尼公约》，……因为它们在世界范围内支配着国家之间的知识产权保护关系，这两个知识产权公约在经历了一直伴随着它们种种不断变化的形势后，已经显示出其他国际条约几乎无可比拟的持久性和稳定性。"❶

研究表明，19 世纪的国际知识产权体系是一种以《巴黎公约》和《伯尔尼公约》为基准，以专利模式和著作权模式为主导的二极结构。《巴黎公约》所规定的工业产权，整体上适用于工商业活动领域的产品，《伯尔尼公约》规定的著作权，则调整文学艺术领域的作品，由此，为各自不同的保护客体划定了一条外部界线。而之后 Trips 协议的起草者虽把原有的知识产权提升到世界标准，但并没有采取一种新的经济或法律分析方法来说明其正当性或有效性，而是有意识地将其知识产权保护基础仍然建立在日益为其他国际公约所发展和补充的《巴黎公约》和《伯尔尼公约》之上。❷ 由这两个基本国际公约所体现出来的二极保护模式，既形成了理解现代法的方法，也形成了知识产权历史的书写方法。❸

从创设之初的目的而言，著作权与工业产权有着各自明确的规范客体，它们之间的区分和界限对塑造知识产权法的各个方面发挥了重要的作用：

第一，无形性是知识产权最大的特点之一，而二者之间的区分可以让人们在观念上形成对抽象性很强的知识财产明确的分类，即著作权是关于

❶ 世界知识产权组织编. 保护文学和艺术作品伯尔尼公约（1971 年巴黎文本）指南. 刘波林译. 北京：中国人民大学出版社，2002：序.

❷ 何炼红. 工业版权研究. 成都：西南政法大学博士论文，2007：32.

❸ 布拉德·谢尔曼，莱昂内尔·本特利著. 现代知识产权法的演进——英国的历程（1760—1911）. 金海军译. 北京：北京大学出版社，2012：250.

艺术方面的，而其他更具有技术性或者商业性的知识产权领域则留给那些更具学究气和技术性的思维。[●]

第二，由于专利制度和著作权制度提供的是两种根本不同的保护模式，一条不清晰或不能防卫的界线，将诱使企业规避严格的专利法要件，在条件较为宽松的著作权法领域内，为工业发明寻求保护。而划定一条不清晰的界线，也将导致同一主题可以获得不同排他权的重叠保护，从而会颠覆传统知识产权理论的逻辑基础，产生无穷的矛盾后患。[❷]

相对于上述二极结构，外观设计的发展历史则显得坎坷很多。作为知识产权领域中的"边缘保护对象"，[❸] 虽然外观设计出现的时间也很早，人们似乎只为著作权和专利赋予了一种历史，并为各自划定了应有的领域，但没有向外观设计提供可以追溯其历史遗产的任何新的传统和起源，这种兼具表达与功能的新客体给习惯于二极结构的人们出了个难题，即如何对外观设计进行定位。由于一种把专利和著作权的优先次序在其他知识产权种类之上的趋势，外观设计法的地位受到了进一步的贬低，其要么被包含于著作权或者专利的范围之内[●]，要么被认为是这两大领域相互结合的产物。[❺] 这也是外观设计在历史上所呈现的为人们所熟悉的二流地位，即外观设计是专利和著作权的"继子女（stepchild）"。[❻]

不过，从著作权与工业产权的分野的角度来看，外观设计著作权保护之路的探索与其有着密切的联系：

第一，推动了知识产权法律制度的变革。外观设计的出现打破了知识产权原有的二极结构，出于保持现有体系连贯性和稳定性考虑，人们竭力

---

❶ 布拉德·谢尔曼，莱昂内尔·本特利著. 现代知识产权法的演进——英国的历程（1760—1911）. 金海军译. 北京：北京大学出版社，2012：193.

❷ 何炼红. 工业版权研究. 成都：西南政法大学博士论文，2007：33.

❸ 郑成思. 信息、新型技术与知识产权. 北京：中国人民大学出版社，1986：63-64.

❹ J. Lahore, Intellectual Property Law in Australia：Patent, Design and Trade Marks Law, Butterworth, 1996, Service 36, para. 2. 1. 017.

❺ J. Philips, A. Firth：Introduction to Intellectual Property Law, 3rd ed. , Butterworth, 1995, p. 338.

❻ 对此有很多形象的比喻，有人将其描述为"工业产权家庭团体中的穷亲戚"，S. Ladas, Patterns, Trademarks and Related Rights, vol. Ⅱ, Harvard Press, 1975, p. 828；还有人说其是"受人忽视的孩童—是那些更加有名的专利和著作权的一个年纪尚小、无足轻重的小兄弟"，W. Wallace, Protection for Design inthe United Kingdom, 22 Bulletin of the Copyright Society of the USA 437, 1975.

淡化外观设计的法律地位，力图在原有的框架内解决其法律保护问题。但如上文所述，技术的进步和产业利益的推动使得外观设计日益成为知识产权一类重要的保护客体，而性质上的特殊性又逐渐凸显其保护模式选择的重要性，无论是立法部门还是司法实践，都无法回避外观设计的定位问题，虽然各国出于各种考虑作出了不同的选择，但至少都推动了整个法律体系的变革，即便有些尝试走了弯路或最终失败，但从历史的层面看，都对知识产权制度的进步作出了贡献。

第二，知识产权抽象客体得以具化。在外观设计的著作权保护进程中曾诞生过丰富的理论和不同的做法，归根结底，这些理论和做法均是围绕一个核心问题展开的，即如何在同一客体上实现艺术美感和实用功能的区分，这不仅是外观设计的特性，也是其得以成为著作权客体的关键。此外，人们探寻区分方法的过程，实际上也是寻找工业产权和著作权界限的尝试，现在看来，这一过程虽然尚未成功[1]，但它对于我们更好地理解知识产权不同分支的设立宗旨，更准确地把握其所保护客体的属性，提供了具体的案例和分析方法。

顺着这样的思路，我们便不难理解为什么在美国立法和司法实践历史中，"分离测试理论"具有极其重要的地位，该理论的演变及其所涵盖的各种具体方式，为外观设计的著作权保护之路指明了方向，学界虽无统一结论，但在该逻辑的指引下，至少对区分著作权和工业产权的边界作出了有价值的探讨和研究。

5.2.2　物理上的分离测试法

分离测试法的理论前提在于工业艺术品与其负载的工业产品是融合在一起的，其立法依据可追溯至意大利1941年修订的外观设计法，该法第2条第4款规定，如果实用艺术品的"艺术特性可以脱离于其附载产品的工业属性"，则可给予其著作权保护。[2] 该法同时明确，许多装饰性设计无法受到著作权保护的原因并非其缺乏艺术性，而在于这种艺术美感与实用功能已形成了产品上不可分割的一个整体，这种情况下应成为外观设计法的

---

[1]　从现有成果来看可能也不会成功。

[2]　Article 2（4），Italian Copyright Law of 1941.

客体，即在满足新颖性和足够原创性的前提下享受四年的保护期。❶

而在美国，分离测试法的概念最早来源于 Mazer 案，在 1976 年修订后的版权法中得以体现并被进一步细化为"物理的（Physical）"和"概念的（Conceptual）"分离测试法，根据国会的解释，"一方面，那些可以被辨识出的二维绘画、制图及图案作品，当被用于诸如纺织品、墙纸、容器等物品时仍然可以受版权保护。同样，像 Mazer 案一样，当一件雕塑或雕刻作品被用于工业产品时，只要其有独立存在的能力即可受保护；另一方面，有的工业产品的外形即便有艺术价值，也不能受保护，国会本意并不为这些提供版权保护，除非这些产品的外形具备物理上或概念上可分离于产品适用方面的元素，否则也无法受到版权保护。"❷

不过，"物理分离测试法"的应用很快便遇到了瓶颈，1978 年的 Esquire 案是版权法修订后分离测试法的第一次应用，本案涉及的是一种户外照明设施的外形，版权局拒绝了其注册申请，理由是该灯饰的外形无法与其实用功能性相分离，地区巡回法院就此进一步阐释，"（本案中的灯饰）与 Mazer 案有所不同，后者探讨的是一个本身具备可版权性的雕塑作品，被用作台灯底座时是否能受到版权保护，而本案涉及的是一个实用物品整体的外形，这样一个整体的外形同时也具备实用功能，而这是不可分离的，即便其具有相当的艺术美感（也不能受到版权保护）。"❸

对于上述结论，有人质疑，如果按照这个结论，那些附着于丝质礼服上的设计，或雕刻于木制摇椅背部的设计，即便有强烈的艺术特征，也会因不能与其附着的实用物品分离而无法享受保护。❹ 同时，作为应用"物理分离测试法"的案例之一，Esquire 案与同时期许多其他案件有着完全不同的结论，不少法院对于实用物品上整体具备足够美感的外形，如飞机模型、陶艺制造模具等❺，均认可了其版权保护的正当性。有学者通过对比上述案

❶ Article 5, Italian Design Law of 1940.

❷ H. R. Rep. No. 94 – 1476. 1976.

❸ Esquire, Inc. v. Ringer, 591 F. 2d 796, 199 U. S. P. Q. （BNA）1（D. C. Cir. 1978）.

❹ Regan E. Keebaugh, Intellectual Property and the Protection of Industrial Design: Are Sui Generis Protection Measures the Answer to Vocal Opponents and a Reluctant Congress? 13 J. Intell. Prop. L. 255, 2005.

❺ Monogram Modes, Inc. v. Industro Motive Corp, 492 F. 2d 1281（6th Cir.）；S-K Potteries & Mold Co. v. Sopes, 192 USPQ 537（N. D. Ind.，1976）.

件指出，之所以会出现这些差异，是因为不同的法院在解释和适用分离测试法时，不可避免地带有主观情绪和有针对性的价值取向，而根本原因在于人们依然努力在纯艺术和工业艺术之间作出区分，试图达到非重叠保护的状态。❶

这种努力也体现在对"实用物品（useful article）"的界定上，作为适用分离测试法的前提，这一概念的判断也存在诸多模糊之处。1976 年版权法虽将其定义为"不仅仅具有描绘物品外观或传递信息的内在功能的物品"❷，但未解决何为"内在"、从何种角度判断等问题，从而经常在司法实践中引起争论，得出的结论也往往很抽象：在 Gay Toys 案中，地区法院认为涉案的飞机模型是实用物品，它的功能就在于满足孩童的愿望，上诉法院反对这种看法，认为飞机模型是用于玩乐的，这不是内在的功能，并提出将"设计者意图"作为判断因素，本案中的厂家是出于经济的目的进行设计的，不属于法条规定的实用物品；❸ 在 Masquerade Novelty Inc. 案中，法院认为那些动物造型的面具尽管可以引起人们欢笑，但仍不是实用物品；❹在 Hart 案中，对于一件填充的鱼的模型，法院则一直纠结于其究竟为实用物品还是雕塑作品，最终还是认定其并非实用物品，因为它就是设计用于观赏的。❺

对此，国会再次强调，无论版权法，抑或版权局的规定，均是为了在受版权保护的实用艺术品和不受版权保护的工业设计间划出尽可能清晰的界限。❻ 但外观设计上功能与艺术高度融合的特征使得设计者很难通过物理分离测试法来获得版权，实践中成功的例子更是寥寥无几。❼ 这种现象也促使人们寻求更为合理和灵活的方法，观念分离测试法由此诞生。

5.2.3 观念上的分离测试法

囿于其自身的局限性，物理分离测试法并未在实践中得到太多的认可，

---

❶ Eric Setliff, Copyright and Industrial Design: An "Alternative Design" Alternative, 30 Colum. J. L. & Arts 49, 2006.

❷ 17 U. S. C. § 101 (1976).

❸ Gay Toys v. Buddy Corp, 703 F. 2d 970 (6th Cir., 1983).

❹ Masquerade Novelty, Inc. v. Unique Indus., 912 F. 2d 663, 670 (3d Cir. 1990).

❺ Hart v. Dan Chase Taxidermy Supply Co, 86 F. 3d 320 (2d Cir. 1996).

❻ H. R. Rep. No. 94 – 1476. 1976.

❼ Ralph S. Brown, Design Protection: An Overview, 34 UCLA L. Rev. 1341, 1987

相形之下，观念分离测试法则因为解释的空间较大，引起了更激烈的争论，多种不同的解释方法也形成了"一种日趋莫可名状的法律分支"❶。总的来看，观念分离测试法主要有以下几种具体的适用方式。

（1）"主要－附属"测试

作为在实践中运用观念分离测试法最多的法院，美国联邦第二巡回法院在 1980 年的 Kieselstein-Cord 案中首次尝试运用该法判断外观设计的可版权性。❷ 本案涉及的是一种由贵重金属制成的皮带扣，其独特的造型设计为原告赢得了很高的声誉，甚至被著名的大都会博物馆收纳为永久性的展品。被告对原告的设计进行了完全相同的仿制，仅将贵重金属替换为普通材料。对此，法院承认该皮带扣的艺术性部分无法在物理上与实用性特征相分离，但同时也指出，"（该皮带扣）主要的装饰性方面与附属的实用功能在观念上是可以区分开的。"❸

第二巡回法院的逻辑在于，对于一件实用功能与艺术美感高度融合的设计，如果在实践中后者的作用、地位是主要的，则其在观念上是可以独立存在的。但问题在于，Kieselstein-Cord 案有一定的特殊性，涉案的皮带扣在事实上已经成为一种饰品被展示，其艺术价值的光芒使得人们忽略了其实用功能的存在，在更多的情况下，二者的差异不会很悬殊，尤其是当二者分量相当时，法院依然无法作出客观准确的判断。❶ 对此，Kieselstein-Cord 案的主审法官也承认，"（主要－附属测试法的适用）其实是版权法最前沿的难题"，但从国会的意图来看，其规定观念分离测试法时并没有对于如此复杂的判断有所预期。

（2）"不可分割的纠结"测试

在 Kieselstein-Cord 案发生五年后，美国联邦第二巡回法院在 Carol Barnhart 案中得到再次适用观念分离测试法的机会。❺ 在本案中，原告用于服装展示的人体模型以"雕塑作品"的形式在版权局通过了注册，但受到了法

---

❶ Keith Aoki, Contradiction and Context in American Copyright Law, 9 Cardozo Arts & Ent. L. J. 303, 324, 1991.

❷ Kieselstein-Cord v. Accessories by Pearl, Inc. , 632 F. 2d 989（2nd Cir. , 1980）.

❸ Kieselstein-Cord v. Accessories by Pearl, Inc. , 632 F. 2d 989（2nd Cir. , 1980）.

❹ Shira Perlmutter, Conceptual Separability and Copyright in the Designs of Useful Articles, 37 J. Copyright Soc'y USA 339, 341, 1990.

❺ Carol Barnhart inc. v. Economy Cover Corp. 773 F. 2d 411（2d Cir. 1985）.

院的质疑，"胸部的尺寸轮廓以及肩部的宽度，均不可分割地与展示服装这一实用功能纠缠在一起，（所以不是传统的雕塑作品）。"并进一步指出，"任何实用物品，由于其表现方式而可能被视为一种艺术品，但版权法的目的不是保护这种表现方式，而是客体本身。"❶

在这种思路的指导下，法院只关注一个问题：被比物体是否具备这样一种内在功能性，当其被识别出来后就无法被取代，而不论这一物体是否有其他的表现方式。同时，第二巡回法院还将该案与之前的 Kieselstein-Cord 案进行了对比，认为皮带扣的艺术方面之所以可以独立存在，是因为"其完全不受功能性的制约，这种艺术和美感可以视为附件，或添加于实用物品之上"❷。

现在看来，该测试方法显然更缺乏理论支撑，因为任何实用物品的艺术美感和功能特征都可以视为是不可分割地纠缠在一起的，如果使用该方法判断，观念测试法则会成为一道难以逾越的障碍，得到版权保护的外观设计将会越来越少。❸

此外，值得令人质疑的是，如果将审美与功能结合得越天衣无缝就越得不到版权法的保护，那么为什么集审美与功能于一身的建筑设计却能得到版权法保护呢？进一步讲，建筑是为了人住，衣服是为了人穿，都有遮挡风吹日晒的功能，但为什么建筑设计可以得到版权保护，而服装设计就得不到版权保护呢？再说，建筑物里面的浴室盥洗设备、电视、电脑、电扇乃至电熨斗的外观设计，都有可能集审美与功能于一身，为什么就不能得到版权法的保护呢？这显然与建筑艺术一向被作为美术而受到崇尚，工业美术一向作为工匠的技巧而受到鄙薄的历史现实有关，但确实讲不出什么可以服人的道理。❶

（3）"取代"测试

"取代"测试法由 Carol Barnhart 案中持少数意见的纽曼法官提出，他在反思了所有关于观念分离测试的方法后得出结论，认为人们误读了"观念"

---

❶ Carol Barnhart inc. v. Economy Cover Corp. 773 F. 2d 411 (2d Cir. 1985).

❷ Carol Barnhart inc. v. Economy Cover Corp. 773 F. 2d 411 (2d Cir. 1985).

❸ Keith Aoki, Contradiction and Context in American Copyright Law, 9 Cardozo Arts & Ent. L. J. 303, 324, 1991.

❶ 林晓云. 美国知识产权法律关于工业品外观设计保护范围的规定（上）. 知识产权, 2003, 5.

的含义，转而提出"取代"测试法。其宗旨在于：在普通观察者看来，实用功能的概念能否被艺术作品的概念所取代。如果一件物品被看成是一件艺术品，则应受到版权保护，反之不受保护。对常人来讲，一台电视机无论如何精心设计装饰，它仍旧是一台电视机，而绝成不了一座雕塑。❶

无独有偶，在版权局同期出台的规则中也有类似的表述，"如果艺术特性能够独立于实用物品存在，并非充分的感知，那么艺术作品自然可独立于实用物品而存在。"❷

但是，人们看问题并不总是绝对的。比如，当一盏台灯摆在面前时，人们有可能把底座上的雕塑视为艺术品，而不考虑它在台灯中的作用；也有可能忽略雕塑的美感，而仅仅把它视为台灯的底座，这两种功能（艺术和实用）很可能同时但独立地存在于人的头脑中而无法相互取代。❸再如，对于鼓手手持的具有独特外形的鼓棒而言，有的人会认为它就是一根普通的木棍，但在艺术家眼中它可能是一件独立的艺术品。❹纽曼法官的解释似乎更契合"观念"的含义，但揣度普通观察者脑海中的想法也非易事，也正是基于此，"取代"测试法遭到了来自 Carol Barnhart 案多数派的抨击，认为它太过于抽象，很难为判断者所运用。

（4）德尼科拉标准/Brandir 测试法

著名学者德尼科拉认为，现代外观设计最大的特点在于艺术性与实用性的融合，如果一件设计受功能因素影响的程度越高，其受版权保护的可能性就越小，这种测试法借助于作品的创作过程，而不是结果来下定论。❺

在 1987 年的 Brandir 案中，美国联邦第二巡回法院的法官们围绕上述标准的适用展开了激烈的争论。❻本案涉及的是一种彩虹形的自行车支架，Kieselstein-Cord 案主审法官奥克斯采纳了德尼科拉的意见，"如果外观设计

❶ Carol Barnhart inc. v. Economy Cover Corp, 773 F. 2d (Newman, J., dissenting).

❷ Library of Congress, Compendium of Copyright Office Practices, 2d ed. 1984, § 505.03, p. 500 – 11.

❸ 沙伊拉·珀尔马特著. 美国版权法对实用艺术品的保护. 冯晓东译. 知识产权，1991，4.

❹ Richard G. Frenkel, Intellectual Property in the Balance：Proposal for Improving Industrial Design Protection in the Post-TRIPS era, 32 Loy. L. A. Rev. 531, 531, 1999.

❺ Robert C. Denicola, Applied Art and Industrial Design：A Suggested Approach to Copyright in Useful Articles, 67 Minn. L. Rev. 707, 707, 1983.

❻ Brandir International Inc. v. Cascade Pacific Lumber Co, 834 F. 2d 1142 (2d Cir. 1987).

的因素是美的考虑与功能的考虑的混合，就不能说作品的艺术方面与实用因素在观念上可以分离。相反，如果能够认定，外观设计的诸因素反映了设计者的艺术判断力，并且设计者在行使这种艺术判断力时未受功能性的影响，即存在观念上的分离。"按照这个观点，法院在审判的过程中，应依据与设计过程和作品本质有关的证据，以判定外观设计的美学因素是否在实质上受了功能性考虑的影响。根据这一标准，奥克斯以缺乏观念上的可分离性为由，肯定了联邦地方法院关于彩虹形自行车支架不能获得版权的判决。他说，"尽管就其独特的美感特征来说，彩虹形支架可能值得赞美。但是，它依然是工业品外观设计的产物。在支架中，形式与功能不可分离地混合在一起，其最终的设计更多是出于实用性的要求，而非美感的选择。"❶

这种推理看似对观念分离测试进行了明确的厘清，但也存在逻辑上的瑕疵，因为它放大了设计过程中一些偶然因素的影响力，正如本案另一位法官温特所言，"我们过多地将注意力集中于彩虹形支架的设计者所走过的设计过程或设计程序。如果说对于彩虹形支架的版权保护，取决于设计者是否在最初的雕塑构思中极偶然地选择了支架的最终外观设计，或者取决于最初的设计是否做了轻微的修改使之适合于停靠自行车，对此我不同意。版权保护的目的是以赋予设计者财产权的方式刺激他们创作，因而版权保护不能仅仅取决于偶然的事件。"❷ 更为重要的是，即便承认设计过程和设计意图的作用，司法实践也很难对其作出客观的判断，设计者的职业、产品生产时的目的、后续应用的情况等因素都可能对判断结果造成影响，一项设计甚至可能在不同的阶段被认为有不同的目的，本案中的彩虹形支架之前确实只是一个雕塑作品，后来设计者在他人的建议下才将其应用于自行车支架造型，那么我们是否也可以认为，该设计在由艺术创意向市场应用的过程中丧失了其版权保护的可能性。❸

（5）其他做法

与物理分离测试法相比，观念分离测试法抽象的概念衍生出了多种具

---

❶ Brandir International Inc. v. Cascade Pacific Lumber Co, 834 F. 2d 1142 (2d Cir. 1987).

❷ Brandir International Inc. v. Cascade Pacific Lumber Co, 834 F. 2d 1142 (2d Cir. 1987).

❸ Uma Suthersanen, Design Law: European Union and United States of America, Thomas Reuters (Legal) Limited, 2nd, 2010, p.238.

体的适用方法，除上述几种典型的做法外，其他法院也纷纷效仿第二巡回法院，在实践中开辟新的途径。例如，第七巡回法院在 Pivot Point 案中，就一种用于展示假发的头像模型指出，其设计上是具有艺术价值取向的，在观念上，这种美感可独立于发型展示和化妆培训的实用用途而存在，因此符合观念分离测试的要求。[1] 类似的，第四巡回法院在 Superior Form Builders，Inc. 案中，肯定了一种鱼类标本模型的可版权性，认为其上的每一个细节都显而易见地传达一种可供欣赏的美感。[2] 而在更近的 Galiano 案中，第五巡回法院对观念分离测试作出了新的诠释，"如果一项设计即便不具有任何实用性，也能凭借其艺术价值在市场上获得重要地位的话，则可通过观念分离测试（从而受到版权保护）。"[3]

综上所述，分离测试法有着形式各异的适用路径，这一方面反映了法院对于外观设计版权保护条件不同的理解，另一方面也预示着至少在外观设计领域，很难找出工业产权与著作权之间精准的分界线。[4] 有学者将原因归结于，"分离测试法，其实是想保持 19 世纪以来传统观念对于'美感'和'实用'的区分，即拒绝将工业品外观设计作为艺术的一种形式。"[5] 这样看来，分离测试法的意义不在于其自身适用方式的演变，而在于其在工业产权和著作权分野中起到的作用。

5.2.4 分离测试理论的意义

外观设计著作权保护的历史进程中曾出现过数种理论和方法，作为最具代表性的一种，分离测试法虽然到目前也没能很好地完成其自身的宗旨，实现外观设计实用性和艺术性的分离，但人们在创新分离测试理论的过程中，对外观设计保护体系的建构有了更深入的了解，多起司法案例的具体

---

[1] Pivot Point International, Inc. v. Charlene Products, Inc., 372 F. 3d 913 (7th Cir. 2004).

[2] Superior Form Builders, Inc. v. Dan Chase Taxidermy Supply Co., 74 F. 3d 488 (4th Cir., 1996).

[3] Galiano v. Harrah's Operating Co., Inc., 416 F. 3d 411 (5th Cir., 2005).

[4] 也正是基于此，有些法院在实践中拒绝适用分离测试法，而是就一项外观设计是否可构成版权意义上的作品作出直接结论，如 Fabrica Inc. v. El Dorado Corp., 697 F. 2d 890 (9th Cir. 1983).；Entertainment Research Group, Inc. v. Genesis Creative Group, Inc., 122 F. 3d 1211 (9th Cir. 1997).

[5] Orit Fischman Afori, Reconceptualizing Property in Designs, 25 Cardozo Arts & Ent. L. J. 1105, 2008.

应用也为我们提供了可供讨论的素材。

（1）明确了外观设计在著作权法中的地位

从立法进程来看，出于避免重叠保护的考虑，美国国会和版权局一直希望将外观设计拦在版权保护的大门之外，但在意识到不可能完全拒绝其版权保护之后，退而求其次，试图利用分离测试法，将外观设计专利法的保护对象与版权法的保护对象区分开来。而外观设计这一客体的版权法定位也正是在该过程中得到了进一步的明确：一方面，分离测试法从来都不否定外观设计作为实用艺术品时所蕴含的艺术美感，以及这种特性与版权法保护宗旨的契合，作为一种检测手段，其目的只是甄别上述特性能否与并存的实用功能区别开，避免本应通过严格审查才能给予垄断性专利权的技术方案，落入到条件较为宽松的版权法的保护范围；

另一方面，从演变的过程来看，无论从理论上，还是在实践中，分离测试法均曾因标准僵硬、主观性强、操作性差而饱受质疑，这些质疑成为其不断被修正的动力，每一次完善也意味着外观设计版权保护的门槛在降低。事实上，在该测试法出台伊始，版权局的内部人士就对其前景表示了担忧，"区分外观设计是否可受保护的界线很难划出，更重要的是，版权法的现有规定只能保护那些可被独立辨识的艺术作品，对于那些附着于实用物品上有绝佳艺术价值的设计不予保护，这种区分无论在逻辑上还是在政策上都很难站得住脚。"❶ 这其实也是在提醒人们不要因为分离测试法的应用而使那些艺术性极强的外观设计错失保护机会。

（2）对外观设计著作权保护条件进行了积极的探索

在版权与外观设计的分野上，或者称为实用艺术作品与外观设计保护客体的区分标准问题上，迄今没有一个国家交出完美的答卷。但是美国的分离原则至少在逻辑上以及实践中给予了明确的指引。实用艺术作品保护的客体应该是可以和产品相分离的艺术美感，而外观设计保护的艺术美感则并非如此。尽管随着社会的发展，科技的进步，这两者的界限不可能那么分明，但是这一原则至少将大部分版权客体与外观设计的客体进行了

---

❶ Ringer, The Case for Design Protection and the O'Mahoney Bill, 7 BULL. COPYRIGHT SOC'Y 25, 1959: 29 – 30.

区分。❶

　　而人们对于外观设计著作权保护的条件，也在这一区分的过程中逐渐清晰，尽管各国未就其达成一致，但至少存在以下两点共识：第一，具有足够的艺术美感。作为最基本的特征，独创性是成为作品的必备要件，就外观设计而言，其往往具有较强的实用性，这也意味着，只有当其蕴含了足够的艺术美感，并带给人们美学意义上的享受时，该设计才有可能以实用艺术品的形式受到著作权法保护。例如，德国著作权法要求工业品外观设计达到一定的"艺术高度"才能作为实用艺术作品给予著作权保护，如果产品的"美感"所反映的艺术成分过低，以致达不到艺术创作的程度，则不能适用艺术作品。❷ 第二，思想与思想的表达有天壤之别，前者不受著作权法保护，后者则可以，之所以著作权法不保护操作方法、技术方案和实用功能，是因为这些都可以纳入"思想"的范畴。❸ 因此，暂不论是否允许专利与著作权法的重叠保护，都不能以保护艺术美感的形式，达到实质上保护功能性设计的结果，这与外观设计专利中功能性设计限定的理论是类似的。

　　（3）推动了外观设计保护合理模式探寻的进程

　　在 21 世纪的信息时代，传统知识产权的运作环境已经发生了许多重大的变化。如果说，19 世纪构建的国际知识产权体系是一个以版权与专利为基础的两极结构，那么，当今世界不断繁衍的法律混合保护制度无疑超出了这个历史框架，背离了传统范式的法律逻辑基础和经济学否定前提，破坏了历史上在自由竞争和法律激励之间所创设的平衡关系。随着科学技术的发展，边缘领域不断繁衍的功能性作品却超出了这个传统的保护框架。在实践中，立法回应是，要么歪曲传统的版权或专利模式来提供保护，要么盲目创设一种新的专有权利来满足其特别需要。❶

　　作为功能性作品的代表，外观设计保护模式从最一开始就具有高度的不确定性，伴随着分离测试法的逐渐普及，美国立法及司法部门开始从其

---

❶　李小武，"外观设计的保护客体"，源自 2013 年清华大学法学院崔国斌老师主持的外观设计课题研究中的阶段性成果。

❷　胡晓红. 外观设计的著作权保护. 科技与法律，2002，1.

❸　王迁. 知识产权法（第三版）. 北京：中国人民大学出版社，2011：51.

❶　何炼红. 工业版权研究. 成都：西南政法大学博士论文，2007：摘要，32.

广泛应用中收集反馈信息，同时亦就外观设计独立立法做了大量实质性的工作。❶ 结合同时期美国外观设计专利保护的进程，不难发现，这一阶段也是全面探讨外观设计保护模式问题的时期，从结果来看，虽然专利模式最终胜出，且分离测试法屡屡受挫，但其出现和适用，在客观上还是对人们继续探求外观设计合理保护模式之路起到了推动作用。

5.3　实用艺术作品的保护及问题

作为一类充满争议的客体，外观设计进入著作权法的过程虽一波三折，但最终还是克服重重障碍，并以实用艺术作品的形式固定了下来。自此，尽管还存在如分离测试法适用等具体问题，但外观设计并不天然地排斥著作权法保护这一观点还是得到了普遍的认可，在此前提下，实用艺术作品独创性认定、侵权判断、与相关概念的区分等成了人们在实践中面临的下一个难题。

5.3.1　独创性的认定

作品的独创性，又称作品的原创性，是指作者在创作作品的过程中投入了某种智力性的劳动，创作出来的作品具有最低限度的创造性。❷ 由于作品种类繁多，其表达方式各有特点，因此，对于不同作品独创性的把握也应有所区别，就实用艺术作品而言，其独创性认定有以下几个特点：

第一，独创性判断内容有限。根据"思想－表达"二分法原则，著作权法只保护对于思想观念的原创性表达，而不保护思想观念本身，当思想观念与表达密不可分的时候，或者说当某种思想观念只有一种或有限的几种表达时，则著作权法不仅不保护思想观念，而且也不保护表达。也就是说，实用艺术作品的描述对象、功能以及所适用的单纯的信息符号或者表现流派、思想、方法等并不构成独创性判断的内容，只有作品的描述或表

❶ J. H. Reichman, Design Protection in Domestic and Foreign Copyright Law: From the Berne Revision of 1948 to the Copyright Act of 1976, Duke Law Journal, 1983.

❷ 李明德，许超. 著作权法（第二版）. 北京：法律出版社，2009：28－29.

达行为及其结果才是判断作品是否具有独创性成分的待证事实。❶

具体来说，当外观设计以装饰或美化的目的附载于实用物品上，或实用物品以具有美感的形式或结构表现出来时，用于判断独创性的部分都不应该包括实用物品，但这种美感与实用相结合的特点，也正是"思想－表达"二分法所限制的重点情形，所以，在排除掉实用部分后，留待独创性检验的成分往往所剩无几。

从另一个角度来看，外观设计的设计者与作品的作者之间最显著的区别在于其创作空间不同，例如，画家可以在工具齐全的情况下，在画纸上恣意挥洒自己的创作灵感，绘出千姿百态的图案；雕塑家可以在材料允许的情况下，最大限度地发挥自己的想象力，制作出奇形怪状的立体作品，而当上述作品转化为工业应用，附着于具体的实用物品上时，设计者必须要考虑不能过度影响物品的实用功效，为此，在必要的时候需要以限缩设计自由度为代价来满足产品的实用性。在克兰比切姆·史密斯案中，法院认为，"著作权法对实用艺术作品所保护的是该作品所具有艺术性的内容，即作者对该作品的艺术性所作的智力投入而产生的成果。该作品的实用功能不受著作权法保护。而本案牙刷的 S 弯形显然是为实现牙刷的随意弯曲功能而设计的，该 S 弯形不具有著作权法意义上的艺术性，故原告的 S 弯形设计的牙刷不构成实用艺术作品。"❷

第二，独创性标准较高。独创性标准的把握一直是著作权法领域的难点问题，其既是一项主观性很强的判断工作，又会因作品种类的不同而有很大的灵活性。有人认为，实用艺术作品同时具有艺术性和实用性，前者决定了产品设计中有艺术美感成分，后者又限制和影响艺术美感的质量，因此，其独创性的标准应适当低于纯美术作品。❸ 笔者认为这种观点值得商榷：

一方面，如上文所述，实用艺术作品二元性的特点决定了其艺术美感是通过实用物品的外形展现出来的，这也使得设计理念的表达更加内敛和抽象，加之消费者在购买产品时往往将实用性与艺术性混在一起，即使其具有与传统形式作品相同的独创性，也可能为观察者所忽略，或降低到次

❶ 丁丽瑛. 略论实用艺术品独创性的认定. 法学评论，2005，3.
❷ 北京市第一中级人民法院 2002－一中民初字第 3515 号民事判决书。
❸ 丁丽瑛. 略论实用艺术品独创性的认定. 法学评论，2005，3.

要的地位。❶ 因此，有学者指出，"（传统的作品）并不要求具有很高的创造性，只不过如果考虑思想表达二分法原则的话，有些产品的设计肯定连最低的创造性标准都无法达到。"❷ 我国司法实践也有类似的观点，在乐高案中，二审法院就部分积木块不受保护的原因解释道："……上述玩具积木的艺术创作程度确实不是很高，与典型的实用艺术作品在艺术创作程度上尚有一定差距……"；❸ 在爱禄睦国际股份有限公司案中，法院认为，"艺术成分过低、缺少艺术特征的'实用艺术品'，被完全排除在我国著作权法保护之外，……涉案产品因其艺术成分过低，不能达到艺术创作的高度，不能视为作品，不受我国著作权法保护。"❶

另一方面，无论是单独立法，还是工业产权的形式，外观设计均有较高的入门标准，例如，美国外观设计专利要求有实质上的创造性，欧盟的注册外观设计也必须满足新颖性和独特个性的条件，我国虽不对外观设计专利进行实质审查，但日趋严格的无效宣告程序和高居不下的无效率也使得申请者不得不考虑其外观设计的新颖度。在这样的前提下，设计者自然希望得到一种更为便捷和有效的保护模式，著作权的自动保护、保护周期长等特点使其得到了他们的青睐，实用物品的生产者纷纷就自己的产品寻求著作权保护的可能性。固然，我们不能因为该物品的实用性而抹煞了其所具有的艺术价值，但也不能仅因其为设计者的智力活动成果就轻易赋予其实用艺术作品的地位，这会破坏原有的利益平衡，不利于设计的发展和创新。所以，实用艺术作品的"艺术"二字，不应只起定义上和识别上的意义，必须达到一定的艺术高度。❺

5.3.2　侵权判定的规则

在解决了独创性认定的问题之后，如何在司法实践中解决涉及实用艺术作品的侵权纠纷，成为外观设计著作权保护中的另一大问题。总的来说，

---

❶ Eric Setliff, Copyright and Industrial Design: An "Alternative Design" Alternative, 30 Colum. J. L. & Arts 49, 2006.

❷ Uma Suthersanen, Design Law: European Union and United States of America, Thomas Reuters (Legal) Limited, 2nd, 2010, p. 243.

❸ 北京市高级人民法院 2002 高民终字第 279 号民事判决书。

❶ 深圳市中级人民法院（2005）深中法民三初字第 402 号民事判决书。

❺ 张广良主编. 外观设计的司法保护. 北京：法律出版社，2008：86.

其侵权判定体系虽不如专利法那样复杂多变，且应遵循"接触加实质性相似"的基本原则，但作为一种特殊的作品类型，还是有一些需要特别注意的地方：

第一，侵权判定主体界定。我国有学者认为，实用艺术品的消费对象一般为普通的社会公众，因而无论是适用"一般读者"之检验标准或是"作品所针对读者"之检验标准，"实质性相似"均应当以一般公众的观察标准来界定。❶ 司法实践对此的解释是，外观设计的著作权保护侧重于对艺术性创作的保护，无需从混同、误认的角度出发，故其判断主体不应限定为某一类消费者，而应是艺术品的普通受众——公众。❷

在笔者看来，与传统的作品相比，实用艺术作品的侵权判定对主体的要求可能更高，一方面，囿于其自身的性质，实用艺术作品的独创性往往有限，且难以认定，判断者应具备相当的审美眼光；另一方面，如下文所述，为了避免著作权法保护属于思想范畴的实用功能，判断者在侵权比对的过程中还应注意将公有领域的理念和功能用途的设计剔除在外，这也对其提出了较高的要求。或许正是基于上述理由，美国法院曾在 Amini 案中将判断主体描述为"普通理性的观察者"，意在表明其与一般公众是不同的。❸

第二，思想与表达的合并。当思想与表达密不可分时，或者说当某种思想只有一种或有限的几种表达时，则著作权法不仅不保护思想，也不保护表达，这一理论主要适用于功能性和事实性的作品，实用艺术品就是其中的一种。❶

作为设计活动的一部分，设计者必须借助一些通俗易懂的符号和标识作为表达设计的语言，这些标准化和普及性的设计是产品在相关市场得以顺利流通的前提，如果被控侵权者能够证明其挪用的仅仅是上述部分，则侵权指控不成立。❺ 例如，在 Durham 案中，原告认为被告制造与其相同的可爬行发条玩偶侵犯了其著作权。而法院认为，玩偶的标准特征应视为一种思想，可为竞争者自由使用，尽管被控侵权玩偶与原告产品具有相似的

❶ 丁丽瑛. 实用艺术品著作权的保护. 政法论坛，2005，5.
❷ 张广良主编. 外观设计的司法保护. 北京：法律出版社，2008：88.
❸ Amini Innovation Corp. v. Anthony Cal. ，Inc.，439 F. 3d 1365, 1370 (Fed. Cir. 2006).
❶ 李明德，许超. 著作权法（第二版）. 北京：法律出版社，2009：26.
❺ Uma Suthersanen，Design Law：European Union an。d United States of America，Thomas Reuters (Legal) Limited，2nd，2010，p. 243.

面部特征，但夸张的鼻子、弯弯的嘴唇、完整的脸庞以及大大的眼睛，都属于上述标准特征，不应纳入著作权保护范围。❶

我国司法实践也坚持了合并理论的适用，在乐高案中，针对部分玩具积木块，法院认为其虽已构成实用艺术作品，但均以现实中常见物体为创作模型，独创性较低，故在进行实质性近似的判定时采取了相对严格的标准，以平衡著作权人的利益与社会公众的利益；❷在华斯实业集团案中，法院也否定了服装中惯常设计著作权保护的可能性，"……原告的两款服装仅是利用了服装设计中的一些惯常元素进行的组合，这种组合并未构成独创的艺术表达形式……"❸

不过，由于思想与表达之间本来就没有一条绝对清晰的界线，加之实用艺术作品是二者融合的产物，所以，即使针对同一设计，不同法院在适用合并理论时也可能得出不同的结论。例如，在美国著名的 Herbert 系列案中，原告的胸针采取了珍珠镶嵌成蜜蜂的造型设计，有的法院认为其"是思想与表达的融合"，从而拒绝给予著作权保护；❹有的法院则认为其"是具有独创性的表达"，认定被告产品侵权成立。❺可见，如何运用合并理论来界定侵权比对的范围尚缺乏统一的认识。

第三，与专利法的类似。随着技术手段的发展，人们获取信息的渠道不断拓宽，方式也日趋"无形化"。在著作权侵权案件中，作品知名度越低，证明其被接触可能性的难度就越大，因此，如果没有接触的可能性，则构成侵权往往需要十分惊人的相似，并且是绝对个性化表达部分上的相似。❻就实用艺术作品而言，这一分析过程往往呈现出与专利侵权比对类似的特点，Amini 案的结论就反映了这种特点。

本案涉及一款"装饰性雕刻木制品"，Amini 为其同时申请了著作权和外观设计专利权，在发现家具厂商 Anthony 设计的家具与其十分相似后，Amini 向法院提起了诉讼。在侵犯著作权问题上，法院发现能证明被告接触过原告设计的证据十分有限，仅仅是被告一位设计人员参加过有原告展品

---

❶ Durham Industries, Inc. v. Tony Corp., 208 USPQ 10 (2nd Cir., 1980).

❷ 北京市第一中级人民法院 1999 年一中知初字第 132 号民事判决书。

❸ 河北省高级人民法院 2007 冀民三终字第 16 号民事判决书。

❹ Herbert Rosenthal Jewelry v. Kalpakian, 446 F. 2d 738 (9th Cir., 1971).

❺ Herbert Rosenthal Jewelry v. Grossbardt, 436 F. 2d 315 (2nd Cir., 1970).

❻ 丁丽瑛. 实用艺术品著作权的保护. 政法论坛, 2005, 5.

的展会，该证据亦无法显示被告有模仿原告设计的动机，因此，法院转而将重点放在了"实质性相似"的判断上，通过对二者各个细节的详细对比，最终得出被控侵权设计在整体上反映出抄袭（原告设计）的特点。❶

此外，法院还对此类案件的审理思路进行了总结：首先，明确该设计上受保护的特征，例如，满足分离测试法要求的特征，然后逐一检查这些特征是否在被控侵权物品上有所体现，最后从普通理性的观察者角度出发，判断二者是否从整体概念和感觉上构成实质性相似。❷ 无疑，这种思路与外观设计侵权判定的惯用步骤十分相似，唯一的不同之处是用于判断的依据变成了装饰性、非功能性的设计特征。在法院看来，造成这种相似的原因也很简单，因为外观设计的侵权判定主要依赖于观察者的感受，这种特点模糊了不同法律之间的界线，使得其成为一项带有浓厚主观色彩的工作。

我国实践中也有类似的做法，在欧可宝贝有限公司案中，法院比对了被控侵权产品与原告主张权利依据的设计，认为"涉案 JBB、JBD、JBR 产品与原告主张权利的 Spidy 小兔座便器、Ducka 小鸭座便器垫及 Buddy 小熊沐浴躺椅三款产品相比，除个别部位存在细微差异外，二者基本相同。因此，涉案 JBB、JBD、JBR 产品属于与原告欧可宝贝公司享有著作权的涉案作品相近似的产品。"❸ 这与外观设计专利侵权比对中"整体观察、综合判断"的方法没有实质性差异。

5.3.3　与相关概念的区分

从相关法律法规的演变来看，我国立法者一直试图将实用艺术作品与美术作品区分开来，例如，《实施国际著作权条约的规定》第 6 条第 2 款指出，美术作品（包括动画形象设计）用于工业制品的，不适用前款（实用艺术作品）规定，2012 年的《著作权法（修改草案）》亦肯定了上述意见，在第 3 条将二者分开，并列作为独立的一类作品。笔者认为，这种立法方式固然可以起到明确实用艺术作品著作权保护的作用，但可能会引发更大的问题：

第一，与美术作品难以区别。根据现有规定，美术作品的定义是开放

---

❶ Amini Innovation Corp. v. Anthony Cal., Inc., 439 F. 3d 1365, 1370 (Fed. Cir. 2006).

❷ Amini Innovation Corp. v. Anthony Cal., Inc., 439 F. 3d 1365, 1370 (Fed. Cir. 2006).

❸ 北京市第二中级人民法院 2008 二中民初字第 12293 号民事判决书。

式的，在满足其构成要件的情况下，对作品形式没有固定的要求，包括但不限于绘画、书法和雕塑。作为美术作品的一种表现形式，"立体的造型艺术作品"应该可以将实用艺术作品涵盖在内，至少我们无法从字面含义上解读出二者的区别。而在独创性要件的设置方面，拟在法条中单独列明的实用艺术作品也采用了与美术作品相同的表述，要求具有"审美意义"，这也是引起上文提到实用艺术作品独创性把握难题的原因之一。

此外，在保护期限方面，《著作权法（修改草案）》延续了《实施国际著作权条约的规定》的做法，给予实用艺术作品二十五年的保护期，但如果按照上文的分析，实用艺术作品与美术作品之间并没有绝对的界线，甚至可以视为后者的一种具体表现形式，也就意味着，对于一种具体的产品设计，将其归入不同的作品类别会带来相差整整二十五年的保护期，这种特殊的保护规定不利于著作权法体系的统一，也会在实践应用中造成混乱。

第二，模糊与工业产权界线。《著作权法（修改草案）》在实用艺术作品的定义中明确指出其应具有"实际用途"，意在以此与其他种类作品区分开来。这一概念与工业产权法中的"实用性"是不同的：前者指产品能够在实际生活中为人们所使用，而不是单纯的具有某种观赏、收藏价值，这是实用艺术作品的特征，而非保护要件，著作权仅保护其上所蕴含的艺术成分；[1] 后者指能够用工业方法生产，而不论生产出的产品是否具有实用价值，作为获得专利权的必备条件，产品必须具有实用性才能得以授权。[2] 但在著作权与工业产权本就存在无法厘清的重叠时，用"实际用途"来限制实用艺术作品的范围，可能会在无形中使其与"审美意义"并列成为受著作权法保护的条件，加剧二者之间的模糊，在实践中产生误导公众的后果。例如，在一个判例中，原告和被告就该物品是否具有实用性争得面红耳赤，其实，无论双方争出来该物品具有或者不具有实用性，对该案的判决都没有任何关系，因为这是一个关于著作权的侵权案件。[3]

第三，实践指导意义有限。虽然实用艺术作品尚未单列为一类作品进行保护，但我国实践中不乏认可其著作权法保护地位的做法。例如，在英

❶ 张广良主编. 外观设计的司法保护. 北京：法律出版社，2008：84.
❷ 许超. 浅论实用艺术作品的著作权保护与外观设计保护的关系. 专利法研究（1996年版）. 北京：知识产权出版社，1996.
❸ 李明德，许超. 著作权法（第二版）. 北京：法律出版社，2009：10–11.

特-宜家系统有限公司案中，法院认为，"对于实用艺术作品的著作权保护，一般是从实用艺术作品的实用性与艺术性角度分别予以考虑，对于实用性部分不适用著作权法保护，但对于艺术性部分可以归入著作权法规定的'美术作品'予以依法保护。外国实用艺术作品的权利人申请著作权保护时，应当首先从审美意义方面予以审查，如果涉案实用艺术作品不具备美术作品应当具备的艺术高度，即使被控侵权产品与涉案作品构成相似或者基本相同，也不能作为实用艺术作品获得著作权保护。"❶ 在欧可宝贝有限公司案中，法院亦列明美术作品的定义，并将涉案三款产品与其相比较，认定其"具有审美意义和艺术性、独创性和可复制性，符合我国著作权法规定的作品的构成要件"❷。

此外，行政机关在实践中也表达了类似的观点。我国版权局在 1997 年 9 月 18 日对家具是否属于实用艺术作品的答复中指出，"家具造型的艺术创作如果达到美术作品的高度，应属于实用艺术作品。"❸

事实上，之所以将实用艺术作品写进《著作权法》，一方面是为了消除之前因《实施国际著作权条约的规定》而产生的超国民待遇，一方面是在其地位日渐重要的背景下明确实用艺术作品著作权法保护的需要。不过，2001 年修改的《著作权法》已经消除了本国实用艺术作品以美术作品的身份获得著作权法保护的障碍，美术作品的定义及解释已经能够涵盖实用艺术作品，且在实践中以美术作品的标准来审查实用艺术作品的著作权成分也已成为一种较为常见的做法，将其单独列明没有太大的意义。❶

5.4　本章小结

与专利法不同，无论从客体范围的界定，抑或保护宗旨契合度方面来看，外观设计的著作权保护似乎具有更强的合理性：一方面，外观设计所

---

❶ 上海市第二中级人民法院 2008 沪二中民五（知）初字第 187 号民事判决书。
❷ 北京市第二中级人民法院 2008 二中民初字第 12293 号民事判决书。
❸ 马原主编. 著作权法分解适用集成. 北京：人民法院出版社，2003：31.
❶ 美国也是将其作为"绘画、图表和雕塑作品"的一部分加以保护的，只是在该定义项下明确包括了"实用艺术品"这一类型的作品。

蕴含装饰性的美感成为吸引著作权保护最原始的动力；另一方面，相比鼓励技术方案创新的专利制度，外观设计的可版权性为设计者提供了一种更为便捷的保护方式。这种合理性透过美国相关的立法经验就可以看出来，尽管其出于防止权利重叠的考虑，一直对外观设计的著作权保护持回避的态度，但最终仍将其明确纳入著作权法保护的客体范围之内，也正是因为没有任何理由可以将外观设计完全排除在著作权法的规范之外。此外，在知识产权权利分野的问题上，外观设计的存在为著作权和工业产权提供了可供探索的工具。

然而，由于外观设计的复合性特征，结合我国目前为数不多的司法判例及尚在酝酿中的著作权法相关修改条款，若最终确定以著作权法作为其保护模式，如何鉴别一件外观设计可受著作权保护的部分，如何认定被控侵权设计侵权成立等则自然成为需要明确的具体问题，但直到目前，尚未有一种手段或规则可以完美地解决上述难题。有关实用艺术品的保护经验也可以表明：外观设计的著作权保护无论在理论上还是在实践中均存在难以克服的障碍，这再次提醒我们，外观设计无法与现有知识产权体系下任一版块实现良好的相融，至少应该在概念上为其界定一个独立的地位。

第6章　商标意义下的外观设计保护

由上文分析不难看出，以美国为代表的外观设计专利保护已在实践中遭遇了种种的质疑，对我国现行保护模式也有着较强的借鉴意义，而著作权虽与外观设计有密切的关联，但在具体保护上依然存在诸多障碍和问题，在这样的背景下，寻求替代性保护措施的尝试逐渐扩展开来。从设计者的角度来看，"由于专利法和著作权法的保护都无法令人满意，整个国家都将注意力转移到了其他法律领域，如商标法、反不正当竞争法中。"❶ 相应的，现实中也出现了一些成功通过商标或商业外观获得保护的案例。不过，从立法和司法的整体情况看，此类保护尚缺乏充足的理论支撑和成熟的实践经验。

6.1　外观设计与商标的重叠

随着价值的变迁和形态的丰富，不断扩大的范围使得部分外观设计在符合相应条件的基础上，可以商标或商业外观的形式进入法律调整的范畴，但在具体的保护方式上尚无统一的标准。

6.1.1　商业性标识与商业性外观

有差别则有商标，商标是商品经济和市场经济发展的产物，而不是一个先验的存在。❷ 从其发展历史来看，早在数千年前，人们就开始使用符号

---

❶ Stephen Pericles Ladas, Patents, Trademarks, and Related Rights: National and International Protection, Harvard University Press, 1975, p. 829.

❷ 黄晖. 商标法. 北京: 法律出版社, 2004: 1.

对他们所拥有的货品进行来源上的标识，在牲畜身上进行的烙印即该类行为早期的一种代表性做法，这也是"商标（Mark）"对应的另一种称谓"品牌（Brand name）"的来源。在立法层面，普通法系最早注意到，如果将他人的标识用在质量较次的同类物品上会构成对消费者的欺骗，故明确在法律体系中以"仿冒之诉"来对该种行为进行制约，在这一原理的启发下，到了19世纪初，美国在法律制度中出现了防止不正当竞争和避免消费者混淆的原则，该原则禁止商品的"冒充（Passing off）"行为。❶ 这一阶段虽然对于商标保护的宗旨有统一的说法，但标识出处显然是其最基本的作用，而随着生产力水平的提升和生产方式的转变，市场竞争已从产品本身升级到了产品形象、服务、品牌等方面，消费者在满足了基本的物质需求之后更注重追求精神上的满足，由此，商标的价值和意义也不断发生变迁，开始从单一的区别商品或服务来源，发展到今天具有负载企业的商誉、象征生活方式等综合性作用，商标法的保护也从平面商标扩展到了立体商标，因此，当一件产品的外观设计不仅具有装饰性，而且符合了商标法所要求的识别性时，就有了受到商标法保护的可能性。

与已成为知识产权领域中一项重要分支的商标不同，商业外观概念的诞生远远晚于商标，但与外观设计却有着更为紧密的关联。这一概念主要是从《兰哈姆法》（Lanham Act），即美国《商标法》中衍生出来的。❷ 该法未明确使用"商业外观"一词，而是将重点落在了禁止虚假陈述从而避免混淆上。后来，随着社会发展，对商业外观进行保护的需求越来越强烈，再加上经济学分析的影响日益扩大，美国在诸多判例中，根据联邦反不正当竞争法的要求，对《兰哈姆法》第43条（a）款进行了扩张解释，商业外观权在司法实践中逐步得到确立。❸ 1992年的Two Pesos案可以说是保护商业外观权里程碑式的判例，在本案中，最高法院首次对商业外观作出了

---

❶ 1 J. Thomas McCarthy, McCarthy on Trademarks and Unfair Competition, 4th ed. 2006, § 5：1.

❷ 该法第43条（a）款规定，任何人，在任何商品或服务上，或者任何商品的容器上，在商业中使用任何文字、术语、姓名、符号或图案，或者以上各项的组合，或者任何虚假的来源标识，虚假的或误导性的事实描述，而（1）可能引起混淆、错误，或者造成此人与他人有隶属关系、联系或联合上的欺骗，或者误导与让人商品、服务或商业活动有来源、许可、认可上的关系，或者（2）在商业广告或促销中，虚假陈述自己或他人商品、服务或商业活动的性质、特点、质量或地理来源，则应当对因相信此类行为而遭受或可能遭受损害的人，承担民事责任。

❸ 叶若思. 商业外观权研究. 北京：法律出版社，2010：34.

较为明确的定义，认为其"涵盖了产品或营业的全部视觉效果和总体形象，包括诸如尺寸、形状、颜色或颜色组合、图案、标识甚至特定的营销技巧。"❶《布莱克法律词典》进一步指出，"商业外观是产品的总体外观与形象，……复制他人的商业外观要受到普通法的仿冒之诉及商标法的惩处，同时，组成商业外观的印刷品以及标签还可能受到著作权法的保护。"❷ 从二者由一部法律来进行规范不难看出，商业外观与商标有着密切的关系：二者均为商品或服务来源的指示性标识，均需在具备显著性、非功能性等条件下才能收到法律保护，所以在一些情况下，二者往往会以同一客体的形式表现出来。正因如此，不少国家和地区都以商标法来保护商业外观，我国台湾地区的部分研究者则将商业外观直接视为一种"新形式商标"。❸

当然，尽管在产生本源及立法宗旨等根本问题上是一致的，但商标和商业外观也存在一些显著区别，这些区别不仅成为商业外观这一概念独立存在的必要性条件，亦使其与外观设计重叠的可能性进一步增大：

第一，在表现形式方面，就商标而言，由于其根本价值在于指示商品或服务的来源，尽管随着技术手段的进步，其具有了更多的表现形式，但传统意义上的商标仍以文字、图案、色彩等元素或其组合为主，即便是再为复杂的组合型商标，其亦可作为一个完整的标识脱离商品或服务本身独立存在，而商业外观作为一个整体的全系的符号组合，在构造简单的情况下尚可视为商标，更多的时候是由产品的整体形象和外观造型构成的，与商品紧密融合在一起，很难拆解为独立的元素。

第二，在蕴含意义方面，商标主要是为经营者提供区别其商标或服务来源的工具，在此基础上亦可承担起负载商家信誉的任务，而商业外观除了上述功能外，还具有美化产品或营业（服务）的作用，这与外观设计的诞生背景极为相似，即随着市场竞争的日趋激烈，同样的商品会有众多不同经营者提供，而经营者为了吸引消费者的目光，会将商品或服务设计为独特的造型，赋予新颖的包装或装潢，给消费者以感官上的享受，商业外观的美化作用也就由此而生。❶

---

❶ Two Pesos, Inc. v. Taco Cabana, Inc., 505 U. S. 763, 769 (1992).

❷ 《布莱克法律词典》，西方出版公司 1991 年版，第 1038 页。

❸ 林倩. 新形式商标注册之研究. 台北：台湾"国立中央大学"产业经济研究所硕士论文, 2009.

❶ 罗传伟. 商业外观保护的法律制度研究. 北京：知识产权出版社, 2011：11.

第三，在法律体系方面，对于商标来说，其因保护客体的明确性亦对应具体的权利人，而商业外观由于与商标性质上的相近似，决定了其会天然地承接工商业标记权的保护模式，对商标的法律维护自然也就保护了商业外观。在此基础上，由于商业外观宽广的外延，其在当今社会已经不仅是一种单纯的区别性标记，而已成为一类特殊的无形财产，侵权商业外观权益即使不构成对注册商标的侵犯，也有可能落入著作权法、专利法或反不正当竞争法的范围，因此，复合性的特点也增加了其与外观设计保护重叠的概率。

在美国，商业外观是一个外延很大的概念，也正是因为其特殊性，美国司法实践中曾一度产生过商标法与反不正当竞争法之间适用关系的争论。在 Sears/Compco 案件中，州法院均依照州反不正当竞争法，对专利权过期的照明器材的外观设计给予了反不正当竞争法的保护，最高法院否定了这一做法，认为"不能受联邦专利法和版权法保护的实用产品，州法不能利用防止盗用的原则而赋予它们不能被仿制的权利。国会所以确立版权和专利权的客体，就是明确有一些客体是可以仿制的，这不能被州法所超越。"❶对此，最高法院在之后的 Bonito 一案中清楚地阐述："反不正当竞争法的保护仅限于防止对于已经具有第二含义即起到来源指示功能的产品的非功能特征的保护。各州反不正当竞争法对于一个特定的外观设计的保护仅仅限于消费者混淆可能产生的场合。作为'思想内容'的外观设计本身在其他场合下可以被自由利用。"❷ 这表明，在美国，就外观设计而言，各州反不正当竞争法给予的保护不过是类似联邦商标法的一种延续。也就是说，从保护要件等方面看，无论商标抑或商业外观，均通过共同的渠道与外观设计发生联系。❸

6.1.2　我国的实践

与美国扩大解释《兰汉姆法》相关条款以涵盖商业外观的做法不同，

---

❶ Sears, Roebuck & Co. v. Stiffel Co., 376 U. S. 225（1964）；Compco Corp. v. Day-Brite Light-ing, Inc., 376 U. S. 234（1964）.

❷ Bonito Boats, Inc. v. Thunder Craft Boats, Inc., 489 U. S. 141, 109 S. Ct. 971, 103 L. Ed. 2d 118（1989）.

❸ 因此，下文在讨论外观设计商标保护时是从商业性标识权利保护的基本原理出发的，不再刻意区分商标与商业外观。

我国《商标法》和《反不正当竞争法》在立法层面上有着较为清晰的划分，但二者涉及外观设计保护的部分有着共同的原理。

早在 20 世纪 80 年代，国家商标局就曾特别规定对 13 家酒厂 24 种瓶贴给予注册，此类客体显然也属于外观设计的一种，但由于我国早期的《商标法》仅保护平面商标，立体商标、产品包装等均被排除在外，所以当时受到商标法保护的外观设计主要是瓶贴等平面设计。之后，2002 年修订的《商标法》放开了对于立体商标的注册，明确三维标志亦可成为注册商标的构成要素，同时强调"以三维标志申请注册商标的，仅由商品自身的性质产生的形状、为获得技术效果而需有的商品形状或者使商品具有实质性价值的形状，不得注册。"❶ 但立法部门对该条的含义一直没有作出具体明确的解释，另外，囿于司法实践中相关判例较少，我国就外观设计申请注册商标这一问题尚未形成统一的标准。

在商业外观方面，《反不正当竞争法》第 5 条第（2）项规定，"擅自使用知名商品特有的名称、包装、装潢，或者使用与知名商品近似的名称、包装、装潢，造成和他人的知名商品相混淆，使购买者误认为是该知名商品"的属于不正当竞争行为，该款可视为我国对游离于传统知识产权之外的商业外观进行保护的法律依据。此外，商标主管单位国家工商行政管理局分别于 1995 年和 2001 年发布了《关于禁止仿冒知名商品特有的名称、包装、装潢的不正当竞争行为的若干规定》《依法认定和保护知名商品及其特有名称、包装、装潢的有关法律问题》，对上述法条中的相关词语进行了解释，认为"特有"是指"具有显著的区别性特征"，由此可见，我国《反不正当竞争法》对商业外观的保护类似于商标法对商标提供的保护，这与美国的做法在本质上是类似的。

虽然立法体系中与外观设计能够直接关联的条文不多，但在司法实践中，尤其是在外观设计侵权判定中，较多地借用了商标法中常见的措辞。以较为典型的"混淆模式"为例，我国虽未在立法中明确将其作为侵权判定的方法，但一直为立法理念和司法实践奉为圭臬，成为毫无疑义的主流观点。早在 1999 年，最高法院即以公报的形式，在富士宝家用电器有限公司诉家乐仕电器有限公司外观设计侵权案中，确立了混淆模式适用的可

---

❶ 《商标法》第 12 条。

能性，在本案中，最高院指出："侵权产品与原告专利产品的外观区别在整体上并不显著，容易使普通消费者在视觉上产生混淆，应该被认定为相近似，构成侵权。"这种观点反映在之后的《关于审理专利侵权纠纷案件若干问题的规定会议纪要稿》（2003 年 10 月）中，该稿第 24 条第 1 款规定："人们法院在判断近似外观设计时，应当以一般消费者施以一般注意力是否容易混淆为准。"对此，有学者解释认为，外观设计专利保护的目的，在于防止不正当的竞争，防止抄袭、仿冒行为的发生，这就要求生产者在设计其产品的外观时，应当尽量与其他生产者的产品的外观区别开来，使消费者不致混淆、误认、误购。❶

在笔者看来，这种借鉴存在较为明显的弊端，商标与外观设计毕竟属于两类相对独立的知识产权客体，有着不同的性质和保护宗旨，尽管客观上有发生重叠的可能，但应有较为清晰的界线，司法判例类似的表述可能会误导公众对于二者的认识。

也许正是意识到了上述问题，2009 年修改后的《专利法》排除了"对平面印刷品的图案、色彩或者二者的结合作出的主要起标识作用的设计"的可专利性，❷ 意在明晰外观设计专利与商标之间的区别，"主要起标识作用的平面印刷品用于让消费者识别被装入的商品或者被附着的产品的来源或者生产者，而不是（像外观设计那样）用于使被装入的商品外观或者被附着的产品外观本身'富有美感'而吸引消费者。"❸

不过，即便已经显露出了种种不足，但时至今日，从各地的判决来看，法院经常还会使用"混淆""误认""混同"等术语。❶ 足见混淆模式对我国司法实践影响之深远，无论人们是否能认识到其在实质上与商标法意义下"混淆、误认"的区别，但客观上未能达到突显出二者各自保护目的的效果。

---

❶ 程永顺：《浅议外观设计的侵权判定》，载于《知识产权》，2004 年第 3 期。该观点应该来自于刘桂荣：《外观设计专利申请审查指导》，专利文献出版社，1993 年 1 月版，第 37 页。该书原话为"外观设计专利保护的目的就在于防止不正当的竞争、抄袭、仿冒，... 以不使购买者误认、混淆为原则。"

❷ 《专利法》第 25 条第 6 项。

❸ 国家知识产权局条法司.《专利法》第三次修改导读. 北京：知识产权出版社，2009：56.

❶ 闫文军，胡云秋. 外观设计专利侵权判断标准探讨——以创新点对外观设计侵权判断的影响为中心. 载于《外观设计相关法律问题研讨会论文集》，中国社会科学院知识产权中心，2012 年 6 月 9 日。

6.2 外观设计商标保护的条件

通过上文对于商标及商业外观性质的分析，结合外观设计的构成要素可见，三者之间在保护客体上存在重叠的可能性：就同一产品的外观构造而言，其自身既是一种商业意义上的包装设计，也有可能因富有装饰性的美感而吸引消费者的目光，还有可能在符合条件的情况下起到指示来源的作用。不过，客观上的重叠并不意味着商标法体系可以真正契合外观设计制度，成为其保护的基础法律，这种重叠只会出现在能够兼具多重用途的客体上，且需要满足相应的条件，因此发生的概率并不高。此外，从不同法律制度规范的目的看，这种重叠是相对的，无法起到相互取代的作用，更不能减损外观设计独立保护的必要性，反倒是其获得商标保护要件成立的难度可以说明，商标法并非外观设计保护的最佳路径。❶

6.2.1 显著性的体现

作为商标或商业外观保护的基本要件，显著性也称识别性或区别性，具体是指该标志或外观使用在具体的商品或服务上时，能够让消费者觉得，它应该或者实际与商品或服务的特定出处有关。❷ 从产生的实践效果来看，显著性大致可分为两类：一类是内在显著性，即因本身具有较强的识别功能，可以天然地与产品产生直接联系；另一类是因获得"第二含义"而具有的显著性，其本身即"第一含义"，并无特别之处，无法让人联想到产品的出处，但因为长期在市场上与固定的产品结合使用，可能逐渐在消费者和产品之间建立了特定指向关系。

在如何判断外观设计显著性方面，美国曾在司法实践中进行过专门的探讨，在经典的 Two Pesos 案中，美国最高法院对此给出了较为宽泛的解释，即"具有内在显著性"或"通过第二含义获得"均可满足显著性的要求，并在本案中承认"商业外观是可以具有内在显著性的，这时原告无需

---

❶ 上文已指出，在与外观设计重叠这一问题上，商标和商业外观有着相似的"立场"，故本节讨论的外观设计商标保护条件不再刻意区分二者的不同。

❷ 黄晖. 商标法. 北京：法律出版社，2004：56.

证明其是否有第二含义。"❶ 这一解释引起了很大的争议，因为此前大多判例均认为商品的外形设计并不具有天然的显著性，其类似于商标法中显著性最弱的描述性商标，审查应当比其他种类的商标更严格。例如，在 Stormy 案中，法院认为"具备第二含义是判定涉案雨衣外观是否侵权的先决条件"❷，在 American Greetings Corp 案中，法院亦强调"填充类玩偶外观设计得以商标保护的前提是具有第二含义"❸。总的来看，多数法院倾向于外观设计并不具备内在显著性的观点。

为统一上述分歧，美国最高法院在 2000 年的 Wal-Mart 案中就该问题进行了澄清，并对 Two Pesos 案的结论进行了反思，明确"（Two Pesos 案涉及的）商业外观可以具备内在显著性，但这并不意味着产品外观设计类的商业外观也具有内在显著性，因为本案涉及的餐厅外观并不构成我们所说的产品外观设计"❹。对于后者，最高法院认为："产品外观设计几乎毫无例外地出自与识别来源无关的目的。消费者知道，即便是最不寻常的外观设计（如一个企鹅形状的鸡尾酒杯），也不是用来识别来源，而是为了使产品本身更加有用或者更美观。"❺ Scalia 法官进一步指出，如果不要求具备第二含义就给予商标意义上的保护，会对正常的竞争造成影响，换句话说，设计者必须证明其设计具有标识产品来源的意义。❻

但是，对于外观设计来说，第二含义的取得并非易事，设计者需要投入巨大的金钱和时间成本，以期在消费者印象中建立与某种外观设计固定的联系，从而为该种设计积累足够的第二含义。❼ 与此同时，设计者还不得不提防市场上可能以相同外观设计示人的商品外观或包装，即便支付了高额的律师费来打击这些仿冒行为，也有可能因此而无法与特定来源建立唯

---

❶ Two Pesos, Inc. v. Taco Cabana, Inc., 505 U. S. 763, 769 (1992).

❷ Stormy Cline Ltd. v. Progroup, Inc., 809 F. 2d 971 (2nd Cir., 1987).

❸ American Greetings Corp v. Dan-Dee Imports, Inc., 807 F. 2d 1136 (3rd Cir., 1986).

❹ Wal-Mart Store, Inc. v. Samara Brothers, Inc., 529 U. S. 205 (2000).

❺ Wal-Mart Store, Inc. v. Samara Brothers, Inc., 529 U. S. 205 (2000).

❻ Kal Raustiala & Christopher Sprigman, The Piracy Paradox: Innovation and Intellectual Property in Fashion Design, 92 Va. L. Rev. 1687, 2006.

❼ Perry J. Saidman, The Glass Slipper Approach to Protecting Industrial Designs or When the Shoe Fits, Wear It, 19 U. Balt. L. Rev. 167, 168 – 69, 1989.

一的指向。● 例如，尽管著名高跟鞋品牌 Christian Louboutin 自 1992 年就在其生产的鞋上使用带有红色涂漆设计的鞋底，但一直未获得商标授权，在与其他模仿该设计的厂家进行多轮诉讼后，于 2008 年才得到了商标法的保护。●

我国对于外观设计申请注册商标显著性的审查也秉持了较为严格的态度，在可口可乐案中，可口可乐以瓶身下半部有环绕棱纹的饮料瓶申请立体商标被驳回，商标局和法院一致认为，申请商标瓶身下部的棱纹不足以构成其与普通瓶外观形状的明显区别，不易引起一般消费者的注意，故申请商标整体缺乏显著性。● 但商品自身的形状可以通过使用获得显著性从而获准注册，辉瑞产品有限公司曾就其生产的蓝色"伟哥"药片向我国商标局申请注册立体商标，该商标于 2003 年获准注册，就是因为其通过多年的销售已经积累了足够的显著性。●

6.2.2 知名度的具备

与"第二含义"密切相关的另一概念即产品的知名度，因为这一标准是必须经过在市场上的长期流通才有可能实现的商品特征，可以说，其既是实现"第二含义"的具体途径，也是我们评判商标或外观是否具有"第二含义"的方法之一。不过，尽管两概念之间存在联系，但知名度关注的是相关公众的熟知程度，而"显著性"和"第二含义"则是从区别性的角度看问题，强调即使不具备明显的区别性，也可能通过使用使之具备"第二含义"从而获得区别性。●

就外观设计来说，由于很难凭借自身形象具备固有的显著性，获得商标保护需在消费者心目中建立"第二含义"的印象，这一过程往往伴随着知名度的形成，因此，对于知名度的判断也就成为衡量是否有"第二含义"

● Siegrun D. Kane, Kane on Trademark Law §§ 2：10, 2：12, Practising Law Institute, 5th ed. 2009.

● Sara R. Ellis, Copyright Couture：An Examination of Fashion Design Protection and Why the DPPA and IDPPPA Are a Step Towards the Solution to Counterfeit Chic, 78 Tenn. L. Rev. 163, 2010.

● 商标评审委员会商评字（2005）第 1976 好商标驳回复审决定；北京市第一中级人民法院 2005 一中行初字第 1081 好民事判决书。

● 张广良主编. 外观设计的司法保护. 北京：法律出版社，2008：101.

● 罗传伟. 商业外观保护的法律制度研究. 北京：知识产权出版社，2011：73.

的标准。美国虽未在法律中明确要求知名度是商标注册的要件，但在司法实践中，尤其是在涉及外观设计的案例中会将其视为是否受保护的决定性要素之一。例如，在 Adidas 案中，原告指控被告制造销售了与其某款式运动鞋外观相似的产品，涉案外观主要包含四项设计特征：侧面标志性的三道杠，扁平状鞋底，贝壳状鞋头，跟部三叶草的标识，这些特征均是装饰性的，与鞋子本身的性能无关。● 法院认为包含上述特征的鞋体外观具有第二含义，理由在于此种款式的运动鞋因为是众多著名球星的装备，自 20 世纪 60 年代就颇有名气，至今已有较高的市场认知度，故可获得商标保护。● 有学者评论认为，知名度在涉案外观设计显著性的评估中发挥了重要作用，相反，一款样式新颖的运动鞋，即便其设计再为独特，也很可能被商标法拒之门外。●

与美国相比，知名度条件在我国倒是有据可查的标准，如上所述，作为商业外观保护法律依据的《反不正当竞争法》第 5 条第（2）项明确规定，"商品包装"受保护的前提必须是"知名商品"，也就是说，如果设计者希望其外观设计能以商业外观的形式受保护，必须待其有较高知名度后才可能成行。不过，与"第二含义"难以获得类似，这往往需要长时间的大量付出，例如，经过较长时间的使用，接受市场较长时间的考验，保证较好的产品质量，投入大量的宣传广告费用，只有极少数的外观设计能满足这一标准。●

6.2.3 非功能性的要求

非功能性是商标或商业外观得以保护的另一重要条件，也是外观设计进入商标法律体系的一大制约。非功能性的原理在于：如果某一外形为完成某种功能所必须，对该外形的保护就意味着该功能将被长期垄断，商标保护也会成为一种比专利和版权还强的保护，从而背离专利和版权保护的宗旨。● 因此，如果一件产品的外观设计是功能性的，即使具有识别性或获

● Adidas-Salomon AG v. Target Corp. , 228 F. Supp. 2d 1192（D. Or. 2002）.

● Adidas-Salomon AG v. Target Corp. , 228 F. Supp. 2d 1192（D. Or. 2002）.

● Susanna Monseau, Europe Design Rights: a Model for the Protection of All Designs From Piracy, 48 Am. Bus. L. J. 27, 2011.

● 罗传伟. 商业外观保护的法律制度研究. 北京：知识产权出版社，2011：72.

● 黄晖. 商标法. 北京：法律出版社，2004：74.

得了第二含义，也不能获得商标权的保护。❶ 美国《反不正当竞争法第三次重述》亦指出："……如果某种设计为使用该设计的商品或服务提供了除该设计所具有的标识来源功能之外的益处，而这种益处对于其他竞争对手进行有效竞争非常重要，且使用其他替代设计在实际上并不可能……（则该设计无法受到保护）。"❷ 然而，从已有司法实例来看，涉及外观设计的非功能性判断往往会成为案件中的疑难问题。

美国最高法院早在1982年的Inwood案中就曾提出，如果一种产品的外观特征对产品的使用或目的实现是必不可少的，或者影响到产品的质量或者制造成本，那么这种外观特征就应当被认定为功能性的。❸ 该判例确立了著名的Inwood标准，根据这一标准，功能性在两种情况下存在：（1）产品或服务目的的实现倚仗于一项外观的全部或部分特征；（2）产品的质量好坏或制造成本的高低受到外观的全部或者部分特征的影响。❶ 可见，该标准强调外观设计对于所附着产品是否产生了实质性影响。

不过，如何确定"实质性影响"却并非易事，美国法院曾在具体的案件中颇费周折，罗列过诸多可考虑的衡量手段，其中认可度较高的当属在Morton案中提出的四要素：（1）是否存在具有同样功效的替代性设计；（2）是否存在使产品生产成本同样经济的替代性设计；（3）是否已由相关专利公开了涉案设计的功能性优势；（4）广告中是否已经以涉案设计的功能性优势招徕顾客。❺ 根据上述四因素，美国法院认为涉案的喷雾式清洁剂容器构造符合非功能性的要求，因为尽管该容器具备装液体的功能，但并非某种特定形式的瓶子对于盛装液体的功能就是必要的或者是必需的，该设计并非由功能性决定，因此，排除他人对相同外观的使用并不会妨碍市场的有效竞争。❻

实际上，无论是Inwood案中的两种情形，抑或Morton案中的四要素，均围绕外观设计是否具有"实用功能性（Utilitarian functionality）"展开，但在美国的司法实践中还曾出现过另一概念，即"美学功能性（Aesthetic

---

❶　李明德. 外观设计的法律保护. 郑州大学学报（社会科学版），2000，5.

❷　Restatement of the law, Third, Unfair Competition § 17, 1995.

❸　Inwood Laboratories, Inc., v. Ives Laboratories 456, U. S. 884 (1982).

❶　罗传伟. 商业外观保护的法律制度研究. 北京：知识产权出版社，2011：72.

❺　In re Morton-Norwich Prod's, Inc., 671 F. 2d 1332 (C. C. P. A. 1982).

❻　In re Morton-Norwich Prod's, Inc., 671 F. 2d 1332 (C. C. P. A. 1982).

functionality）”，这一概念是由第九巡回法院在 1952 年的 Pagliero 案中提出的。在本案中，原告请求保护的是瓷质碟子上的图案样式，法院认为，人们购买该种碟子的原因之一正在于它们具备吸引力的外观，正是这一特征使得产品得以销售，这一外观就不仅仅起到标识来源的作用，而且具备了美学上的功能性，因此不能获得商标法上的保护。[1] 也就是说，虽然都是强调功能性的外观特征不能获得商业标识法上的保护，但“美学功能性”更偏重于外观特征的美学价值是否在产品的商业成功中起到重要作用。

这样一来，外观设计非功能性的判定变得更加宽泛和难以把握，因为相对于“实用功能性”而言，“美学功能性”概念更加抽象，美学观念的不同也更容易在不同法院之间形成分歧。鉴于此，美国最高法院在在 2001 年的 Traffix 案中回归了 Inwood 案的标准，认为只有在某外形对于产品的用途或目的并不重要，而且也不会影响产品的成本或质量时，才需要考察其是否具备美学功能，在该案中，最高法院实际上也并未走到这一步，而是根据涉案外观设计曾被授予专利推定其具有功能性。[2] 至此，美国对于非功能性的判定再次回到该理论的宗旨上，即将功能性外观设计排除在商标法所保护的客体范围之外，此举可能会对实用性的技术造成不应有的垄断，有碍正常的市场秩序。

从现有立法规定来看，我国亦采取了“实用功能性”的标准，《商标法》第 12 条明确将“仅由商品自身性质产生的形状”“为获得技术效果而需要的商品形状”“使商品具有实质性价值的形状”排除在立体商标的注册范围外。《商标审查及审理标准》则依次进行了解释，“仅由商品自身性质产生的形状”是指为实现商品固有的功能和用途所必须采用的或者通常采用的形状；“为获得技术效果而需要的商品形状”是指为使商品具备特定的功能，或者使商品固有功能更容易实现所必须适用的形状；“使商品具有实质性价值的形状”是指为使商品的外观和造型影响商品价值所使用的形状。尽管上述条文有清晰的表述，但由于外观设计本身就是功能性与艺术性相融合的产物，有关非功能性的判断一直没有形成一套行之有效的理论。

---

[1] 198 F. 2d at 343, 95 U. S. P. Q（BNA）（9th Cir. 1952）.

[2] TrafFix Devices, Inc v Marketing Displays, Inc 532 U. S. 23, 32（2001）.

6.3　外观设计商标保护的障碍

从保护条件来看，外观设计得以商标保护需要满足十分严格的条件，也正是这些条件形成了外观设计与商标法之间的屏障。事实上，上述条件之所以会成为外观设计商标保护难以逾越的障碍，主要原因还在于二者在客体性质、立法宗旨及合理保护模式等方面有着本质上的不同。

6.3.1　保护客体的差异

笔者在上文中曾提到，同一客体在一定情况下可能兼具外观设计和商标的特性，从而受到两种类型法律的重叠保护，但二者之间的差异也注定了这种重叠可能只是"偶然"的。

第一，在客体表现形式方面，商标不仅可区分为商品类商标和服务类商标，还可以具体细化为文字商标、图形商标、颜色商标等，三维标志作为其中的一种，并非我们日常所见的主流的商标样式，从公众的认知来看，传统商标更多还是以平面的形式表现出来的，因为商家在满足指示来源目的的前提下，倾向于采用易于辨识、便于记忆的平面商标，而非在构成形式上复杂得多的立体商标。

商业外观则更是如此，表现形式的抽象化和宽泛化加大了其与外观设计重叠的可能性，但也冲淡了二者重叠的意义。具体而言，商业外观之所以为反不正当竞争法所囊括，重要原因在于小到产品使用的包装袋，大到企业门店设计的整体装潢，均可以成为商业外观的保护客体，而外观设计涉及的仅仅是产品自身的样式和造型，与商业外观相比，需要更具体的表现形式。以可口可乐玻璃瓶为例，如果将其视为外观设计，则对应的就是玻璃瓶本身，但如果将其视为商标或商业外观，其对应的客体可能就会产生不确定性，我们既可以将瓶子本身作为商品，也可以将其视为内装饮料的外包装。也就是说，就客体而言，外观设计与商标在同一客体上展现出来的"机会"并不多，至少不是常态。

第二，在与所附载产品的关系方面，商标自诞生伊始就保持了自身的独立性，具有与商品可分离的特点，有时甚至可与商品完全脱离，而外观设计作为工业产品自身衍生出来的法律概念，与后者的结合十分紧密，很难脱离产品而单独存在。具体而言，一方面，根据商标产生的初衷，其是商家为了让消费者准确联想到商品的提供者而添加于其上的标识，这种添加既不会改变自身用途的发挥，也不会影响商家设计商标时的创作空间，至少在概念上，商标是可以与其标识的商品分离开的，而外观设计则是直接就产品造型进行的设计，无论其作用如何，通过技术手段是无法将其与产品分离的。简单地说，在注册申请的过程中，一件商标可以完全独立地呈现在审查员面前，而外观设计则必须以产品全貌的形式表现出来。另一方面，即便我们将立体商标本身视为一个已成型的工艺产品，其作为商标时往往涉及两项内容：除了造型本身可以构成产品，该商标所指示的商品才是消费者真正关注的重点，消费者在比较时参考的对象应该是不同品牌下的同类商品，而从外观设计的角度看，普通观察者则将注意力集中在了该商标的造型上，比较的对象是与之相同或近似的工艺品。例如，就奔驰车头的立体车标来说，相关公众将其作为奔驰汽车这一产品与奔驰厂家之间联系的通道，但作为外观设计而言，所附载的产品就是一个精致的"通过三条直径分割为三部分的圆环"的造型，而不会去关注其指示的产品的情况。

第三，在所发挥的作用方面，外观设计一项显著的特征在于其具有实用性，这并不是要求富有美感的结构、造型、图案或其组合本身具有实用的目的，而是因为外观设计与工业产品不可分割地融合在一起，可以被批量复制或大量生产，也意味着外观设计不仅要受到产品本身功能性的限制，还必须以满足产品的实用用途为前提，在技术条件有限的情况下不能随意设计，更不能影响所附载产品性能和效用的发挥。商标则不然，独立存在的属性使得人们有充足的空间进行商标构思，显著性的特征更是要求注册商标应有鲜明的表现形式，因此，不仅平面的文字图案商标，即便是三维的立体商标，也可以不考虑商品本身而进行独立的创作设计，商业外观更是如此，形式上的灵活性和指示对象的广泛性让商业外观成为一种风格、理念，这些概念与其触及的商品或服务相对独立，与后者的应用更是没有直接关系。此外，无论商标还是商业外观，其本身并不具有实用性，更不会影响到商品用途的实现。

外观设计商标保护的功能性屏障是二者在实用性方面区别的良好例证，

例如，对于轮胎产品而言，无论其外观设计如何追求美感上带给消费者的吸引力，为了实现轮胎固有的功能，便于滚动的圆形外观、增大摩擦的轮胎表面等设计特征是必不可少的，而这些内容在商标设计的过程中都是可以忽略不计的。

6.3.2 立法宗旨的区别

正是由于外观设计和商标在自身属性上的差别，二者对应的法律体系在立法宗旨上也有着本质上的不同，这种不同主要体现在以下几个方面：

第一，外观设计鼓励创新，商标促进稳定。无论以何种法律模式进行保护，鼓励工业设计者进行创新，丰富市场资源等目的是将外观设计纳入法律保障范围的初衷。外观设计诞生之初，在产品质量接近的情况下，拥有样式新颖，能够吸引消费者眼光的设计的厂家总能略胜一筹，在市场上处于领先地位。到了技术手段发达的现代社会，同类产品外观设计更新换代的频率愈发加快，就是因为生产力的进步降低了产品实用功能实现的成本，但也加剧了厂家之间竞争的激烈程度，为了在竞争中胜出，他们必须不断创新产品的外观设计，藉此博得消费者的喜爱，从而树立牢固的市场地位。而对于市场上形形色色的商标来说，其更像一条条"纽带"，在各式各样的产品或服务与其来源之间建立起无形的联系，形成清晰的对应关系，这一过程并不要求同一商品商标的频繁变化，因为那样反而不利于稳定的市场秩序。因此，产品的分类、服务的区别等均有赖于商业性标识所起到的无形的作用，稳定的市场格局亦就此形成。

以著名的苹果品牌为例，其自推出第一款移动电话至今，在几年的时间内就进行了数次更新升级，除了技术方面的改良外，外观的创新也是一项重要的内容，在同类产品功能亦日加完备的背景下，造型上的变化更是成为每次新产品推出时人们关注的焦点，但其商标，即"部分缺失了的苹果图案"则保持了原有的风格，在常年的使用中稳固了产品与其来源厂家之间的指示关系。

第二，外观设计提升品质，商标突显区别。有学者认为，外观设计包含两方面的价值：一是提升产品自身的品质，二是与同类产品形成区别，外观设计保护的应该是前者，即其本身所固有的价值。❶ 从笔者前文的分析可以看出，商标并不具备外观设计的第一价值，即便是上述第二价值，其与商标法意义上的区别性也是有所不同的。外观设计之于产品所具有的区别性，是所谓的自身区别性，这种区别的目的在于让消费者知晓，无论这些产品来源于何处，展现在其面前的同类产品有着外观上的不同。而商标的区别性被称为外部区别性，其所起的作用恰恰相反，即便商品在外观上没有明显的不同，消费者亦可借助商标来判断这些商品来自不同的商家。

以手机外观设计为例：市场上现在有三款手机 a、b、c，分别来自于不同的厂家 A、B、C，假设其各自外形因已具备"第二含义"而可注册为立体商标，即在外观设计和立体商标重叠于同一客体的情况下，二者发挥的作用也是完全不同的：外观设计的作用在于美化手机造型，与同类产品形成区别，从而加深在消费者心目中的印象，而商标的意义则在于帮助消费者建立起与商家的联系。也就是说，消费者既有可能因出于对外观设计的喜爱而选择 a 手机，也可能因认可 A 厂家的品牌而选择 a 手机，两种心理虽然可以同时并存，但在概念上还是可以相互区分的。

第三，外观设计注重商家利益，商标维系商家信誉。外观设计的主要作用是对产品起到美化和装饰的作用，增加产品的美学价值，迎合消费者的爱好，用美感吸引消费者购买需求，刺激消费者的购买欲望，这一特征并不涉及产品本身的内在质量，也就是说，就提升产品价值、经营者谋求利益而言，其与产品质量属于并列存在的因素，外观设计的好坏直接关系到产品的销售量，是厂家追求利润的独立渠道。相比之下，商标的主要作用是区别同类商品的不同生产者和经营者，区分商品或服务的来源，防止消费者产生混淆，其与商品质量没有直接关系，消费者之所以会对某种商标所附载的产品感兴趣，更多的是因为其承载了商家的信誉，在不同品牌之间的选择是基于对商家的信赖。因此，商标是商品质量的标记，通常意义上所说的商标或品牌的价值，并不是由商标体现出来的，而是由商品或服务本身所蕴含的，商标脱离了其载体后，也就失去了评价的基础。

6.3.3 保护模式的不同

作为《巴黎公约》明确规定的两种工业产权保护客体，商标和外观设

---

❶ 兰德斯，波斯纳著．知识产权法的经济结构．金海军译．北京：北京大学出版社，2005：423.

计在各国有着不同的法律保护体系，但结合前文对于二者性质差异的分析，其对应的合理保护模式也有着较大的差别，也正是这种差别导致了商标法无法完全契合外观设计的保护需求。

第一，授权条件不同。无论是显著性，抑或非功能性，商标能够获得注册最关键的要求在于其是否能够担当起商品或服务和商家之间的"桥梁"，而旨在促进同类产品多样化的外观设计则关注其与在先设计之间是否有明显的区别，授权条件的差异也给权利人提出不同的要求：外观设计要求新颖性，商标要求显著性。

第二，保护期限不同。虽然均有保护期的限制，但外观设计因其附载产品的不同，需要灵活可变的保护期限，这一期限与不同产品更新频率有密切关系，并且，外观设计在保护期限届满后会进入公有领域，从而成为一种公共资源。商标经注册后也有固定的保护期限，但只要权利人不放弃，或该商标未丧失显著性，均可通过续展不断延长保护期。

第三，权力范围不同。就涉及的产品而言，由于外观设计权意在保护同类产品外观上的区别性特征，故外观设计的比较一般应限制于相同或近似类别的产品上。❶ 商标的保护范围则较宽，在具有显著知名度的情况下，其禁止权范围大于核定使用权的范围，例如，驰名商标可以跨类保护。

第四，侵权判定标准不同。外观设计的侵权判定重在被控侵权设计是否在美感上构成了混淆，而侵害商标权的典型表现则是让消费者对商品或服务的来源产生了混淆。同为混淆，前者限于产品本身，后者关注产品背后的商家。

6.4 本章小结

由于外观设计和商标同属于工业产权，外观设计的保护对象含有形状、图案，商标保护的对象又可扩展至三维标识，所以，二者在客体上发生重叠并不奇怪，但司法实践的经验已经表明，外观设计若要获得商业性标识类的权利，需要满足极为严格的条件，显著性和非功能性的要求成为了将外观设计"拒之门外"的主要理由，"第二含义"获得的难度和评估方式的

---

❶ 公知、惯用设计的转用不在此列。

争议更是为设计者寻求商标意义上的保护增加了难度。

在这些表象的背后，外观设计和商标在本质特性上的差异决定了商标法并非外观设计合理的保护模式，一方面，区别出处、指示来源的商标法重在维系产品与商家之间的对应关系，这与外观设计权设置的初衷没有直接关联；另一方面，外观设计所关注的产品造型美感创新，亦非商标法所保护的范围。简单地说，外观设计对产品起到的是"锦上添花"的作用，商标对产品起到的则是"辨识来源"的作用，因此，即便发生重叠，我们也需要明晰上述两种不同作用的存在，因为前者才是外观设计制度的应有之义。

第7章 外观设计独立保护模式构建——整体构想

从前文对外观设计性质和保护现状的分析可以看出，在其特性愈发明显的背景下，已有保护模式均出现了不同程度的"不适"，种种弊端的暴露也促使我们不得不彻底反思现有模式的优劣和困境的成因，在此基础上，外观设计独立保护体系的建立逐渐成为一条可供探索的道路。

7.1 独立保护的原因

一种法律制度的构建需要耗费巨大的成本和资源，外观设计也不例外，其独立立法的提倡并非只是为了区别于其他知识产权客体，而是在综合性因素作用下的必然选择。

7.1.1 外观设计的定位

根据各自属性的不同，知识产权体系所涵盖的保护客体大概涉及以下三个领域：有创造性，能够适用于工业应用的技术方案；有原创性，能够为人们所感知的思想的表达；以及附载了商家的商誉，能够指示商品或服务来源的商业性标识。[1] 对应不同客体而产生的专利法，著作权法和商标法

---

[1] 当然，也有人基于商标权与专利权同属于工业产权的理由，将知识产权体系划分为著作权和工业产权两大部分。H. Reichman, Legal Hybrids Between the Patent and Copyright Paradigms, 94 Colum. L. Rev. 2432, 2436, 1994. 在笔者看来，尽管同为《保护工业产权的巴黎公约》所囊括，但二者在保护对象和保护机理上还是有着明显的区分，所以应被视为各自独立的一套体系。

则成为现有知识产权体系中的三大分支，在完成对于知识性财产进行保护的共同目的下，它们有着各自的法律框架，反映了不同的基本理论：专利法意在为那些有突出性贡献和实质性进步的发明人提供强有力的垄断性权利，但同时也通过设置高标准的授权要件和完善的许可制度来兼顾公众的利益，最终达到促进技术发展的目的；著作权法则是出于为人类妥善保存及利用思想表达创设的法律，这种权利一方面有着较强的人身属性，作品中会体现出作者主观判断和价值取向的延伸，另一方面也能产生经济利益，对作者的劳动成果提供相应的回馈；与前述二者相比，商标法是一类独立性较强的分支，其将商品或服务与厂家之间的关系以法律形式规范了下来，商业性的标识作为一种载体，既为厂家提供了宣传商品，提升服务的渠道，也为明确来源、保障消费者权益作出了保障。

自 20 世纪以来，科学技术的发展催生了一系列介于作品和发明之间的新型客体，这些客体被学者们认为是介于著作权和工业产权之间的法律混合物（Legal Hybrids），如计算机软件、集成电路布图设计、数据库作品等。[1] 为避免新兴事物对知识产权两极构造传统的挑战，人们通过扩张著作权和工业产权范围的方式予以应对，希望以此涵盖这些新出现的客体，由此带来了二者范围的持续扩大。专利引出了植物新品种权，著作权引出了表演者、外观设计和数据库的权利，外观设计衍生了半导体拓扑图的权利，商标则孕育了互联网上的域名权等。[2]

作为法律混合物的典型代表，外观设计虽不是 20 世纪新技术的产物，但其兼具表达和实用功能的特点却与集成电路布图设计、计算机软件类似，是一种既区别于发明专利、实用新型，又有别于文学、艺术作品，处于作品和发明交叉边缘的一种独立的知识产权客体。首先，外观设计诞生于工业化生产时期，其出现的原因在于生产力的提升满足了人们对于产品基本功能的需求，而市场化的趋势又加剧了不同厂家之间的竞争，因此，以区别化的外形特征来提升产品的竞争力成为厂家关注的重点，而在某些

---

[1] 当然，也有人基于商标权与专利权同属于工业产权的理由，将知识产权体系划分为著作权和工业产权两大部分。H. Reichman, Legal Hybrids Between the Patent and Copyright Paradigms, 94 Colum. L. Rev. 2432, 2436, 1994. 在笔者看来，尽管同为《保护工业产权的巴黎公约》所囊括，但二者在保护对象和保护机理上还是有着明显的区分，所以应被视为各自独立的一套体系。

[2] 赵小东. 我国外观设计保护与立法模式研究. 科技与法律, 2008, 5.

情况下，当产品外观与实用功能融合在一起，成为一项技术特征时，专利法就有了保护的必要；[1] 第二，从设计者的角度而言，他们所追求的一个共同目标就是希望通过对产品外观、形状等的改造增进对于消费者的吸引力，这也就意味着一件优秀的外观设计往往蕴含能够为人们所感知的美感，这也使得其与传统的艺术作品具备类似的性质，从而有了著作权法保护的可能性；[2] 第三，从客观上来看，当产品物理上的外形为相关消费者所熟知，并能够与厂家建立联系时，外观设计也就具备了商业性标识的特质，成为商标法意义上的"包装（get-up）"或"商业性外观（trade dress）"[3]。

从表面上看，外观设计的复合性使其可能成为知识产权现有任一分支的保护客体，无论是否允许重叠保护，设计者享有充足的保护似乎不成问题，但从另外一个角度看，也正是这种特性给外观设计在知识产权体系中的准确定位带来了极大的困难，我们很难将其视为一种传统的保护客体，通过之前那种扩张客体范围的解释方式将外观设计完全涵盖于某种模式下，而是应从与作品或技术方案并重的层面上来对待其保护问题，避免其成为性质模糊的"边缘性智力成果"，即并非某种特定模式保护的主流客体，从而削弱保护的力度。[4] 2005 年英国政府的一份工作报告中曾将设计的过程描述为"连接创造与创新的（过程）"[5]，一项外观设计究竟主要是艺术性的，还是技术性的，或是兼而有之，这些问题甚至会引发设计者内部的分歧。[6] 再者，随着在现代社会中地位的不断提升，外观设计已然具备了与其他知识产权客体不相上下的价值和意义，因此，为其开辟出一片专属的"领域"似乎是一条应然的出路，如图 7.1 所示。

[1] Annette Kur, The Green Paper's "Design Approach" – What's Wrong With It?, 10 Eur. Intell. Prop. Rev. 374, 376, 1993, p. 376.

[2] J. Thomas McCarthy, I McCarthy on Trademarks and Unfair Competition, 2006, § 6.3.

[3] J. Thomas McCarthy, I McCarthy on Trademarks and Unfair Competition, 2006, § 8.1.

[4] 赵小东. 我国外观设计保护与立法模式研究. 科技与法律, 2008, 5.

[5] George Cox, The Cox Review of Creativity in Business: Building on the UK's Strengths, London: HM Treasury, 2005, http://www.hm-treasury.gov.uk/coxreview_index.htm. visited at 2nd, Oct., 2013.

[6] Susanna Monseau, The Challenge of Protecting Industrial Design in a Global Economy, 20 Tex. Intell. Prop. L. J. 495, 2012.

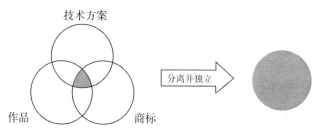

图7.1　外观设计独立保护趋势

7.1.2　现有模式的问题

外观设计自其出现发展到今天，所涉及的领域从最初的纺织行业扩展到绝大部分与日常消费相关的产业，其在产品附加值中所占的比例亦不断提高，成为知识产权一类独立客体的特征愈发明显，相应的，原有模式的弊端也就暴露了出来。

（1）著作法模式

与其他两种分支相比，从表面上看，著作权法保护的宗旨和外观设计出现的目的在应然的制度安排上重合的可能性最大，前者对于艺术美感表达的保护，也正是后者产生时赖以吸引消费者最重要的因素。不过，二者在本源上还是有着较为明显的区别：

第一，外观设计起源于工业化时代，作为产品生产和市场竞争的附属品，其从诞生之初就带有浓厚的实用性色彩，这种实用性虽然不是指外观设计本身有何种功能，但客观上人们通常会将其与附载的产品紧密地联系在一起。进一步讲，外观设计并非传统作品，后者只要解决了载体的问题，理论上就拥有无限的创作空间，而外观设计必须以产品功能的实现为基础，其更多的是起到"锦上添花"的作用，因此，如果单以著作权法进行保护，就无法体现出外观设计实用性的色彩，也就丧失了其存在的意义。

第二，作为知识产权领域中保护体系较为宽松的一个分支，著作权法尽可能地将所有可视为作者创作的成果纳入其中，并以便捷的授权机制和较长的保护期限来充分保障作者的利益，也正是因为有着较为"优越"的保护环境，众多设计者都希望自己的设计能够进入著作权法的范畴，这时，"思想—表达"二分法的原则往往成为他们难以逾越的一道障碍。作为著作权法恪守的底线，这一原则要求获得著作权法的只能是体现了独创性的作品，不能掺杂任何思想，而外观设计最大的特点则在于其与功能性的产品融合在一起，"分离测试法"的应用情况也证明要精准区分二者几乎是不可能的事，因此，实际上能够符合要求，成为著作权法客体的外观设计寥寥无几。

第三，在具体的保护规则方面，著作权法无法适应外观设计制度的设立目的。例如，在保护期限上，著作权法出于充分保障作者精神和经济权利的考虑，通常给予其较长时间的保护期，而外观设计的创新则有赖于对在先设计创新衍生，更新速度快，生命周期短是其显著特征之一，因此，漫长的保护期对设计者而言并无明显的好处，也不利于推动外观设计整体产业的发展。再如，在独立完成的前提下，著作权法不会禁止内容相同或类似的创作，但出于市场竞争的考虑，设计者需要就同类产品的外观设计享有垄断性的权利。类似的例子在侵权判定等环节也有所反映，许多国家在独立立法时或修改著作权法规则，或在著作权法框架下专章规定，也正是因为考虑到了这些问题。

（2）专利法模式

从世界范围来看，采用专利模式保护外观设计的国家并不多，但借助美国在全球贸易中强大的地位，其外观设计专利制度对其他国家有着相当的影响，中国虽然在具体规则上与其有不同之处，但因同属专利体系，故较多地参考了美国的做法。不过，无论在理论上，还是在实践中，专利模式下的外观设计保护都有着难以回避的问题。

第一，从立法的本意来看，专利法旨在通过带有垄断性色彩的保护为创新提供持续的动力。需要指出的是，虽然同为创新，专利法意义上的创新指的是那些具有突出性进步和实质性贡献的技术方案，而外观设计的创新往往是在不影响产品功能前提下，对其外观和形状所进行的具有创造性的设计。因此，二者的关注点不同，对应的法律保护目的也应有所区别。

第二，在知识产权领域中，专利无疑是现代企业进行科技创新工作、保持市场竞争力最关键的砝码，专利质量的的高低与一国生产力水平有着直接的关联，相应的，专利法最大的特点在于有着一套严格而精密的体系，但也正是这一特点给外观设计保护带来了很大的麻烦：在授权条件方面，无论是专利法意义下的新颖性标准，抑或由实践案例总结出的"非显而易见性"标准，都是为了敦促权利人能够具有与其权利一致的贡献而设定的，针对的客体也是发明性的技术方案，因此，对其进行评估的主体也应具备本领域普通技术人员的认知水平。而对于外观设计，只要能够起到吸引消费者、增加产品"印象分"的作用，就应该可以获得相应的权利，专利法规定的授权标准会大大提升外观设计获得保护的门槛，拉长审查周期，增大设计者的获权难度，这其实是不利于鼓励设计意义上的创新的。

在具体保护方面，专利侵权理论在外观设计领域中的适用更显现出扑朔迷离的局面。应该说，侵权判定理论的发展与司法实践对待该问题的态度直接影响人们对于外观设计本质的认识，同时也会对外观设计授权条件、保护模式、权利重叠等问题解决的取向起到推动作用。然而，在外观设计法律保护制度的发展过程中，我们似乎一直无法确定一套较为稳定的外观设计侵权判定理论，无论是最初的"混淆模式"，还是按照专利法特性衍生出的"创新模式"，以及我国近年来采取的"整体视觉效果模式"，与传统的专利侵权理论已大相径庭，且均在实践中遭受了不同程度的质疑。

（3）商标法模式

诚然，有些样式新颖、造型独特的外观设计，在其具有显著性后，可能会对其附着产品的来源起到一定的标识性作用，但就商标法保护商誉和消费者权益的角度来看，这种作用只是外观设计在后天使用过程中客观产生的，而非其创设之初的自然属性。外观设计并非仅限于对产品的来源进行标识，其主要功能包括两点：一是在美感上取悦于使用产品的购买者或使用者，二是对产品的实用性能产生一定的影响。❶ 这些并非商标所被要求完成的功能，更何况，大多数的外观设计已经过于繁杂，不适宜用作区分商品来源的标识。❷ 更重要的是，外观设计若想成为商标法意义中的立体商标，其获得显著性的渠道较窄，只能在产品具有较高知名度，为相关消费者所熟知，且习惯将其外形作为区别厂家的渠道时才有可能被保护，也就是说要具备商标法意义上的第二含义，必须一个相当漫长的过程，对更新频繁的外观设计而言，也许在其还未显现出标识作用时就已经被淘汰了。

此外，尽管目前国际上对外观设计采取的保护模式并不统一，但无论是采用专利法的保护、版权保护，抑或二者的双重保护，其所保护的都是人类在知识领域的创新活动，并没有一个国家或组织将其归在商标或地理

---

❶ 刘秀臣. 外观设计知识产权保护的立法模式. 广西社会科学, 2001, 2.
❷ 应振芳. 外观设计研究. 北京：知识产权出版社, 2008.

标识这类鉴别性功能的保护范畴。❶

7.1.3　独立保护的可行性

在明确了外观设计以现有模式保护的弊端后，接下来的问题自然是独立保护的合理性分析，在笔者看来，推行独立保护思想，构建外观设计的专门立法制度，是有足够的理论依据的。

第一，符合制度发展的规律。知识产权法是一门在动态变化中发展的学科，其体系也始终处于不断扩张的节奏中，知识产权体系下每一个分支的出现都经历了这样的规律：随着社会的进步，一种智力成果的诞生和发展使其成为一类新的客体，并被纳入一种现有的主流模式中予以保护，但随着实践案例的积累，人们逐渐从各个层面意识到最初的选择并不适合该种客体的保护，甚至会带来相反的效果，这时就会出现在原有框架下建立专门法保护模式的必要，从而最终形成知识产权体系中一个个的分支。❷

外观设计也不例外，其发展历程正好是上述规律的印证，外观设计产生之初并未受到足够的重视，其复合性的特性又使其处于各个分支的交叉领域，人们以为原有的模式就可以满足设计者保护的需求，所以采用了不同的方式试图将外观设计纳入其中，但随着产品种类的繁多和性质的复杂化，各种模式的弊端开始显露出来，在发现已有模式均无法与其实现良好"兼容"的前提下，人们开始将目光转移到外观设计自身的特性上，试图通过提炼其特质，为其搭建独立保护的平台。因此，独立保护的思想并非某一个群体所刻意营造的主观导向，而是外观设计在其发展过程中出于自然属性呈现出的必然规律。

第二，协调法律之间的关系。知识产权体系发展至今，其所包含的各个分支均不约而同地经历了扩张的过程，在这一过程中，客体对象的扩大势必会带来保护范围上的重合，由此引发的两个问题是：权利的冲突和法律的重叠。从产生问题的原因来看，二者有着共同的背景，从理论上说，知识产权权利体系中各权利的配置都有其特定的依据，任何一项权利的设置都是在知识产权的"天平"中增加一个平衡的"砝码"，各权利在知识产

---

❶　吴观乐. 试论外观设计专利保护的立足点. 知识产权，2004，1.

❷　H. Reichman, Legal Hybrids Between the Patent and Copyright Paradigms, 94 Colum. L. Rev. 2432, 2436，1994.

权权利体系中应"和平共处",而不能互相排斥、冲突。但在现实中,由于绝大多数国家对知识产权各权利的配置采用单行立法的形式,未充分顾及各自调整的权利关系在知识产权"大家庭"中的"和平共处",这就很可能出现权利设置的冲突或者遗漏。● 区别之处在于二者的出发点不同,前者涉及多个权利主体之间利益的竞争,后者的焦点是是否允许不同法律的重叠保护。

外观设计作为上述问题的"多发"领域,以专门立法的模式对其进行保护,对避免权利冲突,协调法律重叠有着良好的效果:一方面,在独立保护的模式下,同一外观设计上只会产生一种权利,对应一个权利主体,而不会因不同法律的审查机制标准不一导致多个权利主体的存在,即便有不同主体就同一外观设计的归属发生争执,也只是一部法律内部的问题,不会牵扯到跨法律体系的对比;另一方面,是否允许同一客体享有多种法律的重叠保护,历来都是知识产权领域的一大难题。以外观设计为例,拒绝著作法和专利法的并行保护可能有悖其自然属性,允许专利权失效后的著作权保护又有可能导致对权利人的过度激励,相形之下,独立立法可以带来一种更为"中和"的模式,在兼顾公平的基础上提供适当的保护水平。

第三,满足产业利益的需求。产业利益是推动一种法律制度变革的动力,反过来,良好的保护模式应该能够促进产业的发展,外观设计独立保护最明显的优点之一就是其可以根据目标产业的特定需求来灵活地调整具体制度的构建。● 具体而言,外观设计因其客体种类的广泛会涉及形色各异的产业,与其他模式的不同之处在于,这些产业对于技术方案或作品有着较为一致的认识,亦普遍认同专利法和著作权法已有的保护制度。但在外观设计方面,他们的需求往往有着较大的差别,有的希望拥有绝对的垄断性权利,希冀在市场上长期占据主流的地位,有的则局限于产业发展的规律和产品运转的周期,更希望建立一个方便快捷的注册机制,而不刻意要求过长的保护期。但是,知识产权原有的任何模式均有较为固定的保护机制,不可能因外观设计而发生根本的改变,而专门立法则可以充分吸纳不

● 冯小青,杨利华. 知识产权权利冲突及其解决原则. 法学论坛,2001,3.

● Regan E. Keebaugh, Intellectual Property and the Protection of Industrial Design: Are Sui Generis Protection Measures the Answer to Vocal Opponents and a Reluctant Congress? 13 J. Intell. Prop. L. 255, 2005.

同的需求，在授权条件、保护期限、侵权认定等方面进行更为灵活的规定。退一步讲，即便不改变现有模式，也应在原有制度框架下，针对外观设计的特性作出区别性的保护。

就我国设计产业的发展和法律保护而言，在过去的三十多年，我们依靠模仿和借鉴取得了工业设计的大发展，但发展的根本动力却来自于市场和西方文化的强烈冲击。尤其在保护模式方面，在知识产权制度建立初期，由于研究的不足和经验的缺乏，借鉴了美国的专利模式，取得了一定的成效，如今，我国设计产业正在由模仿、借鉴向民族文化和现代化的融合转型，未来产品造型设计将更加注重个体性与差异性，注重产品设计的民族文化元素，从而实现产品竞争力和附加值的提升，因此，将外观设计法律从专利法中独立出来，形成符合外观设计自身特点的确权、侵权判断体系，对于促进设计产业的创新与繁荣具有关键性的作用。❶

第四，顺应国际保护的趋势。21 世纪，知识经济席卷全球，知识产权作为一种无形财产成为全球贸易中重要的组成部分，但是，以美国为首的西方发达国家拥有全球绝大部分专利技术，使发展中国家在全球竞争中处于劣势。相比而言，发展中国家利用外观设计的国际保护在世界经济竞争格局中取得突破则是可行的，因为发展中国家有着丰富的传统文化资源，这为工业品的外观设计提供了丰富的基础性创作材料。❷ 此外，与传统的知识产权客体相比，外观设计既不像发明专利那样需要相应的技术条件才能实施，也不像作品那样得到相当的认同后才能实现经济价值，其依附于具体的产品，具有传播速度快、经济附加值高、模仿成本低等特点，因此，统一的国际保护是未来发展的趋势，正是基于此，《巴黎公约》和《伯尔尼公约》并未对外观设计的保护模式加以限制，《海牙协定》成员国的不断扩大也意味着各国逐渐意识到了统一外观设计保护的重要性，而独立的立法框架会更便于各国协调之间的差异，确保国际保护的顺利实现。

对我国而言，借助外观设计这一智力成果，通过相应产业完成与国际知识产权贸易的接轨是未来发展的趋势，而要完成这一转变，实现我国外观设计产业在经济全球化背景下的繁荣，就需要一个系统、全面、相对完

❶ 赵小东. 外观设计保护专门立法模式再论. 湖北警官学院院报, 2012, 2.
❷ 彭学龙, 赵小东. 外观设计保护与立法模式比较及对我国的启示. 知识产权, 2007, 6.

善的法律制度，因此，秉持专门立法的思想，构建独立保护的模式自然是我们今后努力的方向。

7.2 独立保护的渊源

在我国，外观设计的独立保护是近年来才兴起的思想，但从外观设计制度的发展过程来看，历史上从来不缺乏对此的讨论，无论是重视艺术美感、推崇多重模式的欧洲，抑或严格审查标准、坚持专利模式的美国，均曾在外观设计专门立法领域进行过不同程度的尝试。因此，独立保护的思想有着较为深厚的历史积淀。

7.2.1 早期的独立保护思想

与英国类似，作为世界上最早对外观设计进行保护的国家之一，法国外观设计制度的设置与完善也经历了较为漫长的过程，有一套复杂的保护体系。1806 年，法国颁布了《工业品外观设计法》，并通过司法解释将其保护范围进行二维和三维设计，这也是世界上第一部比较完整的外观设计单行法，有学者指出，该法"标志着外观设计成为知识产权一类独立的客体，且（这种立法体例）在世界范围内被模仿和借鉴"❶。

在之后近一个世纪的时间中，法国在立法和实践中对外观设计的保护进行了大量的探索，尤其是在"艺术统一性"理论的影响下，在外观设计的著作权保护方面取得了极大的进展。❷ 值得注意的是，尽管这一时期法国人纠结于解决外观设计法与著作权法之间的重叠问题，但一直未放弃对于《工业品外观设计法》的修订和完善，并于 1909 年再次推出《外观设计法》，通过一些细节的完善来强化外观设计独立保护的作用。

该法保护的对象是那些能以外形轮廓表现出区别性特征的客体，保护期最长可达 50 年。这些设计必须是新颖的，且在一定程度上具有专利意义上的独创性。原则上，外观设计法提供的保护是绝对的，但若权利人想在

---

❶ Stephen Pericles Ladas, Patents, Trademarks, and Related Rights: National and International Protection, Harvard University Press, 1975, p. 829.

❷ 第 5 章 5.1.2 节已有详细描述。

实践中对抗侵权行为，则必须在此之前进行注册登记，这种注册登记并不影响外观设计权的创建，只是起到确认时间点的作用，且不会构成对外观设计新颖性的破坏。❶《外观设计法》于 1925 年和 1979 年进行了两次修正，并在 1992 年与其他知识产权有关的单行立法被编入《知识产权法典》，成为法国外观设计现行保护的主要规范。❷

在借鉴了英国和法国经验的基础上，德国在 1876 年出台了《图案及模型设计的版权法》，即《外观设计注册法》，该法所保护的外观设计是指能够产生视觉效果富于美感的，适合手工业和商业运用的平面或立体的新设计或者模型。申请注册的外观设计应具有新颖性和独特性。德国专利局对外观设计的申请采用"登记注册制"，只要外观设计的申请符合形式上的要求，并不审查其是否具有新颖性和独特性，直接予以登记注册，进行保护。只有在侵权诉讼中，为判断注册外观设计是否有效，才会审查新颖性和独特性。不具有新颖性或者独特性的注册外观设计为无效的外观设计。经过注册的外观设计，注册人只享有排他使用权，仅保护注册人防止他人仿制的权利，并且只要产品不以商业销售、盈利为目的，他人可生产、使用、复制该外观设计产品，不构成侵权。注册的外观设计保护期为 5 年，以后可以多次自愿续展，但最长总数不得超过 20 年。❸

需要注意的是，虽然有独立保护的立法经验，但德国人最初采取该立场的原因是反对法国倡导的"艺术统一性"理论，认为著作权法的有关规定不能保护艺术家应用于工业产品上的作品（如手工艺品）不被仿制，外观设计法只是著作权法的补充，与著作权法之间不会出现重叠保护的问题。❹ 所以，与美国一样，德国在提供著作权法保护时都力图区分技术与艺术，有条件地对外观设计给予保护。❺

从国际层面看，或许正是以法国和德国为代表的两派在外观设计著作

❶ Duchemin, La protection des arts appliqués dans la perspective d'un d'epôt communautaire en matière de dessins et modèles industriels, 97 REVUE INTERNATIONALE DU DROIT D'AUTEUR [R. I. D. A.] 4, 10 – 15, 1978, p. 180 – 181.

❷ 胡充寒. 外观设计专利侵权判定理论与实务研究. 北京：法律出版社，2010：10.

❸ See Englert, The Law of Industrial Designs in Germany——Actual State and Reform Proposals, 12 IIC 773, 1981.

❹ 胡充寒. 外观设计专利侵权判定理论与实务研究. 北京：法律出版社，2010：12.

❺ 刘宇晖. 试析外观设计的法律保护模式. 科技与法律，2007，3.

权保护可行性上的争执不下，导致了在 1948 年《伯尔尼公约》的布鲁塞尔会议上，外观设计的独立保护思想反倒以折中的方式而迅速普及开来。● 在本次会议上，外观设计日益重要的地位和在保护过程中不断攀升的成本，使得如何打击仿冒行为成了与会各国的关注点，但德国、意大利等国家出于对过度保护的担忧，反对将实用艺术品纳入著作权法保护的范畴，但无论是在不主张重叠保护的意大利，亦或是在认可部分情况下重叠保护的德国，均一致同意外观设计应以专门立法的形式予以规范。❷ 这种思想在 1958 年《巴黎公约》的里斯本会议上得到了呼应，该会议提出了统一外观设计保护标准的想法，两年后《海牙协定》的修改和简化为了配合这一想法，修改和简化了原有的外观设计注册机制，进一步推动了外观设计统一立法改革的进程。❸

由于各国无法在具体细节上达成一致，加之外观设计独立立法的进程一直与著作权保护的思潮纠缠在一起，外观设计未能在国际层面上实现专门立法标准的统一，但各国有关独立立法的想法都保留了下来，并在实践中不断丰富和完善，为后期如欧盟的统一立法框架提供了重要的参考。

7.2.2　美国的尝试与反思

美国是贯行外观设计专利保护模式最为持久的国家，但也丝毫不缺乏专门立法方面的经验，在 1954 年的 Mazer 案后，版权局出于坚持反对以著作权法保护外观设计的立场，认为法国的模式容易导致对外观设计的过度保护，转而开始寻求专门立法的可能性。● 在这一过程中，"分离测试法"原则的推出一方面是为了顺应 Mazer 案影响下外观设计著作权保护的呼声，另一方面也是希望藉此排除该种保护模式，为制定特别法进行铺垫。

版权局的努力在 1959 年有了初步的成果，其提交的 2075 号法案受到了

---

❶ Stephen P. Ladas, II Patents, Trademarks, and Related Rights: National and International Protection, Harvard Univ. Press, 1975, p. 828.

❷ J. H. Reichman, Design Protection in Domestic and Foreign Copyright Law: From the Berne Revision of 1948 to the Copyright Act of 1976, Duke Law Journal, 1983.

❸ Bogsch, Towards a More Effective Protection of Designs in the United States of America, 1959 INDUS. PROP. Q. 3, p. 11 – 13.

❶ Latman, A Proposal for Effective Design Legislation: S. 2075 Examined, 6 BULL. COPYRIGHT SOC'Y 279, 1959, p. 279 – 280.

知识产权各个领域专家的好评。❶ 在具体内容方面，若想成为该法案的保护对象，需要具有最低限度的创造性，那些标准化的、普通的、固态化的设计都不能成为保护对象。根据该法案，物品实用功能并非其保护的内容，因此，由功能决定的唯一设计也被排除在外。保护期则有初期建议的 10 年缩减为 5 年❷，并要求在外观设计公开六个月之内进行注册，避免他人利用技术手段进行仿冒。❸

尽管 2075 号法案最终未能颁行，但作为美国首次外观设计独立立法的尝试，其依然具有不可忽视的意义：

第一，明确了现有模式的不足。美国很早就意识到了"外观设计是国际性的问题"，并指出"现在国内外对以下问题基本达成了一致，即传统的专利法、版权法和反不正当竞争法都无法很好地应用于外观设计保护"。因此，版权局致力于推动上述独立法案的出台，并希望其可以"在充分保护权利人利益的前提下，准确限定外观设计的保护范围，以顺应外观设计产业发展的需求"，并在"世界范围内成为先例"❹。该法案出台后，持支持态度的众多专家更是指出了现有各种模式的问题，著作权法"（保护范围）太宽，太过于抽象"；专利法的模式又过于狭窄，不够灵活，对于转移速度快、生命周期短的产业来说，保护成本过高；反不正当竞争法的保护又是建立在"实质上从未具体化的标准"之上。❺ 这些意见客观地指出了已有各种模式的弊端，也就间接肯定了独立立法的合理性。

第二，提出了"双重体系（Dual system）"的概念。与同时期国外相关立法不同，2075 号法案所倡导的是建立在著作权法原则上的独立保护，即"主要依赖于原创性这一著作权法基本原则的概念"，因此，2075 号法案亦

---

❶ S. 2075（O'Mahoney-Wiley-Hart Bill），86th Cong., 1st Sess. May 28, 1959, refining H. R. 8873（Willis Bill），85th Cong., 1st Sess. July 23, 1957.

❷ 主要是考虑到绝大部分企业不需要这么久的保护期。Latman, A Proposal for Effective Design Legislation: S. 2075 Examined, 6 BULL. COPYRIGHT SOC'Y 279, 1959, p. 282.

❸ S. 2075.

❹ Ringer, The Case for Design Protection and the O'Mahoney Bill, 7 BULL. COPYRIGHT SOC'Y 25, 1959, p. 29 – 31.

❺ Ringer, The Case for Design Protection and the O'Mahoney Bill, 7 BULL. COPYRIGHT SOC'Y 25, 1959, p. 25 – 26.

被称为《外观设计版权法案》。❶ 该法案与当时已存在的专利法保护一并作为外观设计保护的"双重体系"而同时存在：一方面，专利法依然可以为那些实用物品的装饰性设计提供短期的保护，即在一件外观设计满足装饰性、新颖性和非显而易见性的前提下，设计人可就其取得专利权，对抗那些未经许可的模仿行为，而无论后者是否为独立设计；另一方面，外观设计版权法也可以为同样的客体提供保护，但无法对抗那些独立创作的设计。❷ 可见，美国最初有关外观设计独立立法的思想并没有完全脱离现有模式，而是在版权法模式下一种相对的独立。

第三，解决了重叠保护的问题。从另外一个角度看，"双重体系"在形式上更加灵活，赋予了设计者更大的选择权。这种体系可以协调不同种类设计者的需求，他们可以选择符合自身利益的保护模式：既可以选择避开授权条件严苛的工业产权，也不会像传统作品那样获得过长时期的著作权保护。实际上，2075 号法案在一个完整的法律框架内统一了外观设计的保护，消除了版权模式下可受保护的"实用艺术品"和不具有版权性的"工业品外观设计"之间区分的必要，《伯尔尼公约》布鲁塞尔会议上对于著作权和外观设计之间人为的划分，也在美国这种"双重体系"下重新达成了一致，人们原有对于重叠保护可能引发问题的担忧亦得到了解决。

不过，在对 2075 号法案的立法背景进行分析后不难发现，其得以推行的因素意味着该建议并未在理论上进行充分的论证，也决定了独立保护的模式无法得到真正的推行。在 Mazer 案的结论作出后，美国在外观设计的保护问题上曾有三种选择：将工艺美术品大幅度纳入版权法中；或仅允许一小部分进入版权法保护范围中；或在原则上排斥第二种方式的基础上，用特别法作为外观设计保护的主要依据。❸

对版权局而言，其之后一系列的立法活动都是为了达到将外观设计排

---

❶ Arthur Fisher' adress, Hearing on S. 2075 and S. 2852 Before the Subcomm. on Patents, Trademarks, and Copyrights of the Senate Committee on the Judiciary, 86th Cong. , 2d Sess. 56, 1960. p61.

❷ Arthur Fisher' adress, Hearing on S. 2075 and S. 2852 Before the Subcomm. on Patents, Trademarks, and Copyrights of the Senate Committee on the Judiciary, 86th Cong. , 2d Sess. 56, 1960. p210.

❸ J. H. Reichman, Design Protection in Domestic and Foreign Copyright Law: From the Berne Revision of 1948 to the Copyright Act of 1976, Duke Law Journal, 1983.

除在著作权法之外的目的进行的，按照版权局官员的说法，"（2075 号法案）应该针对设计者及其产业，尤其是那些中小型企业，赋予与它们所应得的短期权利，这样可以有效缓解版权法和版权局在应对（外观设计）数量激增而带来的困难。"有学者更是直接指出，"现有（版权）模式难以把握的原因也正是版权局支持独立立法的原因，……如果没有专门法来保护外观设计，可预期的结果就是那些数量剧增的外观设计会涌入与其无法完美契合的（版权）体系。"❶ 从整个过程都可以看出，立法者考虑更多的是如何以合理的理由拒绝外观设计的著作权保护，而在专利法授权标准较高的情况下，独立立法就成了其优先选择的方式，因此，无论多么竭力地游说国会通过独立立法的草案，其在关注重点上的偏差使得草案中很多规定并不成熟，且遭到了很多产业的反对，最终未能颁行自然也在情理之中。❷

由于始终未能在版权法与专利法之间划出一条清晰的界限，加之"分离测试法"在实践中应用的情况不甚理想，版权局的立场遭到了一系列的质疑，为了避免招致更大的批评，版权局更加努力地推动独立立法的批准。1969 年，参议院司法委员会通报了外观设计法案的修改稿，该修改稿于1974 年获得通过❸，版权局进而希望在同年第 92 届和第 93 届国会大会能通过上述法案，但最终未能成行，版权局在过去十年中强势的地位也受到了很大的影响，独立立法的进程至此告一段落。❹

到了 20 世纪 80 年代末 90 年代初，国会又进行了一系列有关外观设计独立立法的听证会，在 1987 年的一次听证会上，Rich 法官强调："呈现在你们面前的这部法案将为装饰性的外观设计提供一种更公正、更实用、更可行的法律。"❺ 然而，尽管有来自汽车产业及其同盟的大力支持，但该法案仍然因汽车零部件产业、保险行业及零售商行业的极力反对而最终流产。

---

❶ Latman, A Proposal for Effective Design Legislation：S. 2075 Examined, 6 BULL. COPYRIGHT SOC'Y 279，1959，p. 282.

❷ Arthur Fisher' adress, Hearing on S. 2075 and S. 2852 Before the Subcomm. on Patents, Trademarks, and Copyrights of the Senate Committee on the Judiciary, 86th Cong., 2d Sess. 56, 1960. p. 57.

❸ Kadden, Copyright Law, in 1978 ANNUAL SURVEY OF AMERICAN LAW 593, 595.

❹ Kadden, Copyright Law, in 1978 ANNUAL SURVEY OF AMERICAN LAW 593, 595.

❺ The Industrial Innovation and Technology Act：Hearings on S. 791 Before the Subcommittee, on Patents, Copyrights and Trademarks of the Senate Committee on the Judiciary. 100th Cong., 22, 1987.

这也是近代美国最后一次在外观设计独立立法方面作出的努力。❶

7.2.3　我国独立保护的思考

自 1984 年首部《专利法》颁行至今，外观设计一直是我国专利法保护的三大客体之一，随着其经济地位的提升，《专利法》中与其相关的规定亦日渐丰富，但几次修改均未涉及外观设计保护模式的问题，我国亦未就单一或全部种类的外观设计进行过独立保护的立法尝试。不过，理论界向来不缺乏有关外观设计专门立法的呼声，例如，有人分析现有模式的弊端后认为，"在专利法规定的三种专利中，外观设计的立法思想是与发明、实用新型全然不同的，甚至可以说是'对立'的，除了申请程序与其他专利申请程序相同之外，外观设计专利的审查、权利的确定、复审、无效的概念与其他两种专利的概念完全不同，因此，很多国家对外观设计是单独立法的，不是将外观设计与发明、实用新型两种'对立'概念的专利形式强行合在一起立法"；❷ 也有人考虑未来发展的方向指出，"将外观设计从专利法中分离出来，建立一个既符合外观设计自身特点又符合中国国情，且适应国际发展趋势，同时又具有一定前瞻性的外观设计专门法……"❸

类似的观点还有很多，尽管出发点不一，但均认为专门立法是我国外观设计保护合理的选择。实际上，我国负责专利授权审查的行政机关很早就注意到了这一问题，并在《专利法》颁行早期就结合外观设计的特性出台了专门的《外观设计专利申请审查指导》，对外观设计专利的保护范围、授权条件、申请手续、审判程序等进行了系统而详尽的阐述。❶ 相比之下，立法部门并未在外观设计独立保护方面采取过实质性的措施，即便是 2009 年对涉及外观设计相关规定修改幅度最大的《专利法》，也只是细化了其保护规则，相应的，我们也无法从司法实践中解读出任何独立保护的意见，可以说，外观设计的独立保护在我国仍仅停留在理论层面。在笔者看来，造成这一局面的原因主要有以下几点：

---

❶ Perry J. Saidman, Theresa Esquerra, A Manifesto on Industrial Design Protection: Resurrection the Design Registration League, 55 J. Copyright Soc'y U. S. A. 423.

❷ 王志刚. 初探外观设计专利与发明、实用新型、商标权的保护边界. 外观设计与知识产权保护. 北京：知识产权出版社，2002：281.

❸ 胡充寒. 外观设计专利侵权判定理论与实务研究. 北京：法律出版社，2010：25.

❶ 刘桂荣. 外观设计专利申请审查指导（第二版）. 北京：专利文献出版社，1998.

第一，性质认识不统一。我国《专利法》已就外观设计的定义进行了专门的规定，但对其定位与性质一直没有统一的说法。从近年来的立法与实践趋势来看，"创造性"日渐成为外观设计保护所提倡的立足点，一方面，对美国"非显而易见性"标准的借鉴虽然意在严格控制外观设计的授权条件，提升外观设计专利的质量，但却忽略了其与传统发明专利有着根本性的不同；另一方面，实践中对外观设计侵权判定的把握始终未能实现以商标法为基础的"混淆模式"和以专利法为基础的"创新模式"之间的区分，如何在二者之间选择并无统一的解释。这种模糊不清的局面意味着人们对外观设计的独立属性缺乏深入的认识，决定了我国现有关于独立保护的建议无法达到清晰具体的程度，许多建议仅仅是提倡性的，没有详细论证现有模式的弊端，亦无关于制度构建的具体措施。

第二，立法框架无突破。从《专利法》第三次修改前后相关部门组织的专题研究报告来看，外观设计的保护不但没有突破原有的专利模式，反而进一步加强了专利法对其的规范作用。❶ 同时，虽然在实践中出现了个别以著作权法或商标权法等形式进行保护的实例，但其他法律并未明确表示外观设计可以成为其保护客体的一类，这种对比形成的反差放大了外观设计的"可专利性"，强化了外观设计与专利法之间的连接关系。尽管我们反复强调外观设计的独立保护更多的是指一种独立的思想，而不一定要以具体统一的形式体现出来，但在这种立法模式的导向性作用下，外观设计被限定于专利法的框架下，独立保护的空间自然受到了压缩。因此，虽同以专利模式进行保护，美国已经对个别类别的外观设计进行了独立立法的尝试，但我国在相关领域的立法经验仍显不足。

第三，保护体系受限制。本书曾对我国将外观设计纳入《专利法》的历史原因进行过回顾，其在最初就由国家专利局（后改称国家知识产权局）负责管理。之后经过立法的完善，外观设计在实践中与其他两种专利一并受到了我国特有的"双轨制"的保护模式，一方面，由专利行政主管部门——国家知识产权局负责对外观设计专利进行授权审查，虽然是形式审查，但依然遵循了专利法的基本原则；另一方面，由有管辖权的法院负责

---

❶ 参见：国家知识产权局条法司. 专利法及专利法实施细则第三次修改专题研究报告. 北京：知识产权出版社，2006；国家知识产权局条法司. 专利法实施细则修改专题研究报告. 北京：知识产权出版社，2008.

对外观设计侵权案件进行审理，但在审理过程中无权对其效力作出认定，并且，按照我国现行的案由规定，法院亦无权更改案由，既不能在一个案件中同时考虑以两种或两种以上的模式对外观设计进行保护。这样一来，外观设计自审查授权之日起所"享有"的是一套完整的专利保护体系，很难脱离该体系另寻独立保护的规范性依据。

总的来看，我国对外观设计未进行过专门立法的尝试，在实践中亦无具体化的措施，但独立保护的思想在我国已经有了一定的理论基础，结合国际上已有的做法和经验，均为今后外观设计独立保护的实现提供了良好的铺垫。

7.3 独立保护的经验

从世界范围来看，外观设计的独立立法并非仅停留在假想层面，虽然形式各异，但不少国家和地区已出台了专门法律，并在实践中积累了一定的独立保护经验。

7.3.1 欧盟的独立保护[1]

在欧盟的知识产权法律框架中，外观设计法律制度的建立最晚。事实上，早在20世纪50年代，欧洲议会[2]就将其与专利、商标列在一起，准备就三者在欧洲范围内建立统一的法律制度。其中，专利与商标都顺利地实现了欧洲层面上的统一，唯有外观设计方面，迟迟未能出台统一的法律。[3]

出于各成员国对外观设计的规定分散不一，且一些国家没有提供充分的保护。到了20世纪80年代，关于外观设计的统一保护问题再次被提上议程。随后，欧洲议会于1991年出台了《关于工业设计法律保护的绿皮书》（以下简称绿皮书）[4]，这也标志着欧洲共同体层面上外观设计立法的开始。在此之后，一系列的立法文件纷纷出台，其中，最主要的就是关于外观设

---

[1] 部分内容源自2011年由清华大学法学院李小武老师主持的课题——《电子产品图形用户界面（GUI）的外观设计保护》的阶段性成果，本人负责其中"欧盟部分"的撰写工作。

[2] 现在被称为欧盟议会。

[3] For details, See Musker David. : Community design law: principles and practice, Sweet & Maxwell, 2002.

[4] Green Paper on the Legal Protection of Industrial Design (June 1991) III/F/5131/91-EN.

计保护指令及条例的建议书和草稿，即 1993 年同时制定的《关于向议会提出的外观设计保护条例的建议》❶ 和《关于向议会提出的外观设计保护指令的建议》。❷ 其中关于外观设计法律条文的解释有助于理解其立法初衷和保护目的。

在几经修改之后，欧洲层面上第一个外观设计保护法律于 1998 年问世，即《欧共体外观设计保护指令》（以下简称《外观设计指令》）。❸ 尽管《外观设计指令》统一了外观设计保护的条件和期限，但只有比利时、荷兰、卢森堡三国有统一的外观设计保护法律，而其他国家都只是通过国内法对外观设计进行保护，每个国家授予的外观设计权的范围仅限于本国领域内，这有可能出现同样的外观设计在不同的国家受到不同的保护，或者同样的外观设计属于不同的权利主体的情况，这就不可避免地会在不同成员国之间交易时引发冲突，影响货物的自由流动。❹

欧共体委员会认为，通过建立统一的外观设计制度机制，实现一次申请就可以授予"共同体外观设计"，使其在共同体范围内具有统一的效力，将有助于实现欧共体条约确立的目标。❺ 基于上述理由，欧共体委员会在 2001 年颁布了《欧共体外观设计保护条例》（以下简称《外观设计条例》）❻，该条例创立了"共同体外观设计权"，并引入了非注册式共同体外观设计（Unregistered Community Design，UCD）和注册式共同体外观设计（Registered Community Design，RCD）。因此，事实上外观设计条例并不是协调国内法，而是创设了一个新的权利❼，提交一份申请可以在整个共同体内获得外观设计保护，并且在所有成员国具有同等权利，同时，考虑到欧盟

---

❶ Proposal for a European Parliament and Council Directive on the Legal Protection of Designs：COM（93）344 final，December 3，1993，［1993］O. J. C345/14.

❷ Proposal for a European Parliament and Council Regulation on the Legal Protection of Designs：COM（93）342 final，December 3，1993，［1994］O. J. C29/20.

❸ European Parliament and of the Council of 13 October 1998 on the legal protection of designs.

❹ Regualtion preface（2）.

❺ Regualtion preface（1）.

❻ Council Regulation（EC）No 6/2002 of 12 December 2001 on Community designs.

❼ 也正是因为牵扯到对《外观设计保护条例》的定性问题，即究竟是各国法律的统一还是一项新设的知识产权制度，其才会晚于《外观设计保护指令》出台。See Uma Suthersanen，Design Law：European Union and United States of America（2nd Edition），2010，Sweet&Maxwell. p. 88.

新增的成员国，2007 年，欧盟修订了《外观设计条例》，针对新增成员国制定了专门的条款，保证之前已受到保护的外观设计能够延伸到这些新增的成员国境内。❶ 至此，欧洲统一的外观设计保护制度正式确立。

2008 年，欧盟在外观设计保护的国际化上又迈出了重要一步，加入了《关于工业设计国际注册的海牙协议》，其外观设计保护得以与该协议各成员国的保护接轨。

总的来看，作为世界范围内首个区域性的外观设计专门立法，欧盟的《外观设计条例》一方面借鉴了《欧洲共同体商标保护条例》的立法模式和程序性规定❷，由内部市场统一协调局（The Office for Harmonisation in the Internal Market，简称 OHIM）统一负责欧盟范围内的商标和外观设计事务的管理工作；另一方面，在外观设计保护的实质性规定方面参考了著作权法的诸多原则，故无论是保护范围、授权要件，抑或侵权判定均呈现出较为灵活的特点，因此，也有人将其称为商标法与著作权法混合的立法模式。❸ 笔者认为，无论其立法模式如何，《外观设计条例》提供的保护体系具有较为灵活的特点，具体表现在以下几方面：

第一，客体范围较广。《外观设计条例》对于外观设计（Design）和产品（Product）均给出了明确的定义："外观设计"是指产品的整体或者部分外观，这些外观是由产品的线条、轮廓、颜色、形状、质地和/或者由产品本身的材料和/或产品装饰等特征形成的。❶ 而"产品"是指任何工业或手工制品，其中包括将组合成复合型产品的包装、装订、图表符号以及印刷字体，但不包括计算机程序。❺ 从保护的范围来看，任何实用物品的可视部分均有可能受到《外观设计条例》的保护，开放式的定义意在给予所有设计者的活动成果以法律保护上的回馈。❻

第二，类型划分灵活。欧盟的外观设计有两种保护形式："非注册式共

---

❶ Regualtion Art. 110 a.

❷ Musker David. : Community design law: principles and practice, Sweet & Maxwell, 2002, Int – 2.

❸ Daniel H. Brean, Enough is Enough: Time to Eliminate Design Patents and Rely on More Appropriate Copyright and Trademark Protection For Product Designs, 16 Tex. Intell. Prop. L. J. 325, 2008.

❶ Regulation Art. 3（a）.

❺ Regulation Art. 3（b）.

❻ Catherine Seville, EU intellectual Property Law and Policy, Edward Elgar Publishing Limited, 2009, p. 189.

同体外观设计（Unregistered Community Design，UCD）"和"注册式共同体外观设计（Registered Community Design，RCD）"。其中，非注册式共同体外观设计无须提交注册申请，自该外观设计在欧共体内首次为公众可获得（通过出版、展览、销售等方式披露，为相关行业的专业人士所知）之日起，即享有3年保护期。该种外观设计的规定主要是考虑到某些外观设计的生命周期非常短，不需要登记即可保护的形式符合行业需求❶，例如，时装、鞋、化妆品等更新频率高的流行设计多申请以此类权利获得保护。❷

注册式共同体外观设计必须向 OHIM 或通过欧盟成员国的工业产权局提出注册申请，世界上任何国家的自然人或法人都可以提出申请。经 OHIM 形式审查合格，予以注册。注册式外观设计保护期为自申请日起5年，期满后可续展4次，每次5年，最长保护期为25年。❸

第三，授权条件较宽。《外观设计条例》规定，只有当外观设计符合新颖性（Novelty）和独特性（Individual character）时才能受到保护。其中，"新颖性"是指，如果没有完全相同的外观设计为公众所知晓，则该外观设计被视为具有新颖性。其中，非注册式外观设计（UCD）判断的时间点在于首次为公众知晓的日期之前；而注册式外观设计（RCD）判断的时间点在于提交注册申请的日期之前，如果要求了优先权，则在优先权日期之前。需要注意的是，如果外观设计的区别性特征仅局限于非重要细节，这些外观设计应被认为完全相同。❹ 对此，立法者曾强调认为，该要件的设置虽参考了专利法的相关规定，但与专利法意义上的"新颖性"是截然不同的，在实践中应用时要按照其定义中的要求，根据案件的具体情况来进行判断。❺

"独特性"是指，如果见多识广的用户在浏览外观设计时的整体印象明显地不同于其在浏览任何公之于众的外观设计时的整体印象，则该外观设计被视为具有个性特征。其中，对于 UCD 和 RCD "不同"的判断时间点与

---

❶ 李明德等. 欧盟知识产权法. 北京：法律出版社，2010：401.

❷ Catherine Seville, EU intellectual Property Law and Policy, Edward Elgar Publishing Limited, 2009，p. 185.

❸ 由于保护要件相同，如无特殊说明，本书中所指的均为注册式外观设计。

❹ Regulation Art. 5.

❺ Green Paper on the Legal Protection of Industrial Design（June 1991）III/F/5131/91 – EN, 5.5.1.3.

"新颖性"中的判断时间点相同。此外，在判断独特性特征时，需要结合设计者在开发设计时的自由程度来考虑。❶ 这一点的意思是说，设计者自由发挥的空间越大，保护的范围越大；反之，则越小。❷ 此外，从设置这一条件的目的来看，该规定是希望待授权设计在满足客观的"新颖性"的基础上，能够在主观上让人感受到其独特的个性特征，其比"新颖性"的要求又更进了一步。

7.3.2 美国的专门立法

1998年10月12日，为了回应Bonito案中最高法院对州法院在船舶设计保护法律依据适用上的纠正❸，美国通过了《船舶设计保护法案》（Vessel Hull Design Protection Act，简称VHPDA），作为同期出台的《数字千年版权法案》（Digital Millennium Copyright Act，简称DMCA）的一部分，该法案同时也构成了美国《版权法》的第十三章，又名"原创设计保护法"❹。VHP-DA旨在为那些"对实用物品进行了原创性的设计，使得该物品的外观对消费及使用群体具有吸引力或显得有特色"的设计者提供保护，并将"实用物品"的范围限定在"船舶外形"上。❺ 需要指出的是，虽然置于版权法框架下，但VHPDA并未延续传统的版权法规则，为船舶外形设计提供了一套独立的保护体系：

第一，在保护条件方面，VHPDA要求受保护的设计具有"原创性（original）"，即"与现有设计相比，要体现出不仅仅是微小变化的区别性特征"❻。可以看出，这一要求是针对外观设计进行的专门规定，不同于专利法和版权法意义上的原创性，反而更接近EU在《外观设计条例》中设定的保护要件。

---

❶ Regulation Art. 6.

❷ Musker David. : Community design law: principles and practice, Sweet & Maxwell, 2002, p29.

❸ 本案中，佛罗里达州法院试图以反不正当竞争法来对船舶设计者进行保护，该理由被最高法院依据联邦优先权予以否定。Bonito Boats v. Thunder Craft Boats Inc. , 489 U. S. 141, 159 (1989).

❹ 17 U. S. C. § 1301 (2000). The Vessel Hull Design Protection Act is Title V § 502 of the Digital Millennium Copyright Act of 1998. Pub. L. No. 105–304, 112 Stat. 2860, 2905 (1998).

❺ 17 U. S. C. § 1301.

❻ 17 U. S. C. § 1301.

第二，在注册程序方面，版权局承担了该类设计的注册审查工作，并针对可视的船舶外形设计建立了专门的注册机制。值得注意的是，如果外观设计在公开之日起两年内未申请注册，或该设计已获得了专利法的保护，是无法通过 VHPDA 的注册的。❶ 这意味着立法者注意到了外观设计更新周期短的特点，并将其视为一类独立的客体，不希望其与专利法的保护范围发生重叠。

第三，在保护期限方面，VHPDA 为获得注册的船舶外形设计提供为期十年的保护，在保护期内，权利人需要通过一定的形式将授权设计的主体信息、保护期起始时间等公之于众，才能在遭受侵权时享受到法案规定的权利。❷

虽得以颁行并成为现行版权法的一部分，但如前文所述，美国历史上对版权法扩张至对外观设计保护的问题一直比较消极，因此，VHPDA 在出台伊始就遭到了多方的质疑，反对者认为该法案的构建容易扩展至其他外观设计领域，进而对美国整体的知识产权法律体系造成冲击；❸ 还有人认为，该法案除了"艺术性的部分"，还会保护到"功能性的部分"，而后者应该是通过专利法予以保护的。❹ 不过，根据 VHPDA 设立的初衷，其在保护范围上有着严格的限定，十年的保护期亦不会对公众资源形成不合理的垄断，并且，其对"原创性"的要求意味着拒绝对仅仅体现功能性的设计予以保护。❺ 这样看来，上述担心应该是可以避免的。

VHPDA 的出现为美国外观设计不甚理想的保护现状提供了独立保护的建议，2003 年，版权局和专利商标局联合发布了一份评估报告，其中强调了 VHPDA 在运行过程中所应考虑的几项因素：❻

（1）是否能够对注册船舶外观设计侵权行为产生有效的遏制；

（2）船舶制造行业是否可对该法案提供的规定进行有效的利用；

---

❶ 17 U. S. C. § 1302.

❷ 17 U. S. C. § 1306, 1321—1323.

❸ Letter from Peter Jaszi of the Digital Future Coalition to Pat Roberts, United States Senator 2 (Aug. 24, 1998).

❹ 144 Cong. Rec. S11, 889 (daily ed. Oct. 8, 1998) (statement of Sen. Thurmond).

❺ 17 U. S. C. § 1302, 1305.

❻ U. S. Copyright Office & U. S. Patent and Trademark Office, The Vessel Hull Design Protection Act: Overview and Analysis (2003), http: //www. copyright. gov/reports/vhdpa-report. pdf, visited at Dec. 12th, 2013.

（3）是否能对船舶外观设计的创新产生激励和推动的作用；

（4）在获得该法提供的外观设计保护后，是否会对某类船舶的定价产生影响；

（5）其他相关的因素。

遗憾的是，该报告并未对 VHPDA 的影响作出结论性的评价，理由是尽管一些数据可以佐证该法案已取得了初步的成功，但其效果仍有待进一步的观察和评价。❶ 不过，从客观的情况来看，VHPDA 还是起到了一些正面的效应，在此之后，立法者和学者纷纷就外观设计独立保护可能性进行了积极的思索，许多行业也试图复制 VHPDA 的立法之路，希望将独立保护的模式引入到对自己的设计产业中。❷因此，在笔者看来，无论其是否能够有效地运行，在坚持以专利法为外观设计保护基本模式的美国，VHPDA 的实施已经是对传统理论的一种突破，它动摇了专利模式唯一性的传统观念，大大开拓了人们的思路，为其他行业或整个外观设计产业的独立保护积累了宝贵的经验。

7.4 独立保护的新动向——以美国时尚设计立法为例

7.4.1 美国时尚设计立法概况

时尚设计是对时尚产品外观的设计，时尚产品指的是以人为穿着或携带的载体，以视觉为主要的感知和体验途径，能给消费者带来功能效用、物质享受、精神愉悦、意像体验和价值实现的产品，如服装、皮具箱包、珠宝和手表等。❸ 时尚产业在各国均有着举足轻重的地位，在美国，该产业每年可创造 350 亿美元的产值，但仿冒、抄袭行为的泛滥亦同时造成了每年

---

❶ U. S. Copyright Office & U. S. Patent and Trademark Office, The Vessel Hull Design Protection Act: Overview and Analysis（2003）, http://www. copyright. gov/reports/vhdpa-report. pdf, visited at Dec.12th, 2013.

❷ Regan E. Keebaugh, Intellectual Property and the Protection of Industrial Design, 13 J. Intell. Prop. L. 255, 2005. 下文我们要提到的美国近年来在时尚设计方面的立法进程就是时尚界在参考了 VHPDA 的做法后对其进行的借鉴。

❸ 顾庆良. 时尚产业导论. 上海：上海人民出版社，2010：20–26.

高达 120 亿美元的损失。❶ 究其原因，一方面，数字时代的技术条件使得对时尚设计的侵权相对于传统的影视音乐作品更容易实现，例如，在一场时装发布会召开后短短数小时内，其所公布的各类设计图片会借助信息网络平台迅速传播开来，仿冒者会利用这些资源以低廉的价格设计出与原始设计相同的款式，并在原始设计真正上市之前就抢占市场先机；❷ 另一方面，由于艺术性与功能性融合的程度较高，时尚设计很难通过"分离测试法"的要求，无法成为版权法保护的客体。其次，由于其流通时间较短，难以获得商标法意义上的"第二含义"，因此也无法成为具有指示商品来源作用的商业性标识。最后，专利法漫长的注册程序使得设计者望而却步，能够获得外观设计专利权的时尚设计自然不多，其严格的保护要件和侵权判定亦无法达到对时尚设计有效及时的保护。❸

有鉴于此，在过去将近一百年的时间里，国会在时尚设计方面出台了超过 70 个立法草案，但均以失败告终。❹ 自 2007 年起，伴随着《设计盗版保护法案》（DPPA）的引入，美国掀起了新一轮的时尚设计立法工作，该法案意在将 VHPDA 中仅对船体外形设计进行的保护延展至时尚设计，为其提供三年的保护期，但同时要求设计者需"自申请之日起三个月内向社会公开"，由于遭到了众多质疑和反对，DPPA 未能获得通过；❺ 到了 2011 年，多位参议员联合提出了《创新设计保护和预防盗版法案》（IDPPPA），该法案保留了 DPPA 在保护期等方面的规定，并吸收了反对派的意见，对一些细节性的规定如原创性的具体要求进行了修改，尽管获得了更多的支持，但由于对时尚设计这类特殊的客体是否应受保护的问题未达成一致，IDPPPA 依然未能成功颁行；❻ 不过，时尚设计的立法活动并未就此结束，2012 年 9

---

❶ Design Law-Are Special Provisions Needed To Protect Unique Industries?: Hearing on H. R. 2033 Before the H. Subcomm. on Courts, the Internet, and Intellectual Prop. of the H. Comm. on the Judiciary, 110th Cong. 22 (2008).

❷ Analysis of The Design Piracy Prohibition Act (H. R. 2033/S. 1957).

❸ Sara R. Ellis, Copyright Couture: An Examination of Fashion Design Protection and Why the DPPA and IDPPPA Are a Step Towards the Solution to Counterfeit Chic, 78 Tenn. L. Rev. 163, 2010.

❹ Emma Yao Xiao, The New Trend: Protecting American Fashion Designs Through National Copyright Measures, 28 Cardozo Arts & Ent. L. J. 417, 432, 2010.

❺ H. R. 2033, 110th Cong. (2007).

❻ S. 3728, 111th Cong. (2010).

月，《创新设计保护法案》（IDPA）再次被引入第112届国会，作为IDPPPA的修改版本，该法案力图为时尚设计争取到专门的立法保护，这也让时尚设计者们再次看到了希望。[❶]

在整体框架上，三个版本的法案保持了一致的风格，只是在一些具体规定上进行了修改与完善（见表7.1）：

表7.1 美国时装设计三部法案部分规定比较

法案名称	保护范围	保护条件	侵权标准	保护期限	注册
DPPA	"服装（apparel）"	新颖性＋原创性	实质性相似	三年	注册为必要条件
IDPPPA	同上	对原创性做进一步阐释	实质性相同	三年	符合条件可免于注册
IDPA	增加"时尚设计（fashion design）"	对原创性做进一步阐释	整体实质性相同	三年	符合条件可免于注册

7.4.2 时尚设计独立保护的问题

不难发现，立法者已经在每次修改的过程中根据反对者的意见进行了认真的完善，具体内容也更加符合时尚设计的特点，但总的来看，美国在时尚设计独立立法方面依然存在较为明显的局限性。

第一，适度保护难以实现。早在DPPA尚未推出之时，就有国会议员对其存在的必要性提出过质疑，"高水平的保护一定是推动创新的必要条件么？或者说，恰恰因为高水平保护的缺失在实际上为时尚设计的推陈出新提供了动力？"[❷] 有学者则就此进一步指出，仿冒和剽窃有助于形成新的潮流并进而淘汰它们，由此缩短时尚设计的生命周期，促使设计者进行不断的创新设计，也正是因为这种流行时间的短暂性决定了时尚设计很难以权利的形式固定下来。[❸]

上述观点其实也反映了知识产权制度中"激励理论"在适用过程中引

---

❶ S. 3523，112th Cong.（2012）.

❷ H. R. 5055，109th Cong.（2006）.

❸ Kal Raustiala & Christopher Sprigman, The Piracy Paradox：Innovation and Intellectual Property in Fashion Design, 92 VA. L. REV. 1687, 1717－34, 2006.

起的争议，有人认为，即使存在"知识创作物的未保护状态"的东西，如果市场实际上发挥着作用，即使不需要法律特别介入也能进行充分的创造活动的话，就完全可以交给市场决定。❶ 因此，如果激励创造是知识产权制度价值观的话，那么，在时尚设计上几乎完全没有必要引入非注册设计权或版权的法律保护。笔者则认为，从发展现状看，无论是否正当，时尚设计受到保护似乎已成为不可逆转的趋势，但立法者和司法者在立法和实践的过程中，应当秉持着严谨的态度，确保"激励理论"发挥正向的积极作用。

第二，利益格局过于复杂。笔者在前文中曾提到，外观设计区别与其他知识产权客体的显著特征之一就在于其法律保护体系往往蕴含着错综复杂的利益格局，而对近年来经济价值巨大的时尚产业界来说，其产品外观设计的立法保护更是牵扯到了不同行业与部门的利益：在行业之间，早在1932年，一些企业就自发组成了"时尚原创者保护协会（Fashion Originators' Guild）"，在缺乏立法保护的情况下主动对仿冒行为采取抵制措施，这一举措引起了其他行业的不满和抗议，该组织于1941年被联邦贸易委员会（Federal Trade Commission）以违反公平竞争原则为由强制解散；❷ 在行业内部，对于时尚设计的独立立法，虽然部分企业的呼声很高，但也有相当一部分企业认为，如果法案通过，则会使其暴露在大量的侵权诉讼之下，而独立保护的法案明显具有将高级时装垄断的趋势，会导致设计成本更加昂贵，而且也会减少消费者的选择；❸ 此外，在注册主管部门上，版权局出于无法应对潮水般申请的担忧，也一如既往地延续了过去对于外观

---

❶ 田村善之著. 日本知识产权法. 周超，李雨峰，李希同译. 北京：知识产权出版社，2011：11.

❷ Fashion Originators Guild of Am. v. Fed. Trade Comm'n, 312 U. S.（1941）.

❸ 朱楠，"外观设计权的扩张——以美国和欧盟时尚设计知识产权保护变化为例"，《科技与法律》，2013年第2期。持对立观点的双方分别为"时尚设计者委员会（Council of Fashion Designer of America, CFDA）"和"服装鞋类联合会（American Apparel & Footwear Association）"。Casey E. Callahan, Fashion Frustrated：Why the Innovative Design Protection is a Necessary Step in the Right Direction, but not Quite Enough, 7 Brook. J. Corp. Fin. & Com. L. 195, 2012.

设计保护排斥的态度。❶

尽管一部法律应当能够满足某类群体利益保护的诉求，但当利益格局过于复杂时，这种诉求往往会演变成一种博弈，过分突显出利益对于法律政策的导向作用，从而偏离法律制定的初衷。时尚设计的立法过程也说明了当多方利益僵持不下的时候，暂缓立法的脚步也许是短时期内的唯一选择。

第三，立法模式有待完善。从内容上来看，美国时尚设计独立保护一系列的法案有两个特点：在立法程序和组织架构上，时尚设计者希望借鉴VHPDA的做法，通过扩大版权法保护客体，在版权法框架下架设独立章节的方法来纳入对时尚设计的保护，但需要注意的是，船舶产业和时尚产业在性质上有着巨大的差别，VHPDA有较强的针对性，在其基础上进行修改和扩张无法摆脱原有规定的束缚；在保护方式和具体条件上，立法者参考了欧盟的《外观设计保护条例》中有关非注册式外观设计的规定，以此制定出符合时尚设计特点，并能迎合产业界需求的法律规范，但《外观设计保护条例》总体上呈现开放的态度，而美国在外观设计独立保护上则一直表现得非常纠结，即便近年来在时尚设计方面取得的进展已经突破了外观设计保护原有的体例，与全球专门立法的趋势吻合，但其通过版权法而进行的努力，引发立法机构与司法经验之间的矛盾，反过来又严重影响了美国改革外观设计制度的努力。❷

其实，IDPA是否能避免重蹈前两部法案的覆辙，最终得以顺利颁行尚不得而知，但这一旷日持久的立法过程不仅关乎时尚产业界的利益，也在美国社会引起了不小的反响，更为重要的是，这次立法意味着美国在外观设计独立保护的道路上又迈出了艰难的一步，也意味着世界上最具影响力的国家逐渐认可外观设计独立保护的可行性。因此，无论是成功的经验，还是失败的教训，都值得我们在未来的专门立法中进一步学习和探讨。

---

❶ 朱楠，"外观设计权的扩张——以美国和欧盟时尚设计知识产权保护变化为例"，《科技与法律》，2013年第2期。持对立观点的双方分别为"时尚设计者委员会（Council of Fashion Designer of America，CFDA）"和"服装鞋类联合会（American Apparel & Footwear Association）"。Casey E. Callahan, Fashion Frustrated: Why the Innovative Design Protection is a Necessary Step in the Right Direction, but not Quite Enough, 7 Brook. J. Corp. Fin. & Com. L. 195, 2012.
❷ 李小武，"外观设计的保护客体"，源自2013年清华大学法学院崔国斌老师主持的外观设计课题研究中的阶段性成果。

7.4.3 对我国的启示

虽然并非世界时尚潮流的引导者，但时尚设计尤其是服装设计在我国现代经济发展占据不可忽视的地位：作为服装生产业大国，巨大的人口基数决定了我国不仅有着庞大的内部需求，也担负着面向世界的加工制造等重要环节。然而，伴随着服装总量的上升，我国服装市场上近年来仿冒抄袭现象日益严重，极大地挫伤了处于发展期的从业者的积极性，对我国国际商贸形象也带来的一定的负面影响，因此，完善服装设计的保护制度意义重大。

从现有法律框架来看，中国著作权法的客体中没有明确包括服装，在司法实践中，依据某些造型设计出来的成衣本身似乎也能受到保护，并且多将其划入实用艺术品或者美术作品之列。但这种保护具有不确定性。由于服装的实用功能，在很多情况下具体的装饰会被认为是功能特征的体现，而不是艺术美感的体现，或者即使承认有艺术美感，也可能缺乏创意。从而在很多时候可能排除在著作权保护之外。❶

也正是因为实用性明显，服装设计在我国亦可作为外观设计申请专利法的保护，但有人对该类保护的现状进行分析后发现，国内时装产业得到授权的外观设计数量有限，且集中在少数企业，这固然与知识产权保护意识薄弱有关，但专利法审查周期长、保护标准高、侵权认定难等亦成为妨碍设计者依外观设计专利维权的重要因素。❷

基于上述现状，美国近年来在时尚设计方面的立法工作或许可以为我们带来一种可供借鉴的参考，即针对某种特殊的客体构建独立保护的体系。当然，无论是欧盟非注册式外观设计的规定，抑或美国扩充版权法框架的做法，均是在考虑本地区或本国产业利益和国际竞争需要的基础上作出的，因此，在借鉴和学习的同时，也要考虑到我国现有的立法框架，制定出适合我国国情的外观设计保护体系。

---

❶ 北京市高级人民法院 2001 高知终字第 18 号，这里服装被视为实用艺术品，同时也是美术作品之一种；河北省高级人民法院 2007 冀民三终字第 16 号，这里服装被视为实用艺术品，但法庭认为所涉案件的服装是工业产品，不能受到著作权法的保护。同上。

❷ 郭燕，王秀丽. 我国服装产品外观设计专利保护现状及问题分析. 知识产权，2005，1.

7.5 本章小结

外观设计独立保护的思想有着深厚的历史渊源，无论是在一贯以独立保护为主要模式的欧洲，还是在坚持以专利法规范客体对待外观设计的美国和中国，有关独立保护的讨论一直未曾终止过，这一思想不仅符合外观设计的本质特征，也与产业保护密切相关，能够较好地起到平衡权利人和社会公众利益的作用。

从已有的立法实践来看，外观设计专门立法在形式上远未达到统一的程度，既有在某一分支下相对独立的立法，也有重新建立全套体系的专门立法；既有包含所有对象的全面协调性规范，也有针对某一特殊客体展开的独立保护尝试。不过，正如笔者一直强调的，独立保护的根本问题在于我们能否在思想上将外观设计视为一类区别于已有知识产权客体的智力成果，只有在这一问题上达成共识后，才会涉及对具体立法模式的考虑。

当然，立法形式上的差异不代表独立保护标准可以不一致，我们虽然不能制定出适合各国国情的具体规则，但结合外观设计的特性和已有的经验，在一些基本问题如授权标准的把握、功能性理论的适用、侵权模式的选择等方面还是应达成原则上的共识。

与知识产权领域其他智力成果相比,外观设计进入法律保护视野的时间不长,但却有着最为繁杂的保护体系,无论从其自身具备的天然属性,还是从当前不同立法模式下的保护现状来看,外观设计的独立保护思想已不可逆地传播开来,并逐渐得到了各国立法者和实务工作者的认可。然而,作为知识产权领域争议最多、共识最少的一门学科,即便采取同一模式进行保护的法律体系尚且在具体规则上存在不少分歧,遑论以不同保护思想为基础的制度之间,更是有着巨大的差异,因此,厘清差异产生的原因,确立符合外观设计本质的原则有着重要的意义。具体到我国而言,以专利法为基本模式的保护体系在坚持实行了逾三十年后,在个性日益突出的外观设计面前显得愈发"力不从心",已无法很好满足合理保护和良好运行的需要,在明确了现有模式弊端和独立保护优势的基础上,即便短时期内无法像欧盟那样推出外观设计的专门立法,至少也应该在一些基本问题上重新建立正确的认识。

8.1 保护范围的界定:功能性理论的应用

作为外观设计保护体系中一项基本原则,功能性理论贯穿于授权、确权和侵权等环节中,对外观设计保护范围的解释和确定有着重要作用,也是外观设计能够区别于其他知识产权智力成果,成为一类独立保护客体的保障。因此,这一原则的理解与应用对外观设计制度构建有着导向性的意义。

8.1.1 功能性理论的内涵

功能是事物或方法发挥的有利作用，产品因对生产、生活发挥有利作用而存在，故产品首先应具有功能。[1] 由于产品的功能在很大程度上影响着产品外观的形状、图案或色彩，设计人员首先要考虑满足基本功能，其次才考虑如何实现造型以及运用何种设计手法才能使外观富有美感。但是，从外观设计保护的初衷来看，其目的不在于促进新技术的发展，而在于鼓励创新的外观设计的出现，功能则应属于专利法的保护范畴。[2] 基于此，TRIPS 协议第 25 条第 1 款规定：外观设计之保护，不得延及主要由技术因素或功能因素构成的设计，该原则作为外观设计保护的排除标准，在世界范围内得到了普遍的认可。具体而言，我们可从以下几方面来把握其内涵：

第一，"功能性"的含义。外观设计之所以无法为专利法或著作权法所涵盖，最重要的原因之一在于其是功能与艺术相融合的产物，装饰性与功能性之间并非绝对的对立关系，尽管我们保护的目的和关注点在于其装饰性的特征，但这并不意味着外观设计不能带有丝毫的功能性，因为后者是客观存在的，也就是 Rich 法官在 Morton 案中提出的"事实上的功能性（de facto functional）"[3]。对此，MPEP 也强调认为，装饰性的设计和其附载的物品之间是有区别的，不能因后者具有"事实上的功能性"就否定前者的装饰性。[4] 而外观设计功能性理论所需排除的则应是"法律上的功能性（de jure functional）"，即产品无法以不受功能决定的外观表现出来，例如，没有其他能够完成相同功能的替代性外观。[5] 不同意义功能性设计的关系见图 8.1。

第二，避免对技术发展构成阻碍。从表面上看，功能性外观设计的排除是为了避免与专利法的保护范围发生重叠，实际上，这一做法的深层次目的在于避免以授予外观设计权的方式造成对技术的垄断，从而压制同行

❶ 王鹏，谢冬慧，马越飞. 功能性外观应排除在外观设计专利保护范围之外. 人民司法（案例），2009，16.

❷ Orit Fischman Afori, Reconceptualizing Property in Designs, 25 Cardozo Arts & Ent. L. J. 1105, 2008.

❸ In re Morton-Norwich Prod's, Inc., 671 F. 2d 1332 (C. C. P. A. 1982).

❹ MPEP 1501.04 (c).

❺ Best Lock Corp. v. ILCO Unican Corp., 94 F. 3d 1563, 1566 (Fed. Cir. 1996).

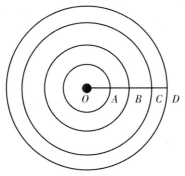

图8.1 不同意义功能性设计的关系

（*D* 代表待授权外观设计；*C* 代表事实上的功能性外观设计；

B 代表法律上的功能性设计，即应排除保护的设计；*A* 代表纯功能性设计）

业者之间的竞争。❶ 需要注意的是，某种外观设计不会对之前已有的技术造成垄断，这里的"技术"指的是仅能以某种外观形式展现出来的新技术，换句话说，对于一项新技术而言，发明者需要通过专利体系严格的审查和评估，在满足了专利法要求的各项标准后才能获得相应的授权，这种授权并不影响后人在其基础上，为了实现同样的功能进行的改进。但外观设计则不然，其保护的仅仅是产品的外形，但如果设计者借此将产品功能通过授权纳入权利之中，则会出现一种情况：无论后人如何努力，只要某种产品实现的功能是一样的，都会落入设计者的保护范围，从而阻碍后续技术的进步。

第三，以产品整体外观为判断基础。当确定一项外观设计主要是功能性的还是装饰性的时候，必须对要求保护的外观设计做整体看待，因为在确定要求保护的外观设计是否为产品的功能所支配时，最终要检验的不是单个特征的功能性或装饰性问题，而是整个产品的外观。❷

8.1.2 功能性理论适用的现状

尽管已成为各国在外观设计保护时所认可的一项原则，但功能性理论在立法条文的具体表述和实践适用的过程中依然存在不少问题，主要表现在以下几个方面：

第一，法律规定不全。与美国类似，我国虽在实践中出现了适用功能

---

❶ Directive Recital 14；Regulation Recital 10.

❷ 杨凤云，官墨蓝. 功能性外观设计特征的判定原则管窥. 科技与法律，2012，2.

性理论排除保护的案例，但在专利法中一直没有清晰的阐述，这不仅不利于人们对于该理论的理解和把握，也容易在应用的过程中产生偏差。例如，在美国的 Rose 案中，涉案专利是一种摩托车牌照边框的外观设计，地区法院没有任何推理过程，未对其是否具有功能性，其外观是否由功能决定等问题进行分析，而是直接认定"该专利每一项特征均是机械性和功能性的"，从而宣告该专利无效。❶ 类似的，在我国的宝迪专用汽车制造有限公司案中，法院据以否定涉案专利是功能性设计的理由主要是，"相同功能的产品完全可能采用不同的设计实施方案实现，产品的装饰效果和美感要求可以和产品的功用相脱离的，具有可选择性，而功能性的设计往往不具备可选择性。本案原告不能说明涉案专利设计所体现的美感和装饰效果，相反该运输半挂车的特定功能性特点恰恰决定了运输半挂车的不可选择性和唯一性。"❷ 如上文所述，这种认定混淆了非功能性标准与装饰性标准，认为二者是"非此即彼"的关系，也与缺乏法律层面上的规定有直接关系。

相比之下，欧盟自制定《外观设计保护条例》时就将"由其技术功能支配的外观设计和相互联系的外观设计"单独列为一条，并对功能性设计的情形进行了明确规定：❸

（1）对仅由其技术功能决定的产品的外观特征，不应该授予外观设计权；

（2）产品的，或者使用在产品上的外观设计，如果必须准确地按照其形状和尺寸来复制，才能使该产品以机械的方式连接或者置入、包容或者搭接于另一产品，并该两个产品仍能执行各自的功能的，对该外观设计不应该授予外观设计权；

（3）尽管有第（2）款的规定，在符合本指令第 4 条和第 5 条规定的条件下，对在标准组件系统中可互相变换的，可多重组装或连接的产品的外观设计，应该授予外观设计权。

第二，表述方式不一。从具体规定来看，各国对功能性外观设计成立的判断标准把握不一，目前主要存在两种观点：一种是以欧盟为代表的

❶ Rose Mfg. Co. v. E. A. Whitehouse Mfg. Co. , 201 F. 926（D. N. J. 1913）.

❷ 沈阳市中级人民法院 2007 沈民四知初字第 75 号；辽宁省高级人民法院 2007 辽民四终字第 161 号。

❸ Directive Art. 7；Regulation Art. 8.

"唯一决定性（solely dictate）"原则，即"对仅由其技术功能决定的产品的外观特征，不应该授予外观设计权"；● 而到了美国的司法实践中，这一原则就变得模糊了起来，在有的案件中，只有在外观设计仅由物品的使用目的决定时才考虑不授予专利权●，而在有的案件中，一件外观设计如果"主要是功能性（primarily functionality）"，就应拒绝授予其专利权。● 不难看出，从外观设计授权标准的角度来看，"唯一决定性"较之于"主要是功能性"而言更容易满足，前者权利人只需证明存在其他替代性的设计即可，后者则需在此基础上进一步证明该设计所蕴含的装饰性不低于功能性。●

我国虽未在专利法中明确，但从现有关于功能性设计的司法解释、行政规定、指导意见中可以看出我国也存在类似美国的问题，如表8.1所示。

表8.1　部分立法资料关于功能性设计的解释

《专利审查指南》第四部分第五章6.1	《最高人民法院关于审理侵犯专利权纠纷案件应用法律若干问题的解释》第11条	《北京市高级人民法院专利侵权判定指南》第81条	《北京市高级人民法院关于审理外观设计专利案件的若干指导意见（试行）》第14条
由产品的功能唯一限定的特定形状对整体视觉效果通常不具有显著的影响	对于主要由技术功能决定的设计特征……应当不予考虑	由产品功能、技术效果决定的设计特征，是指实现产品功能、技术效果的有限或者唯一的设计	仅起功能、技术效果作用的设计是指实现产品功能的有限设计，主要是指实现产品功能的唯一设计

第三，解释规则混乱。解释规则对于功能性外观设计的确定有着重要的作用，但即便在有明确规定的情况下，针对一项外观设计，如何确定其是否为功能性外观设计，迄今在世界范围内尚无统一的标准。以外观设计保护体系较为先进的欧盟为例，其在该问题上也一直在"设计者意图法"

---

❶ Directive Art. 7；Regulation Art. 8.

❷ L. A. Gear, Inc. v. Thom McAn Shoe Co., 988 F. 2d 1117 (Fed. Cir. 1993).

❸ Lee v. Dayton-Hudson Corp., 838 F. 2d 1186, 1188 (Fed. Cir. 1988).

❶ Jason J. Du Mont, Mark D. Janis, Functionality in Design Protection Systems, 19 J. Intell. Prop. L. 261. 2012.

第8章　外观设计独立保护模式构建——制度规划

和"替代性设计法"之间处于摇摆不定的状态。

"设计者意图法"又称为"动机法（causative approach）"，起源于英国的 AMP 案，在该案中，法院认为在判断一项涉及是否仅由功能性决定时，需要考虑的是设计者的意图，即设计者在设计时是否仅仅出于技术功能上的考虑。[❶] 但由于该种方法主观性过强，容易造成滥用，法院在之后的案件中采取了"替代性设计法"，亦称"决定性法（mandatory approach）"，以追求对于功能性外观设计客观的评价，在 Koninklijke Philips Electronic 案中，法院认为"只有功能性特征表现的很强时……才可能拒绝授权，……如果存在另外一种不同外形也可以完成同样的技术功能，则该外观设计也许是可以获权的。"也就是说，只有当技术功能决定了所有的外观设计特征时，才可适用功能性理论排除对其的保护。[❷]

与"设计者意图法"相比，"替代性设计法"限缩了对于功能性设计的解释，使得人们不会轻易以功能性为由排除对某种外观设计的保护，这一观点也在欧洲范围内得到了许多国家的认可。[❸] 然而，2007 年，在 Lindner Recyclingtech GmbH 案中[❶]，OHIM 内负责外观设计注册审查事务的上诉委员会对功能性设计的判定重新进行了诠释：第一，"替代性设计法"存在瑕疵，因为"在极端情况下，如果实现同一功能的产品仅存在两种不同的外形，则给予保护依然会阻碍技术的进步"；第二，"设计者意图法"更能反映功能性设计理论设置的目的，单为了追求客观的判断，应"从理性的观察者的角度进行判断，即在他们看来，一件设计完全看不出有功能性之外的考虑时，才可以功能性设计为由排除对其保护"。这样一来，有关功能性设计的解释再一次陷入混乱的局面中，有人认为，OHIM 和成员国之间关于这一问题的分歧最终可能需要靠欧盟法院（Court of Justice of the European Union，以下简称 ECJ）来解决了，这也反映出欧盟在其外观设计保护体系

❶ AMP Inc. v. Utilux Pty. Ltd. , 1971 F. S. R. 572.

❷ Koninklijke Philips Electronics NV v. Remington Consumer Products Ltd. , Case C – 299/99, 2002 E. C. R.

❸ Uma Suthersanen, Design Law: European Union and United States of America, Thomas Reuters (Legal) Limited, 2nd, 2010, p. 104.

❶ Lindner Recyclingtech, Case R 690/2007 – 3.

中对功能性理论的理解尚未达成一致的见解。^❶

8.1.3 功能性理论的理解

尽管属于理论上的模糊区域，也是实践中的疑难问题，但无疑，功能性理论对于我们深入理解外观设计的特性，准确界定保护范围有着重要的指导意义。那么，究竟该如何改进应用方式，充分发挥功能性理论的作用，笔者认为，结合现状，可以从以下几方面加以把握：

第一，明确"功能性因素"的范围。功能性理论在实践适用的过程中出现混乱局面的原因之一在于我们往往过度关注其解释方式，直接进入到对功能性的判定步骤中，却忽略了一个最基本的问题，即哪些特征或因素属于功能性的范畴。具体到我国而言，"富有美感"的要求类似于美国专利法中对于外观设计"装饰性"的要求，也可以视为两国对外观设计非功能性标准的理解，但正如前文所述，"装饰性"的概念带有较强的主观色彩，容易受判断者审美眼光和美学素养的影响。^❷ 因此，自欧盟起草外观设计保护法令之初，就未将"装饰性"作为外观设计授权标准的做法受到了广泛好评，有人曾指出，"这显然是外观设计法律保护制度的一项重大进步"^❸，这也就避免了将该标准与功能性混为一谈的可能性。

基于这一考虑，Lindner Recyclingtech GmbH 案中对于"装饰性"标准的提及当然引起了人们的质疑，在该案中，上诉委员会提出一件外观设计必须具备"艺术方面的考虑"和"视觉上的吸引力"两项条件时才有可能不被认定为功能性设计而拒绝授权。^❶ 这与《外观设计保护条例》中提到的说法"（要证明并非仅由功能性决定，）不意味着外观设计必须具备艺术特性"是有冲突的，因为它将本不属于功能性理论的内容纳入到了对外观设计功能性的判断中。

也许是认识到了上述问题，美国近年来有学者提出应该对专利法中的

---

❶ Jason J. Du Mont, Mark D. Janis, Functionality in Design Protection Systems, 19 J. Intell. Prop. L. 261. 2012.

❷ 详见第 4 章 4.3.3 小节。

❸ Graeme Dinwoodie, Federalized Functionalism: The Future of Design Protection in the European Union, 24 AIPLA Q. J. 611, 647–48, 1996.

❶ Lindner Recyclingtech, Case R 690/2007–3.

"装饰性"标准进行修改，淡化其对外观设计功能性判定的影响。❶ 在笔者看来，无论我国专利法在外观设计定义中"富有美感"的措辞是否进行修改，至少在甄别哪些外观设计属于功能性而无法保护时，不应根据其是否具有美感直接作出评判。

第二，树立正确的解释立场。由于尚未达成统一的观点，功能性理论在具体应用时存在多种表述和解释方式，这也是造成尺度不一、模糊性加剧的原因之一，归纳起来有如表 8.2 所示的几种。

表 8.2　功能性理论的表述方式和解释规则

表述方式（A）	解释规则（B）
唯一由功能性决定	设计者意图
主要由功能性决定	替代性设计

对于一件外观设计，判断其是否为功能性设计的完整方案应该是"A + B"的组合，鉴于目前 A 和 B 均有两种表现形式，所以，从理论上讲，功能性理论在实践中有多达四种的不同解释，选择起来自然存在一定的困难。不过，结合上文对 A 和 B 不同形式含义的解释，尽管具体规则有着较大的区别，但这些不同取决于我们对功能性理论所秉持的基本态度：如果认为外观设计的保护只限于装饰性特征，不能涉及一点功能性的因素，则应该对功能性理论作出宽泛解释，充分发挥其排除作用；如果认为功能性理论的适用必须经过严格的论证过程，不应轻易以具备功能性为由拒绝对外观设计的保护，则应对其作出限缩解释。

笔者认为，限缩解释可能更符合功能性理论设置的初衷：一方面，对于任何一件产品来说，功能性是其存在的基本意义，一个没有功能性考虑的产品设计是不能称为工业设计的，功能性外观设计只是在不同的产品领域和具体产品上所体现的程度不同。❷ 如果不加区别地排除功能性的存在，所有外观设计都会因此而被拒绝授权；另一方面，从可操作性的角度来讲，"唯一决定性"与"主要决定性"相比，在表述上更清晰，应用中产生分歧的可能性更小，而"替代性设计"的考察也比"设计者意图"的判断更容

---

❶ Jason J. Du Mont, Mark D. Janis, Functionality in Design Protection Systems, 19 J. Intell. Prop. L. 261. 2012.

❷ 杨凤云，官墨蓝. 功能性外观设计特征的判定原则管窥. 科技与法律，2012，2.

易完成，可以最大限度地避免因主体认知水平不同造成带有主观倾向性的认定。Lindner Recyclingtech GmbH 案的结论亦是限缩解释的反映，在该案中，法院总结认为，"即便'在很大程度上（largely）'受功能性影响，只要没有达到'完全（exlusively）'的程度，原则上都应给予授权。"❶

第三，结合具体案件进行考虑。如何在功能性和非功能性之间划出清晰的界限一直是外观设计领域的一项难点问题。鉴于功能性理论的抽象性，有人提出，在外观设计的注册审查过程中很难对一件外观设计的功能性进行准确的界定，而在侵权诉讼阶段，如果被控侵权人据此对专利设计的有效性提出质疑，此时结合被控侵权设计进行比对作出的结论客观性更强，因此，将对功能性的判断步骤后移或许能减少判断的"误差"。❷ 笔者认为上述观点具有一定的可行性：一方面，由于其自身特点，我们很难在注册审查阶段准确评估外观设计获权的各项标准，这些工作往往是到了侵权比对或无效审查阶段才实质性开展起来的，非功能性的要求自然也可遵循这一规律，不必在注册阶段就对其是否由功能唯一限定等问题作出定论；另一方面，在具体案件中，法院可以根据当事人的证据来判断某一产品的外观是出于什么目的设计的，以及是否有其他可替代性的设计，换句话说，功能性设计的认定应建立在实践的基础上，而非单纯的理论判断。❸

8.2 判定主体的选择：合理的认知水平

在外观设计领域，判定主体的选择是我们在授权和侵权案件中展开讨论的前置步骤，也就是说，只有在明确了判定主体的范围之后，才能根据其所具备的认知水平来进行具体的分析，因此，判定主体的确定也是外观设计独立保护体系构建的重点之一。

---

❶ Lindner Recyclingtech, Case R 690/2007 – 3.

❷ Orit Fischman Afori, The Role of the Non-Functionality Requirement in Design Law, 20 Fordham Intell. Prop. Media & Ent. L. J. 847, 2010.

❸ Orit Fischman Afori, The Role of the Non-Functionality Requirement in Design Law, 20 Fordham Intell. Prop. Media & Ent. L. J. 847, 2010.

8.2.1 一般消费者的能力

最早对外观设计相同或近似性判定主体的规定见于 1993 年版的《审查指南》[1]，该规定将其称为"一般购买者"，并明确了外观设计专利相同或近似的主体与发明专利是不同的，并非专业的技术人员。[2] 也许是意识到了"购买者"字面含义的局限性，为了充分体现外观设计专利的特点，明确外观设计专利权的内涵和所保护的内容，并为进行判断提供标准的尺度[3]，2001 年版的《审查指南》扩大了判定主体的范围，首次提出了"一般消费者"的概念，并指出这一概念应包括三个因素：知识水平和认知能力、不考虑的因素及一般注意力。[4] 本次修改再次明确了一般消费者的认知能力应该低于"专家或者专业设计人员"，但又要具有对"被比外观设计产品的同类或者相近类产品的外观设计状况有常识性的了解"的能力，较之于之前的规定为一般消费者的认知水平划定了最低的标准，有人则建议将判定主体的认知能力进一步提高到专业水平，这些条件一般消费者均做不到、也不可能做到，能做到的只能是专业设计人员。[5]

不过，2006 年版《审查指南》依然沿用了"一般消费者"的说法，指出其应具备两个特点，即"（1）对被比设计产品的同类或者相近类产品的外观设计状况具有常识性的了解；（2）对外观设计产品之间在形状、图案、色彩上的差别具有一定分辨力，但不会注意到产品的形状、图案以及色彩的微小变化。"[6] 值得注意的是，最高人民法院在 2009 年的《关于审理专利权纠纷案件应用法律若干问题的解释》中吸收了 2006 年版《审查指南》的意见，正式采纳了"一般消费者"的说法，并进一步明确其"应当是通晓相关外观设计状况，但并不具有设计的能力"[7]。

而到了 2008 年，由于《专利法》对于外观设计的规定发生了重大变

---

[1] 当时的审查指南并未将外观设计相同或近似的判断列为单独一章。

[2] 1993 年版《审查指南》，第一部分第三章第 5 节。

[3] 专利局审查业务管理部主编. 审查指南修改导读. 北京：知识产权出版社，2002：214.

[4] 2001 版《审查指南》，第四部分第五章第 4 节。

[5] 程永顺. 外观设计授权审查标准及方式的质疑. 知识产权，2003，1.

[6] 2006 版《审查指南》，第四部分第五章第 3 节。

[7] 孔祥俊，王永昌，李剑.《关于审理侵犯专利权纠纷案件应用法律若干问题的解释》的理解与适用. 人民司法·应用，2010，3.

化，增加了类似发明专利创造性的标准，提高了外观设计专利授权的条件，为与此相适应，2010 年版的《专利审查指南》认为一般消费者不仅应对"涉案专利申请日之前相同种类或者相近种类产品的外观设计"有常识性的了解，还应对"其常用设计手法"有常识性的了解，再次提高了一般消费者的认知能力。● 对此，有报告以同属于《专利法》，应参照发明专利中"本领域技术人员"的规定为由，认为外观设计相同或相近似的判断主体应为行业内的普通设计人员。●

总的来看，随着外观设计授权标准的细化和提高，其相同或近似判定主体的认知能力经历了一个逐渐提升的过程，但由于缺乏法律层面上统一的规定，在确权阶段和侵权阶段，法院和审查部门之间，甚至不同法院之间往往会对判定主体的解释产生分歧，无论是 2005 年著名的"路灯案"●，还是 2010 年的"摩托车轮案"●，均是对上述分歧的集中反映。

表 8.3　"路灯案"和"摩托车轮案"中有关判定主体的界定

案件名称	专利复审委员会	一审法院	二审法院	最高法院
路灯案	公众	路灯购买者、安装以及维护人员	不特定的过往行人	
摩托车轮案	抽象的一般消费者	摩托车组装商或维修商	既包括组装商、维修商，也包括一般购买者、使用者	具体的一般消费者，既包括组装商、维修商，也包括一般购买者、使用者

事实上，外观设计判定主体界定混乱的现象从其称谓多样化的现状即可见一斑，尽管行政审查和司法解释均已确立"一般消费者"的标准，但

● 参见：2010 版《专利审查指南》，第四部分第五章第 4 节；专利局审查业务管理部主编. 专利审查指南修改导读 2010. 北京：知识产权出版社，2010：184.

● 应振芳等. 外观设计专利授权标准和保护范围. 载于：国家知识产权局条法司. 专利法及专利法实施细则第三次修改专题研究报告. 北京：知识产权出版社，2006：473.

● 专利复审委员会第 6335 号无效宣告决定书；北京市第一中级人民法院（2005）一中院行初字第 115 号行政判决书；北京市高级人民法院（2005）高行终字第 337 号行政判决书。

● 专利复审委员会第 13657 号无效宣告决定书；北京市第一中级人民法院（2009）一中知行初字第 2719 号行政判决；北京市高级人民法院（2010）高行终字第 467 号；最高人民法院（2010）行提字第 6 号行政判决书。

实践中一直充斥着各种称谓，如"普通观察者""普通设计者""普通设计能力的设计者""不同观看者""直接顾客""特定环境中的特定使用者""可能的买主""所属领域普通知识的人""所属工业领域普通设计者""本专业领域普通设计人员"等。❶ 即便采用了同一称谓，在是否应具化为一类特定群体，如何具化，是否应考虑产品类别等问题上也会有不同的看法，这些问题均源于人们在判定主体认知水平把握上尚缺乏统一的尺度，也关系到我们是否能对外观设计相同或近似作出正确的结论。

8.2.2 判定主体的界定

在笔者看来，在外观设计确权和侵权中，判定主体的称谓及对应的群体范围为何并不重要，重要的是其所应当具备怎样的判断能力，对此，我们可从以下几方面加以把握：

第一，立法保护的本意。对于传统的发明专利而言，其保护的是蕴含在产品中的技术方案，具有一定的抽象性，对不同技术方案的评价只能从技术角度出发，将其分解为独立的技术特征，以考察其是否能完成指定的发明目的或效果，因此，在确权和侵权中都需要"所属领域的技术人员"就技术本身作出判断。

相对而言，从产生的目的来看，外观设计是直接体现于产品外形上的智力成果，可视性的整体造型和样式就是外观设计制度保护的内容，无论是视觉效果，抑或整体印象，都应该是基于观察者角度作出的；从产品的市场形态来看，外观设计是从审美角度出发，以整体外观来评价一个产品，也就是说，当产品进入市场后，应该能够以外观上的不同而相互区别开来，这一判断主体应该是产品的消费者或购买者。❷ 以侵权判定为例，消费者的购买、使用等行为与产品的外观有着紧密的直接联系，消费者能辨别"视觉印象不同"的外观设计，被控侵权产品是否会造成消费者混淆、误认为外观设计产品也就成为考虑被控侵权产品是否侵犯外观设计权的市场份额，也即是否侵犯外观设计持有人的利益从而扰乱市场秩序的依据。换言之，

❶ 杨金琪等. 外观设计专利授权标准和保护范围. 载于：国家知识产权局条法司. 专利法及专利法实施细则第三次修改专题研究报告. 北京：知识产权出版社，2006：445.

❷ 林笑跃等. 外观设计制度的完善. 载于：国家知识产权局条法司. 专利法实施细则修改专题研究报告. 北京：知识产权出版社，2008：426.

一般消费者根据其视觉感知而作出购买行为这一市场行为与外观设计法律保护直接相联系。❶

与消费者或购买者相比，设计人员由于具有专业常识，所以对不同设计之间的区别点更加敏感，也会把关注点更多地放在产品的设计方式与过程上，例如，如何满足产品基本的功能需求，如何实现造型的工艺要求，从而忽略我们要保护的设计结果，即产品外形，这样一来，无论判断结果如何，均偏离了外观设计保护的本意。

第二，合理的认知水平。在明确排除了设计人员后，对于消费者而言，其究竟应达到怎样的认知水平呢？欧盟的"知情的用户（informed user）"确立了一种较为中立的标准。

2007 年，由英国的上诉法院审结的 Procter 案是欧盟范围内第一件经历了两审程序的外观设计侵权案件❷，根据《外观设计保护条例》的规定❸，法院认为，外观设计侵权的判断过程其实就是判断被控侵权产品的外观是否会给知情使用者（informed user）带来不同的整体印象（overall impression）。对于知情使用者（informed user）的界定，上诉法院的法官支持了一审法院的观点，认为"知情使用者应该比具备平均理解能力、普通信息量的普通使用者掌握更多的（针对该外观设计的）知识量。"❶ 并且还引用了先前英国专利法院在 Woodhouse v Architectural Lighting 案中 Fysh 法官对于知情使用者所作的界定，"首先，这个概念化的人必须是……申请注册的这类物品……通常的使用者（a regular user）。"知情"增加了一个熟悉程度的概念，比我们可以想象的一个普通消费者（average consumer）的熟悉程度更强。……并且，我们不能忘记我们是处在设计领域，更重要的是物品的外表，……将它与过于技术性的"本领域技术人员"相类比，我感觉不舒服。❺

基于此，有学者总结认为："相对于外观设计所应用的产品的一般消费者和专利法中所指的'本领域技术人员'，知情的使用者对产品的熟悉程度

❶　胡充寒. 外观设计专利侵权判定理论与实务研究. 北京：法律出版社，2010：105.

❷　Procter & Gamble Co. v Reckitt Benckiser，［2007］EWCA Civ. 936.

❸　Regulation Art. 10（1）.

❶　See［2006］EWHC 3154.

❺　See［2006］E. C. D. R. 11.

应该是介于二者之间的。"❶

虽然在表述上有所区别，但欧盟对于外观设计判定主体界定的思路值得我们借鉴，近来颁布的北京市高级人民法院《专利侵权判定指南》对此也有所体现，概括来讲，判定主体应具备以下的判断能力：一方面，要对产品的基本功能、使用情况及现有设计状况有基本的了解。具体来讲，要知晓哪些功能是产品必备的，其通常使用的场所、环境、方法及维修保养常识，常见的现有设计有哪些等❷，在对一般消费者的知识水平和认知能力作出具体界定时，应当针对具体的外观设计产品，并考虑申请日前该外观设计产品的设计发展过程；❸ 另一方面，不能以外观设计所属技术领域的普通设计人员的观察能力为标准❹，既不能是技术方面的专家，或在功能性方面有过多的经验，也没有能力对产品的每一个细节产生过度的关注。❺

第三，不同阶段的一致性。有学者曾提出，为有利于外观设计授权审查和无效审查工作的进行，真正提高外观设计审查质量和授权质量，应将授权审查主体定义为"普通专业设计人员"，与在侵权判定中适用的"普通消费者"相区别。❻ 还有观点以新专利法增加了创造性标准为由，认为对于新颖性的判定可使用原有判断主体，而对创造性则应由行业内的普通设计人员判定。❼ Int' Seaway 案在判断主体问题上就作出了前后不一的论断，在该案中，CAFC 一方面承认"普通观察者显然是判断的主体"，另一方面又认为"还要从普通设计者的角度考虑在先设计的启示"❽。

笔者认为，这种不一致可能会导致荒谬的结果，从而造成权利人与公众之间利益的失衡，例如，授权审查、无效审查阶段引入"专业设计人员"

---

❶ See Lorna Brazell, "Egyptian Goddess Inc v Swisa Inc: Is design law in the US and EU converging? The Egyptian Goddess faces up to the snake", E. I. P. R. 2009, 31 (11), 576 – 581.

❷ 钱亦俊. 论外观设计专利性判断主体——一般消费者的能力. 知识产权, 2011, 8.

❸ 北京市高级人民法院《专利侵权判定指南》第 77 条第 3 款。

❹ 北京市高级人民法院《专利侵权判定指南》第 76 条。

❺ Musker David. : Community design law: principles and practice, Sweet & Maxwell, 2002. p. 116.

❻ 程永顺. 外观设计授权审查标准及方式的质疑. 知识产权, 2003, 1.

❼ 应振芳等. 外观设计专利授权标准和保护范围. 载于国家知识产权局条法司：《专利法及专利法实施细则第三次修改专题研究报告》. 北京：知识产权出版社, 2006：460 – 463.

❽ Int'l Seaway Trading Corp. v. Walgreens Corp. , 589 F. 3d 1233 (Fed. Cir. 2009).

的判断水平，申请外观与已有外观稍有细微差别就能够发现，会认为不相近似而授予权利，在侵权判定阶段又引入"一般消费者"的观察水平，很可能不会发现细微差别，认为两者是近似的而构成侵权，这对公众而言是不公平的。● 类似的观点在美国学者对于 Int' Seaway 案论断的批驳意见中亦有所表述。● 因此，在授权、确权和侵权等不同环节针对判定主体采取一致的表述，统一对其认知水平的把握，是未来立法的应然选择。

8.3 授权标准的把握：创造性标准的解释

2008 年《专利法》在外观设计相关规定方面变化最大的一点就是提高了授权标准，增加了"授予专利权的外观设计与现有设计或者现有设计特征的组合相比，应当有明显区别"的条件，● 也被称为类似于发明和实用新型的"创造性"标准。● 然而，如上文所述，同以专利模式保护外观设计的美国正是因为借鉴了传统发明专利中"创造性"的判定方式，导致了实践中种种问题的出现，引起了近年来对于"非显而易见性"标准和"新颖点测试法"的反思和质疑。● 在笔者看来，为保证权利人和社会公众的预期利益，我们应在实践中遵守专利法已明确的规定，但为了避免出现类似美国的问题，有必要对该项标准进行重新解读，这不仅是为了消除实践中的分歧，也是外观设计独立保护的要求。

8.3.1 "创造性"标准的内涵

作为专利法中的一项重要标准，"创造性"一词也被称为"创造性步骤（inventive step）""非显而易见性（non-obviousness）"，意为一项发明如果对

● 杨金琪等. 外观设计专利授权标准和保护范围. 载于：国家知识产权局条法司. 专利法及专利法实施细则第三次修改专题研究报告. 北京：知识产权出版社，2006：446.

● Janice M. Mueller and Daniel Harris Brean, Overcoming the "Impossible Issue" of Non-obviousness in Design Patent, 99 Ky. L. J. 419, 2011.

● 2008 年《专利法》第 23 条第 2 款.

● 国家知识产权局条法司. 专利法第三次修改导读. 北京：知识产权出版社，2009：54.

● 详细问题及原因参见本书第 4 章.

于本领域技术人员不是显而易见的，即具有创造性步骤。[1] 我国专利法对创造性给出了明确的定义，即与现有技术相比，要具有"（突出的）实质性特点"和"（显著的）进步"。相比之下，外观设计的"创造性"内涵则有所不同：一方面，如前文所述，外观设计产生的初衷是通过外观造型在整体视觉效果上的不同，使得产品区别于其他同类产品，从而在市场上脱颖而出，吸引消费者的眼光，从这个角度考虑，鉴于装饰性和美感是主观性很强的判断，所以无法以是否"进步"来衡量；另一方面，就"实质性特点"而言，其意味着技术方案是经过创造性构思获得的结果，是对发明人创造活动的导向，而外观设计即便具有"实质性特点"，也只是对产品外观客观的描述，不关注具体的设计过程和设计理念。

基于上述理由，欧盟的"独特性（Individual character）"标准更值得我们参考，欧盟既未将其定义为美国专利法中的"非显而易见性（non-obviousness）"，亦未使用《欧洲专利公约》中"创造性步骤（inventive step）"的表述[2]，而是认为"如果见多识广的用户在浏览外观设计时的整体印象明显地不同于其在浏览任何公之于众的外观设计时的整体印象，则该外观设计被视为具有个性特征"。[3] 并强调这一概念不仅不同于专利法中的"创造性步骤（inventive step）"，也不同于著作权法中的"原创性（originality）"或"创造性（creativity）"，和商标法中的"显著性（distinctiveness）"。[4] 也就是说，必须要从整体上对待授权外观设计进行考量，而不应将注意力过分集中在其与在先设计存在的一系列细节上的相同或不同之处，也不应考虑外观设计产品制造或生产的背景。[5]

进一步来讲，独特性关注外观设计的整体视觉印象，因此应该将涉案设计与在先设计的全部设计特征进行比较，但对比的设计特征不包括功能性的设计特征、不可见的设计特征或者弃权的设计特征。此外，所有的设

---

[1] 汤宗舜. 专利法教程（第三版）. 北京：法律出版社，2003：92.

[2] Convention on the Grant of European Patents（European Patent Convention），art. 56，conclusion date Oct. 5，1973.

[3] Regulation Art. 6.

[4] Musker David.：Community design law：principles and practice，Sweet & Maxwell，2002. p. 29.

[5] Uma Suthersanen，Design Law：European Union and United States of America，Thomas Reuters（Legal）Limited，2nd，2010，p. 114.

计特征对整体视觉效果所产生的影响程度并不相同。首先，基于产品的使用方式决定设计特征在决定整体视觉效果时的重要程度。例如，在产品使用时，可见度会减少的设计特征对整体视觉效果的影响会小一些。其次，在决定两个设计的整体视觉效果时，知情使用者会侧重于任意的、非常规的设计特征，而不太关注于对所涉产品而言，完全常规的、惯常的设计特征。❶ 在 Kwang Yang 案中，OHIM 的上诉委员会虽然在结论上与无效审查部门的意见不同，但均认为在判断整体视觉效果时，应关注内燃机在使用时可见的上表面涉案内燃机外观设计。❷ 在 PepsiCo 案中，上诉委员会认为，在决定争议设计与在先设计是否具有相同的整体视觉印象时，应该忽略争议在这一类产品上完全常见和普通的设计特征，而关注于任意的或者非常规的设计特征。例如，两辆车的设计不会因为都有四个轮子、车前灯、车尾的红灯、挡风玻璃、两侧和后部的窗户等就拥有完全相同的整体视觉印象。❸

　　值得注意的是，《专利法》只是在第 23 条第 2 款中提出了具体的标准，并未对其名称予以明确，这可能也是考虑到了其与同一法条中针对发明和实用新型的"创造性"概念有所区别，至于为什么不用原创性或独创性这几个词，有人认为，这些概念在著作权法中代表独立创作、不抄袭的意思，其在中文法律语境中的含义已经固定，而专利法和著作权法同属于知识产权法，应该尽量避免统一用词在不同立法文件中含义不同这种情况的发生。❶ 综上所述，笔者认为对于该条款最准确的描述可借鉴欧盟的做法，将其定义为"独特性"或"个性特征"。

8.3.2　与"新颖性"标准的协调

　　专利法原规定外观设计授予专利的条件只有一个，即与现有设计相比，

---

❶ The manual concerning proceedings before the office for harmonization in the internal market (trade marks and designs) registered community designs examination of design invalidity applications, C. 5. 2. 3.

❷ Kwang Yang Motor Co., Ltd v. OHIM – Honda Giken Kogyo Kabushiki Kaisha, Case T – 11/08, 2007.

❸ Grupo Promer Mon Graphic v. OHIM – PepsiCo, Case T – 9/07, 2010.

❶ 应振芳等. 外观设计专利授权标准和保护范围. 载于：国家知识产权局条法司. 专利法及专利法实施细则第三次修改专题研究报告. 北京：知识产权出版社，2006：463.

应该"不相同或者不相近似"。❶ 虽然并未被法律明确称谓，但为了与 Trips 相应的规定保持一致，故通常称为"新颖性"。然而，单一标准的做法在实践中引起了诸多问题：一方面，有人认为由于"不相似"不是进行一对一是否相同的比较，故可以理解为"新颖性"标准同时包含了创造性或独创性❷，更多的观点则支持"不相同或者不相近似"的判断是在一项审查中解决的问题，这种一次判断无论定义为纯属新颖性判断还是已经包含了创造性判断，都不太准确；另一方面，根据该标准，只要不属于同类、近似类产品，即便外观设计相同或者近似，也不属于丧失新颖性的情形，例如，将自然物的形状、图案、色彩以及并未用于工业产品的形状、图案、色彩等简单转用的工业产品上的设计是无法否认其新颖性的。

立法者在 2008 年《专利法》修改时意识到了上述问题，并认为这些问题造成近年来出现了大量申请人通过简单模仿现有设计或者简单拼凑现有设计特征形成其提出专利申请的情况，这种状况不利于充分发挥专利制度对我国产品外观设计创新活动的激励作用，有必要适当提高外观设计专利的授权标准。❸ 提高的方式有两种：一是拆分原属于新颖性判断的内容，二是增设创造性的要求（图 8.2）。

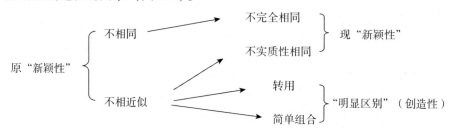

图8.2 《专利法》中外观设计"新颖性"标准的变化

根据修改后的《专利法》第 23 条的立法初衷，属于修改前专利法所述的"相近似"的情形被拆分为两部分，更接近相同或者明显具有专利性的一部分情形在第一款中进行规范，其余部分属于第二款"明显区别"规范的内容。第二款规定的"明显区别"的另两种情形是通常所说的转用的情

---

❶ 2000 年《专利法》第 23 条。

❷ 李明德. 外观设计的法律保护. 郑州大学学报（哲学社会科学版），2000，5.

❸ 国家知识产权局条法司. 专利法第三次修改导读. 北京：知识产权出版社，2009：54.

形和简单组合的情形（包括替换和拼合两种情形）。❶

不难看出，修改的《专利法》将修改前外观设计专利权的授权标准改为两个层次的标准，换而言之，引入"创造性"标准解决了"新颖性"标准解决不了或者难以解决的问题，将原不属于后者的判断内容从所谓的一次判断中解放了出来，同时加入了原一次判断中没有但又属于创造性判断的内容。❷

欧盟在两标准关系的表述上则更为直接，即对外观设计"独特性"测试的目的在于"提出一个比新颖性明显更高一些的标准"。❸ 在 Prodir SA 案中，法院认为两款圆珠笔的外形极为相似（almost-identical），被比设计并不缺乏新颖性，但是与在先设计相比，还是会使知情用户产生不同的整体印象，因此无法满足独特性的要求。❶

总之，"创造性"与"新颖性"两个标准关系密切，前者对于后者有补强作用，但又相对独立，有着各自的意图，明确二者之间的关系有利于理顺审查活动的步骤和要点，从而作出更符合外观设计保护目的的结论。

8.3.3　设计空间概念的适用

设计空间又称设计自由度，是指设计者在创作特定产品外观设计时的自由程度。作为判断外观设计"独特性"的因素之一，欧盟明确提出，"在判断独特性特征时，需要结合设计者在开发设计时的自由程度来考虑"。❺ 这一点的意思是说，设计者自由发挥的空间越大，保护的范围越大；反之，则越小。❻

我国现行法律中并无与"设计空间"有关的规定，但司法实践已对其进行了尝试性的探讨，在入选 2010 年《最高人民法院知识产权案件年度报告》的浙江今飞机械集团有限公司案中，一审、二审法院均认为，"摩托车

---

❶　专利局审查业务管理部主编. 专利审查指南修改导读 2010. 北京：知识产权出版社，2010：189 - 190.

❷　应振芳等. 外观设计专利授权标准和保护范围. 载于：国家知识产权局条法司. 专利法及专利法实施细则第三次修改专题研究报告. 北京：知识产权出版社，2006：463.

❸　Musker David.：Community design law：principles and practice，Sweet & Maxwell，2002. p. 31.

❶　Prodir SA v. Dariusz Libera，2008，E. C. D. R，7.

❺　Regulation Art. 6.

❻　Musker David.：Community design law：principles and practice，Sweet & Maxwell，2002，p. 29.

车轮均为轮辋、辐条和轮毂组成，受其所设定功能的限制，外观变化的空间均为有限，因此，上述区别在设计空间有限的车轮产品上已经对整体视觉效果产生显著影响。"[1]

最高人民法院则认为，"在摩托车车轮领域，摩托车辐条的设计只要符合受力平衡的要求，仍可以有各种各样的形状，存在较大的设计空间，二者区别对整体视觉效果的作用较小，涉案专利与在先设计构成相近似的外观设计。"[2]

可见，在我国，设计空间虽然已成为司法实践判断外观设计相同或近似的一个因素，但尚缺乏对其内涵的统一解释，这也是在不同法院之间产生分歧的原因之一。笔者认为，对于设计空间概念可从以下几个方面把握：

第一，设计空间的含义。设计者在设计过程中的自由度是判断一项外观设计是否具有独特性的重要标识，是评判注册外观设计是否满足授予条件和保护范围都需要考虑的因素。[3] 具体而言，当某种产品上的整体设计，即外在轮廓、形状、构造、大小的设计空间比较大时，在整体设计上的相同或者相似，可以认定外观设计没有创造性；当整体设计的设计空间较小，局部设计的设计空间较大时，那么局部设计的差异就会带来外观设计具有创造性的结论。此外，当局部设计的设计空间也比较小时，那么即使两个设计在局部设计的差异比较小，那么也可能会认定外观设计具有创造性。[4]

欧盟则将其作为判断整体印象时的一个考虑因素，认为如果因某些特征受功能性所限而导致设计自由度较小时，则知情的用户就不会对这部分产生太多关注。[5] 在3M案中，审查部门认为，鉴于异议部分的设计空间很小，知情用户不会把注意力放在这部分，而剩下部分外观设计的不同足以使人们在整体印象上产生差别，故被比设计是有效的。[6]

---

[1] 北京市第一中级人民法院 2009 一中知行初字第 2556 号行政判决书；北京市高级人民法院 2010 高行终字第 448 号行政判决书。

[2] 最高人民法院 2010 行提字第 5 号行政判决书。

[3] Grupo Promer Mon Graphic v. OHIM – PepsiCo, Case T – 9/07, 2010.

[4] 吴雨桐，"外观设计的授权标准研究"，源自 2013 年清华大学法学院崔国斌老师主持的外观设计课题研究中的阶段性成果。

[5] Jason J. Du Mont, Mark D. Janis, Functionality in Design Protection Systems, 19 J. Intell. Prop. L. 261. 2012.

[6] Jose Mallent Castello v. 3M Innovative Properties Co., OHIM, Third Board of Appeal, ICD 4014, June 2004.

不难看出，设计空间的引入是为了更准确地界定外观设计的保护程度和权利边界，在被比设计和在先设计，权利设计和被控侵权设计之间比对时，设置一个客观化的标准，从而促进外观设计的良性发展。

第二，设计空间的判断主体。笔者在上文中曾提出建议，就外观设计相同或相近似的判断主体"一般消费者"而言，可借鉴欧盟"知情的用户"的规定，实际上，这一主体还承担着判断设计自由度的职能：一方面，这项工作本来就是附属于独特性的判定；另一方面，由一般消费者得出设计空间大小的结论往往更为客观。例如，设计人员由于熟悉本领域的设计情况，往往会在主观上放大设计空间，造成实质上有了创新变化的设计难以授权；而普通公众又会因背景知识的缺乏难以想象到替代性的设计方案，从而对设计空间估量过低，导致某些惯常设计也可能落入权利保护的范围。

反过来看，特定产品的设计空间的大小与认定该外观设计产品的一般消费者对同类或者相近类产品外观设计的知识水平和认知能力具有密切关联。对于设计空间极大的产品领域而言，由于设计者的创作自由度较高，该产品领域内的外观设计必然形式多样、风格迥异、异彩纷呈，该外观设计产品的一般消费者就更不容易注意到比较细小的设计差别。相反，在设计空间受到很大限制的领域，由于创作自由度较小，该产品领域内的外观设计必然存在较多的相同或者相似之处，该外观设计产品的一般消费者通常会注意到不同设计之间的较小区别。设计空间对于确定相关设计产品的一般消费者的知识水平和认知能力具有重要意义。在外观设计专利与在先设计相同或相近似的判断中，可以考虑设计空间或者设计者的创作自由度，以便准确确定该一般消费者的知识水平和认知能力。[1]

第三，设计空间的影响因素。我们知道，设计者的设计自由度通常受到现有设计、技术功能、社会发展趋势及消费者群体等多种因素的制约和影响。有学者曾列举出如下因素：设计/产品的功能；消费者对产品的心理预期；人体工程学因素；生产制造成本；设计/产品是否需标准化；设计特征是普遍的还是呈现出了某种结构原则。[2]

在众多因素中，一般只有技术考虑和法律强制性规范等会给设计空间

---

[1] 最高人民法院 2010 行提字第 5 号行政判决书。

[2] Uma Suthersanen，Design Law：European Union and United States of America，Thomas Reuters（Legal）Limited，2nd，2010，p. 120.

带来较大的影响，市场需求及其他非技术因素产生的影响较小，如果区别是由功能性唯一确定的，则不属于外观设计专利的范围，其所带来的视觉影响在进行判断的时候不予考虑。只有当有大量证据可以证明非技术因素带来的设计特征已成为该类产品上的惯常设计特征时，这些惯常设计特征才影响设计空间的大小。❶ 例如，在 PepsiCo 案中，欧洲法院认为，由于注册外观设计的目的是回报设计出创新产品的设计者，此种自由不考虑市场对产品期待的特征，即所谓"惯常特征"，而只应局限于功能限定范围内。❷

此外，由于设计自由度是个变量，因此，在确定设计人员的设计自由度时，要确定该外观设计所属的产品类别、产品性质、预期用途或功能特性，充分了解现有设计的整体状态。❸ 具体而言，随着新技术的应用、现有设计的增多及法律的变迁、观念的改变等，设计师突破原有的设计空间作出新的设计后，一般消费者显然会注意到这些突破性设计，产生新的认知。设计空间的大小是一个相对的概念，对于同一产品的设计空间而言，设计空间的大小也是可以变化的。随着现有设计方法增多、技术进步、法律变迁及观念变化等，设计空间既可能由大变小，也可能由小变大。❹

综上所述，对于设计空间较大的产品领域，其创新空间较大，则只有其设计和在先设计的区别足够大的时候，才能认可其产生了新的设计，从而可以得到专利权的保护；而对于设计空间较小的产品领域，由于其创新空间较小，则在设计上的些许变化难度已经很大，基于鼓励创新的专利法立法宗旨，较小的设计变化也可以得到认可，从而获得相应的专利权。❺ 总之，设计空间概念的引入对外观设计相同和相近似判定的客观性、准确性都起到了良好的辅助作用，对其恰当的运用也可以避免主观性判断标准可能存在的不足。此外，设计空间与功能性限定的密切相关也体现了外观设计的特质，即在保证不损害所附载产品的功能性和实用性基础上，作出有利于吸引消费者、增强竞争力的艺术美感上的改进。

---

❶ 吴雨桐，"外观设计的授权标准研究"，源自 2013 年清华大学法学院崔国斌老师主持的外观设计课题研究中的阶段性成果。

❷ Grupo Promer Mon Graphic v. OHIM – PepsiCo，Case T－9/07，2010.

❸ 罗霞. 外观设计专利相近似的司法判断. 人民司法，2012，13.

❹ 最高人民法院 2010 行提字第 5 号行政判决书。

❺ 余心蕾，庞谦. 关于外观设计相近似性判断标准的探讨——"摩托车车轮"外观设计再审案件引发的思考. 电子知识产权，2011，9.

8.4　侵权判定的体系：不同模式的比较

我国外观设计法律保护起步较晚，较长一段时间内并无太多有关外观设计侵权判定的专门性研究，其所借鉴的行政审查规定也历经数次修改，加之外观设计本身就具有较强的不确定性，因此，在司法实践中对于外观设计侵权判定的态度一直较为模糊，没有一个明确的判断准则，缺乏稳定性。从根源上来看，外观设计自身特殊的性质决定了，无论在理论界，还是在实务中，其侵权判定一直是最悬而未决的问题之一，在外观设计的保护历程中也相继出现过不同的侵权判定模式，但在日益繁杂的司法实践中，这些判定模式均逐渐暴露出其固有的弊端，如何衡量这些模式的优劣，进而作出客观的评价和选择，对未来我国司法实践的走向有着重要的影响。

8.4.1　判定模式的现状

纵观世界主流国家和地区，其在外观设计侵权判定问题上所采取的模式按照出现的时间顺序大致可概括为以下两种：混淆模式和创新模式。❶

混淆模式起源于美国，也叫普通观察者检测法，由美国联邦最高法院1871 年的 Gorham 一案确立而来，❷ 在该案中，被控侵权的餐具与原告获得外观设计专利授权的餐具（汤匙与餐叉把柄）在外观上存在一些相似之处，是否构成实质相同成为双方争议的焦点。最终，最高法院推翻了下级法院的判决，认定被告侵犯了原告的专利权，并指出，"判断被控侵权产品的外观与专利产品是否相同，不是从一个专家的眼光来看，而是应当从一个普通观察者的眼光来看。在具有购买者通常所具备观察力的普通观察者眼中，两项设计实质上相同，如果这种相似欺骗了上述观察者，导致他将购买的被控侵权产品误认为专利产品，则可以认定侵权的成立。"❸

---

❶ 在笔者查阅的资料中，关于外观设计侵权判定模式的分类并不是特别一致，名称也大相径庭，如"标准""方法""规则""模式"等。因为涉及到对于判定主体、标准和方法等的讨论，笔者认为还是用"模式"一词概括起来更加全面。

❷ Gorham Co v. White. （14 wall. ）511 （1872）.

❸ 因为是从"普通观察者"为判定主体，故也称为"普通观察者检测"标准。

作为在外观设计侵权判定领域探索最为积极的国家，美国亦是该领域另一重要的判定模式——创新模式的起源地，即"新颖点测试（Point of Novelty Test）"标准。● 该标准确立于 CAFC1984 年审理的 Litton 案，在该案中，原告指控被告生产的微波炉侵犯了其外观设计专利权。CAFC 认为，"无论二者看上去有多相似，被控侵权产品必须使用了专利产品区别于现有设计的新颖点。"● 也就是说，即便法院通过普通观察者的眼光进行了比较，若要判定侵权成立，还必须认定这些相似是由使其区别于现有设计的新颖点而造成的。

中国明确将外观设计作为一项权利纳入法律保护范围刚满 30 年●，尚不及发达国家在此方面十分之一的时间，即便在如此短的历程内，还经历了外观设计侵权判定模式的几番变化，更不用说在世界范围内与外观设计侵权判定相关问题的不确定性了。近年来，虽然司法解释对外观设计侵权判定相关的基本问题作出了规定，但从司法实践的情况来看依然存在几个问题：

第一，缺乏说明判断的过程。详细的说理是一份裁判文书中最为关键的部分，也会对人们关于某项权利的认知产生重要的影响。由于我国专利法修改之前并无对于设计要点的强制性规定，加上各地法院的业务水平参差不齐，很多判例经常引用"整体观察、综合判断"的概括性话语，专利设计与被控侵权设计是否相同或近似直接得出结论，缺乏对于二者的对比。显得裁判主观性过强，容易导致当事人及社会公众对于判决的质疑。

第二，缺乏统一的规范标准。我国司法实践长期借鉴《审查指南》的规定，但又无明确的规范，加上《审查指南》几经修改，关于外观设计的规定较为零散，不同法院在借鉴上可能存在不同的侧重，如"设计要点""设计要部""设计风格""设计特征"等概念相近但又不完全相同的用语出现在不同的判决中，判断方法更是大相径庭，除了常见的整体观察、综

● 按照 Litton 案中确立起的关于新颖点的定义，我国与之相对应的概念为"设计要点"，即指与现有设计相区别的产品的形状、图案及其结合，或者色彩与形状、图案的结合，或者部位。《专利审查指南》第三章 4.3。另，根据《最高人民法院关于审理侵权专利权纠纷案件若干问题的意见》（内部征求意见稿）第 22 条第 2 款的解释，设计特征为设计要点的上位概念。

● Litton Systems Inc v. Whirlpool Corp, 728 F. 2d 1423（Fed. Cir. , 1984）.

● 《中华人民共和国专利法》（第一版）于 1985 年 4 月 1 日起颁布实施。

合判断外，对于要部判断、隔离判断等的理解也经常不一致，这些都有损司法裁判权威和公正的形象。

就国外相关问题的发展情况来看，作为外观设计侵权判定的引领者，美国虽然是世界上少数几个对外观设计实行实质审查的国家，且在外观设计侵权判定上有着较为丰富的经验，但目前也正在经历转型和过渡期，原因是联邦巡回上诉法院在 2008 年的 Egyptian 案中❶，发现了曾与"普通观察者法"共同并行使用多年的"新颖点检测法"在适用中可能导致的谬误，从而将其弃用，这样使得美国开始全面重新反思外观设计侵权判定的整套理论

一位学者曾形象地将外观设计的法律保护比喻为"原罪（original sin）"，认为尽管在外观设计侵权判定方面曾有过一系列连续的尝试，依然无法清除该制度与生俱来所伴有的原罪。❷

8.4.2 "混淆模式"的问题

"混淆标准"中的"混淆"，让很多学者将它和商标法意义上的混淆联系起来。在这些学者看来，"混淆标准"误将外观设计立法等同于商标立法，是不能接受的。典型的批评意见如下："外观设计专利权是创造性成果权利，是一种发明创造，以一般消费者对两项外观设计是否产生混同、误认来判断外观设计专利授权标准的立足点，其结果会混淆知识产权中创造性成果权利与识别性标记权利，将外观设计专利权的保护混同于注册商标专用权以及反不正当竞争法对企业名称、知名商品特有包装、装潢的保护，从而忽略了对外观设计创新活动予以保护的立法目的，该标准显然不应当继续采用。"❸

在笔者看来，此类批评意见可能过于执着于"混淆"在商标法下的字面含义，从而得出"混淆标准"违背外观设计立法目的的结论。其实，在外观设计保护的语境下，"混淆"不过是外观设计方案相同或近似的习惯或

---

❶ Egyptian Goddess Inc. v. Swisa, Inc. 543 F. 3d665 (2008).

❷ Anna Tischner, "Focus on the Polish regulation of copyright and design overlap after the judgment of the Court of Justice in Case 168/09 (Flos v Semeraro)", International Review of Intellectual Property and Competition Law. 2012.

❸ 罗霞. 外观设计专利相近似的司法判断. 人民司法，2012，13：7.

者不准确说法而已。很少有案例表明，法院在认定外观设计混淆时，单纯是因为消费者对产品的来源（制造者）发生误认。

或许是意识到了混淆模式的不足，我国在 2004 年修改《审查指南》时，在原有的混淆标准中加入了"显著影响"的因素：如果一般消费者经过对被比外观设计与在先外观设计的整体观察可以看出，二者的差别对于产品的整体视觉效果不具有显著的影响，则被比外观设计与在先外观设计相近似；否则，两者既不相同，也不相近似。❶

本次修改同时亦阐明了其与先前混淆模式的关系：如果一般消费者会将被比外观设计与在先外观设计误认、混同，则二者的差别对于产品的整体视觉效果显然不具有显著的影响。但是，仅仅根据两项外观设计不会导致一般消费者误认、混同并不必然得出二者的差别对于产品的整体视觉效果具有显著的影响的结论。❷

根据国家知识产权局对此次修改的说明，整体视觉效果模式并非要彻底颠覆混淆模式，而是为了更符合日常生活中对于"一般消费者"的通常理解，在调整"一般消费者"的定义之后，对于判断原则进行相应的调整。❸ 可见，其对于混淆理论的修正是纤细的、微弱的。从外观设计专利侵权判定角度看，混淆标准所依赖的是整体性混淆，而非局部混淆或者设计要点混淆。❶

8.4.3 "创新模式" 的困境

在 Ltitton 案之后，直到 2008 年 Egyptian 案之前，创新模式与"普通观察者检测"标准一道，共同组成美国在外观设计侵权判定中秉持的两项基本原则。依据这一标准，即便两项外观设计整体比对综合判断后并不相同或近似，只要被控侵权的方案中含有外观设计专利中的创新内容，则依然可能构成侵权。❺ 这一模式的判定甚至可以突破外观设计的产品种类界限。

---

❶ 国家知识产权局：《审查指南公报》，2004 年 5 月 26 日。

❷ 国家知识产权局：《审查指南公报》，2004 年 5 月 26 日。

❸ 国家知识产权局：《关于〈审查指南〉第 1 号公报的说明》。

❶ 徐新．外观设计专利权保护范围的解释原则——以外观设计专利侵权判定为视角．知识产权．2009，11．

❺ 关于这一标准的详细论述可以参考：吴观乐．外观设计专利应当立足保护创新．载于：程永顺主编．外观设计专利保护实务．北京：法律出版社，2005：16-28．

比如，汽车外观设计专利或许可以阻止他人生产该汽车模型，尽管汽车和汽车模型并不属于相同或近似种类的产品。❶ 事实上，创新模式吸收了"新颖点测试"标准的精髓，有学者总结认为，在该模式下，只要被控侵权产品包含了专利设计中一般消费者在正常状态下能够看到的装饰性创新内容，即为近似外观设计，亦即构成侵权；反之，即为既不相同也不近似外观设计，亦即不构成侵权。❷ 但是，创新模式也伴随着与生俱来的弊端：

第一，增加权利保护的不确定性。如果只进行专利产品与被控侵权产品的相应部分的纯粹创新点比较，仅仅将创新点作为保护的对象，完全脱离视觉观察的范畴，会不合理地扩大外观设计专利的保护范围。

从权利人的角度考虑，越新颖的外观设计会被确认有越多的创新点，当专利外观设计中有几个不同的设计特征被认为是创新点时，如果包括所有的创新点才能认定侵权，则会使创新点越多的设计越难以保护。❸ 这个问题最终在 2008 年的 Egyptian 案中突显出来。在该案中，CAFC 首次弃用了"新颖点测试"标准，并就"新颖点测试法"在一些案件中可能存在的弊端给出了解释，认为"采用新颖点标准容易使判断者将其注意力集中在授权外观设计的个别设计特征上，而不是集中在更为恰当的判断上，也就是被控侵权产品作为一个整体是否抄袭了授权外观设计的设计方案。"❶

第二，在实践应用中可操作性有限。与混淆模式相比，创新模式最大的特点在于将判断过程流程化，使侵权判定成为直接考察和衡量创新设计部分的过程，在这个过程中，外观设计专利创新点的总结成为最重要的一步，而其恰恰也是创新模式下的侵权判定最难以操作和量化的一步。在 Egyptian 案中，CAFC 在经过一系列关于新颖点的调查总结后，终于放弃了努力，承认"如果专利外观设计有多个特征被认为是新颖点，或者存在多项在先外观设计，专利外观设计的每一项特征均能在一项或者多项在先设计中找到，在这样的案件中适用新颖点检测被证明是困难的。特别是，在

---

❶ 关于这一标准的详细论述可以参考：吴观乐. 外观设计专利应当立足保护创新. 载于：程永顺主编. 外观设计专利保护实务. 北京：法律出版社，2005：16 – 28.

❷ 蒋志培主编. 中国知识产权司法保护. 北京：中国传媒大学出版社，2008：159.

❸ 闫文军，胡云秋. 外观设计专利侵权判断标准探讨——以创新点对外观设计侵权判断的影响为中心. 载于《外观设计相关法律问题研讨会论文集》. 中国社会科学院知识产权中心，2012 年 6 月 9 日。

❶ Egyptian Goddess Inc. v. Swisa，Inc. 543 F. 3d665（2008）.

存在多项特征与多项在先外观设计时，特征的组合或者外观设计的整体外观是否构成专利外观设计的新颖点，在适用新颖点检测时，会出现不同见解。"❶

那么，我国是如何确定新颖点的呢？虽未有法律明文规定新颖点的总结规则，但上文中提到的简要说明，可以视同为司法裁判者提供一个可以参考的准据。有学者建议强化简要说明中设计要点的作用，即专利权人说明的设计要点应当是反映该外观设计的设计创新内容，在侵权程序中，若被控侵权产品的外观设计中包含设计要点中所声明的部分，且这些部分与专利图片或照片中示出的相同和相近似，则应当认定侵权；相反，若被控侵权产品的外观设计中未包含设计要点的一部分、或者这些部分与专利的外观设计图片或照片中示出的不相同和不相近似，则应当认定为不侵权。❷

笔者认为，这种观点值得商榷：首先，作为设计要点的确定者，申请人往往是出自与专利外观设计相关的设计人员，其认知水平和能力均高于现行专利法中侵权判定的主体，即一般消费者，所以无法从现有法律中找到依据，同时，由于不具备类似发明专利那样包含了权利要求和说明书的授权文本，法官很难在裁判时达到设计人员的认知水平；其次，若以设计要点为侵权判定依据，则还应在侵权诉讼程序中引入禁止反悔等原则，防止权利人为达到诉讼的目的而改变专利简要说明中的设计要点。❸这种大规模的修改过于激进，不利于法律规范适用的稳定性，短期内也难以实现。

第三，与行政审查标准不一致。如果在外观设计侵权判定中彻底地贯彻创新模式，即只有创新部分的设计才能得以保护，那么相应的，行政审查也应以此为标准，那些不具有创造性的外观设计不能获得授权。而在美国，对于创造性审查的主体为本领域设计人员。❶ 在日本，创造性审查主体

❶ Egyptian Goddess Inc. v. Swisa, Inc. 543 F. 3d665 (2008).

❷ 吴观乐. 试论外观设计专利保护的立足点. 知识产权，2004，1.

❸ 类似于美国司法实践中曾出现过"购物清单"方法，即为了证明被告盗用了自己的新颖点，根据被告产品的特点，原告有针对性的列举自己专利的新颖点。这种方法已被美国司法实践所否定。转引自：董红海. 中美外观设计专利侵权判定比较——基于美国外观设计案例的分析. 知识产权，2005，4.

❶ 《审查指南》（MPEP）1504.02.

是一般设计者，其审查部门的审查员具有较高水平的专业知识。● 这些条件均是为了保证获得授权的外观设计较之于现有设计而言具有一定的创造性。

反观我国，虽然已经在《专利法》中引入了类似创造性的授权条件，但一方面，由于我国目前对于外观设计采用的仍为形式审查的程序；另一方面，审查主体仍定位于一般消费者，加之外观设计创造性的审查判断需要依赖存有大量在先设计资料的数据库以满足比对的需要。因此至少到目前为止，我国审查实践距离创造性标准的要求还有一定距离，但是出于立法目的，外观设计专利的授权标准也应是侵权判定的标准。● 因此，在侵权判定中，对于创新点单方面的强调可能会造成与行政审查实践的脱节，最终误导人们对于外观设计保护的理解。

由上述分析不难发现，创新模式虽然是人们对于外观设计本质的理解在司法实践中的反映，也力求使得侵权判定趋向客观化，但其追求的目标在当前显得有些"激进"，且缺乏审判实践的检验，尚待进一步的调整和完善。

8.4.4　判定模式的选择

其实，一旦消除"混淆"一词字面引人误解的含义，恢复背后"相同或近似"的真实含义，我们就不能从逻辑上判断"混淆标准"与"创新标准"哪一个更可靠。前者更强调整体或综合，后者更强调创新点或局部。对二者进行取舍，实际上一个重要的政策选择：究竟要对外观设计提供多大程度的垄断权保护。

在笔者看来，目前外观设计侵权判定领域面临的最大问题并非没有可供使用的理论模式，而是缺乏对于这些理论一致的认识，司法裁判者在实践中对不同模式的把握也不尽相同，因此，如何正确理解这些模式，建立统一的规范是司法实践的当务之急。

第一，肯定不同模式存在的合理性。任何一种理论的产生和应用都必

● 日本特许厅水野《工业品外观设计机构的管理及其提供的公共服务》，WIPO 亚洲地区外观设计研讨会，1994 年 3 月．转引自：程永顺．外观设计授权审查标准及方式的质疑．知识产权，2003，1.

● 林笑跃，刘稚．外观设计制度的完善．载于：国家知识产权局条法司．专利法实施细则修改专题研究报告（上卷）．北京：知识产权出版社，2008：425.

然有其合理的原因，在外观设计侵权判定领域，无论是出现最早的混淆模式及由其衍生的整体视觉效果模式，还是近年来备受争议的创新模式，其之所以有在具体的司法实践中应用的先例，意味着有其存在的理论基础：整体视觉效果模式侧重于保护外观设计的艺术美感性，而创新模式则更关注外观设计中的实用功能点。但正如前文所述，外观设计兼具艺术美学与实用功能的双重特性，两种模式均忽略了这种特性，若在实践中单一适用某种模式，必然会在一些案件中得出不合理的结论。因此，从外观设计的本质出发，两种模式均有其适用的必要。

从另一个角度看，对外观设计近似性判断仅仅是侵权判定的一个步骤，无论采用哪种方法，都是为了得出是否侵权的结论。从这个意义上来看，采用哪种对比方法只是作出侵权判断的一种手段，应当允许通过不同的手段得出是否侵权的结论。❶ 而且在实践中，混淆模式和创新模式也并不总是相互矛盾的，在很多情况下都是一致的，例如，在温州市三星密码箱厂诉温州市伊德箱包有限公司侵犯外观设计专利权纠纷案中，法院指出"综合以上对比，可以认定伊德箱包公司在箱包中使用的被控侵权型材，并未使用三星密码箱厂外观设计专利中富有美感的新设计要素，以购买箱包的普通消费者的审美观察能力，可以判断与专利设计不相近似，不构成侵权。"❷ 即在裁判理由中一方面认为整体上不近似，另一方面认为并没有抄袭专利外观设计的新颖点，从而得出不侵权的结论。

第二，合理协调不同模式之间的关系。在承认了两种模式存在的合理性之后，如何把握二者的关系则成了实践中面临的问题，结合国外已有经验，笔者认为目前我国应在坚持整体视觉效果模式的框架下，积极探索创新模式适用的方法：

（1）整体视觉效果模式的地位。作为混淆模式的改良，整体视觉效果模式虽然在本质上延续了混淆模式的精髓，但其毕竟意图克服混淆模式下可能导致的不客观、不合理的判定结论，与僵硬的混淆、误认标准相比显得更加灵活，给法官留出了较为充分的说理空间。同时，虽然仍基于整体视觉效果来进行判断，但其毕竟承认了区别于现有设计的设计要点在侵权

---

❶ 陈英，欧修平. 外观设计的近似性判断. 人民司法，2011，17.
❷ 温州市中级人民法院 2003 温经初字第 52 号。

判定中有着更为突出的作用，并且以综合判断的形式纳入比对范围，这也弥补了混淆模式最大的弊端。有学者在评论 Egyptian 案中法院对于"普通观察者法"的态度时指出，"从外观设计吸引消费者群体的最终目的来看，普通观察者观察标准不说最重要，也至少应占据一席之地。"❶

此外，从我国现有法律体系来看，整体视觉效果模式以现行法为支撑，相比其他模式与授权、确权程序中的标准显得更为一致，体现了法律适用的一致性。❷ 因此在现行法律及行政规定未有重大修改的情况下，仍然应以整体视觉效果模式为侵权判定的主要方法。

（2）创新模式的作用。从上文的分析来看，以保护创新内容为要旨的创新模式最初是为了解决混淆模式遭遇的困境而出现的，美国法院也认为，新颖点法的适用是为了避免概念化认识外观设计的整体而无视区别于现有设计的独有特征。❸ 在这样的背景下，创新模式的提出更多的是为了修正原有判定方法的不足，起到的只是一种辅助性的功能，美国曾经在相当长一段时期内将其视为一种独立的判断方法，这种做法在 Egyptian 案中得以修正，CAFC 指出，"检查专利设计的新颖性特征是对比专利设计与被控设计和在先设计的重要组成部分。但是这种设计间的对比，包括检查任何新颖性特征，必须作为普通观察者法的一部分进行，不能作为仅仅适用于诉讼程序、聚焦于特定新颖点的独立方法的一部分进行。"❶

从我国的立法目的来看，《专利法》除了要"保护权利人的合法权益，鼓励发明创造，推动发明创造的运用，提高创新能力"之外，还为了"促进科学技术进步和经济社会发展"。可见，单方面强调保护创新并不能全面展现专利法的立法目的，在对外观设计的保护过程中，既要保护专利权人发明创造的积极性，也要充分考虑广大消费者和社会公共利益。❺ 与此相对应，最高法院在《关于审理侵犯专利权纠纷案件应用法律若干问题的解释》的第 11 条有关外观设计侵权判定方法的规定中，也明确指出了二者的地位，即"以外观设计的整体视觉效果"进行综合判断，同时确认"区别于现有

---

❶ 李小武. 回到外观设计保护的起源. 清华法学，2012，5.

❷ 张广良主编. 外观设计的司法保护. 北京：法律出版社，2008：7.

❸ Sun Hill v. Easter, 48 F. 3d 1193；33 U. S. P. Q. 2D（BNA）1925.

❶ Egyptian Goddess Inc. v. Swisa, Inc. 543 F. 3d665（2008）.

❺ 欧修平. 外观设计的近似性判断. 人民司法，2011，17.

设计的设计特征相对于授权外观设计的其他设计特征"对整体视觉效果更具有影响。

（3）设计要点的利用。那么，如何看待新颖点在外观设计侵权判定中的作用呢？需要注意的是，虽然 Egyptian 案抛弃了"新颖点"法，但没有抛弃"新颖点"法的核心，CAFC 在判决中指出，"当然，我们对于新颖点检测的拒绝并不意味着专利设计与在先设计之间的区别是无关的。相反，对于专利设计新颖特征的审查是将其与被控侵权设计及在先设计对比的重要组成部分。但是包括任何新颖性特征在内的比对均必须作为普通观察者法的一部分来进行，而非针对仅在诉讼中涉及的新颖点进行检测的独立程序。"❶

CAFC 反复强调在使用普通观察者法时要考虑在先设计，这与同时使用两种独立的侵权判断方法时的普通观察者法有明显的区别。也就是说，尽管在 Egyptian 案中 CAFC 仅仅使用了普通观察者法，但这时的普通观察者法的内涵发生了变化，是渗入了在先设计的带有客观性特征的主观判断方法。❷

因此，就我国专利法中所规定的设计要点而言，一方面，我们要承认其作用，在司法实践中通过审查权利人的简要说明，结合事实调查来初步确定需要进行着重比对的创新点；另一方面，在被控侵权设计仅使用了部分创新点的情形下，要避免美国之前将新颖点全部审查比对的僵硬规则，灵活认定其对于整体视觉效果的影响，而不作为判定侵权的直接依据。❸

上文曾提到我国目前在司法实践中已引入了设计空间的概念，将其与设计要点相结合，可以更客观地反映外观设计权利的保护范围及被控侵权设计侵权的可能性，例如，对于较新的或市场上新出现产品的设计，由于现有设计少、设计自由度较大，对应的创新点也较多，则应谨慎考虑被控侵权设计对于专利设计创新点的使用程度，若非模仿借鉴了后者大部分创新点，则不宜认定侵权；反过来，对于那些较为成熟的产品，如传统家用

---

❶ Egyptian Goddess Inc. v. Swisa，Inc. 543 F. 3d665（2008）.

❷ 董红海，陆准. 美国外观设计专利侵权判断方法的最新发展——简评 Egyptian Goddess 案. 知识产权，2009，7.

❸ 设计要点并不直接决定外观设计权利的保护范围。参见：钟华. 试析外观设计简要说明在专利确权和侵权认定中的作用. 中国专利与商标，2010，3.

电器，其已具有较为固定的外形，在关键部位不易作出较大的改进，对这类产品，关键看被控侵权设计是否抄袭专利权人独创的"新设计"，若是，则侵权成立的可能性较大。

8.5　本章小结

在肯定了外观设计独立保护思想的合理性后，如何进行具体制度的设计与规划是我们在实务中所重点关注的工作。然而，法律制度的构建是一项庞大的工程，会涉及各方面的因素，不仅来自于法律本身，还与社会背景、政策取向、经济状况等密切相关，这些因素错综复杂地交织在一起，不仅增加了制度设计者工作的难度，亦为制度规划完成后的运行状况增加了不稳定的因素，因此，就理论研究而言，我们应该最大程度地结合现有的实践进行全方面的综合考虑，为制度构建的方向提出原则性的建议。

就外观设计保护问题而言，其法律体系的显著特点之一就是各项看似独立的问题都存在高度的关联性，例如，授权标准的把握直接影响侵权阶段比对的方法，判定主体的选择又受限于我们对外观设计保护范围的界定，加之自身特性决定了与其相关的问题有着较高的不确定性，因此，完全意义上的独立保护在短期内可能难以实现。

不过，笔者在前文中已反复强调，外观设计的保护模式只是一个结论上的选择，独立保护的思想才是我们需要坚持和提倡的原则，因此，在总结现有保护模式弊端、借鉴已有独立立法经验的基础上，我们可以尝试对已有法律制度作出符合外观设计本质的解释，在不对现有框架造成"破坏"的前提下，为外观设计搭建一个相对独立的保护体系。就本章而言，虽然无法囊括所有的问题，但至少可以在一些基本问题，如保护范围、授权标准、侵权判定等方面，梳理出人们在未来修改法律时可供参考的原则性规范。

参考文献

［1］应振芳. 外观设计研究. 北京：知识产权出版社，2008.

［2］郑成思. 版权法. 北京：中国人民大学出版社，1997.

［3］刘桂荣. 外观设计专利申请审查指导. 北京：专利文献出版社，1993.

［4］布拉德·谢尔曼，莱昂内尔·本特利著. 金海军译. 现代知识产权法的演进——英国的历程（1760—1911）. 北京：北京大学出版社，2012.

［5］迈克·库利. 从布鲁内莱斯基到计算机辅助的设计和制造. 转载于约翰·沙克拉. 设计——现代主义之后. 上海：上海人民美术出版社，1995.

［6］杨琪. 艺术学概论. 北京：高等教育出版社，2003.

［7］夏纾. 尊贵的回忆——世界著名建筑大师全传. 武汉：华中科技大学出版社，2006.

［8］王受之. 世界工业设计史略. 上海：上海人民美术出版社，1987.

［9］朱铭、荆雷. 设计史. 济南：山东美术出版社，1995.

［10］胡充寒. 外观设计专利侵权判定理论与实务研究. 北京：法律出版社，2010.

［11］唐广良、董炳和. 知识产权的国际保护. 北京：知识产权出版社，2006.

［12］博登浩森著. 汤宗舜、段瑞林译. 保护工业产权巴黎公约指南（英文附录文本）. 北京：中国人民大学出版社，2003.

［13］柳冠中. 科学×艺术的时代与创造性思维方法. 事理学论纲. 长沙：中南大学出版社，2006.

［14］世界知识产权组织. 知识产权法教程. 北京：专利文献出版社，1990.

［15］王美芳. 通过设计创新及其知识产权保护提高我国企业竞争力. 宫玉珉主编. 外观设计与知识产权保护. 北京：知识产权出版社，2002.

［16］郑成思. 知识产权论（第三版）. 北京：法律出版社，2007.

［17］汤宗舜. 专利法教程（第三版）. 北京：法律出版社，2003.

［18］崔国斌. 专利法：原理与案例. 北京：北京大学出版社，2012.

［19］李明德. 知识产权法. 北京：社会科学文献出版社，2007.

［20］金海军. 知识产权私权论. 北京：中国人民大学出版社，2004.

［21］段瑞林. 知识产权法概论. 北京：光明日报出版社，1988.

［22］赵元果. 中国专利法的孕育与诞生. 北京：知识产权出版社，2003.

［23］张德伟. 专利法修改解答. 北京：专利文献出版社，1994.

［24］国家知识产权局审查业务管理部. 审查指南修改导读. 北京：知识产权出版社，2002.

［25］国家知识产权局条法司. 专利法第二次修改导读. 北京：知识产权出版社，2000.

［26］国家知识产权局条法司. 专利法实施细则第二次修改导读. 北京：知识产权出版社，2001.

［27］国家知识产权局条法司. 专利法实施细则第三次修改导读. 北京：知识产权出版社，2010.

［28］吴观乐. 试论外观设计专利保护的立足点. 知识产权，2004，（1）：14 - 19..

［29］全国人大法制工作委员会经济法室.《中华人民共和国专利法》释解及实用指南. 北京：中国民主法制出版社，2009.

［30］尹新天. 中国专利法详解. 北京：知识产权出版社，2011.

［31］林笑跃、刘稚等. 外观设计制度的完善. 国家知识产权局条法司. 专利法实施细则修改专题研究报告（下卷）. 北京：知识产权出版社，2008.

［32］国家知识产权局审查业务管理部. 专利审查指南修订导读 2010. 北京：知识产权出版社，2010.

［33］张广良主编. 外观设计的司法保护. 北京：法律出版社，2008.

［34］国家知识产权局审查业务管理部. 审查指南修订导读 2006. 北京：知识产权出版社，2006.

［35］奚晓明主编. 最高人民法院知识产权审判案例指导（第三辑）. 北京：中国法制出版，2011.

［36］杨利华. 美国专利法史研究. 北京：中国政法大学出版社，2012.

［37］赵元果. 中国专利法的孕育与诞生. 北京：知识产权出版社，2003.

［38］张沧. 外观设计专利实质性授权条件研究. 国家知识产权局条法司. 专利法研究 2003. 北京：知识产权出版社，2003.

［39］许清平. 论我国工业品外观设计的法律保护. 国家知识产权局条法司. 专利法研究 2004. 北京：知识产权出版社，2005.

［40］王桂莲. 中美外观设计比较研究. 程永顺主编. 外观设计专利保护实务. 北京：法律出版社，2005.

［41］钱亦俊等. 外观设计专利的授权标准. 国家知识产权局条法司. 专利法及专利法实施细则第三次修改专题研究报告. 北京：知识产权出版社，2006.

［42］国家知识产权局条法司.《专利法》第三次修改导读. 北京：知识产权出版社，2009.

［43］Martin J. Adelman，Randall R. Rader，Gordon P. Klancnik 著. 郑胜利，刘江彬译. 美国专利法. 北京：知识产权出版社，2011.

［44］北京市第二中级人民法院民五庭. 审理外观设计专利侵权纠纷案件中有关问题的调研报告. 北京市高级人民法院民三庭编. 知识产权审判规范. 北京：知识产权出版

社，2003.

[45] 国家知识产权局条法司.《专利法》第三次修改逐条说明. 北京：知识产权出版社，2009.

[46] 李明德，许超. 著作权法（第二版）. 北京：法律出版社，2009.

[47] 王迁. 著作权法. 北京：北京大学出版社，2007.

[48] 吴观乐等. 外观设计专利的保护. 国家知识产权局条法司. 专利法及专利法实施细则第三次修改专题研究报告. 北京：知识产权出版社，2006.

[49] 世界知识产权组织编. 刘波林译. 著作权与邻接权法律术语汇编. 北京：北京大学出版社，2007.

[50] 世界知识产权组织编. 保护文学和艺术作品伯尔尼公约（1971年巴黎文本）指南》. 刘波林译. 北京：中国人民大学出版社，2002.

[51] 胡康生主编. 中华人民共和国著作权法释义. 北京：法律出版社，2002.

[52] 约瑟夫·拉兹著. 吴玉章译. 法律体系的概念. 北京：中国法制出版社，2003

[53] 张文显. 法哲学范畴研究（修订版）. 北京：中国政法大学出版社，2001.

[54] 郑成思. 信息、新型技术与知识产权. 北京：中国人民大学出版社，1986.

[55] 王迁. 知识产权法（第三版）. 北京：中国人民大学出版社，2011.

[56] 许超. 浅论实用艺术作品的著作权保护与外观设计保护的关系. 专利法研究（1996年版）. 北京：知识产权出版社，1996.

[57] 马原主编. 著作权法分解适用集成. 北京：人民法院出版社，2003.

[58] 罗传伟. 商业外观保护的法律制度研究. 北京：知识产权出版社，2011.

[59] 叶若思. 商业外观权研究. 北京：法律出版社，2010.

[60] 黄晖. 商标法. 北京：法律出版社，2004.

[61] 兰德斯，波斯纳著. 金海军译. 知识产权法的经济结构. 北京：北京大学出版社，2005.

[62] 王志刚. 初探外观设计专利与发明、实用新型、商标权的保护边界. 宫玉珉. 外观设计与知识产权保护. 北京：知识产权出版社，2002.

[63] 国家知识产权局条法司. 专利法及专利法实施细则第三次修改专题研究报告. 北京：知识产权出版社，2006.

[64] 国家知识产权局条法司. 专利法实施细则修改专题研究报告. 北京：知识产权出版社，2008.

[65] 李明德等. 欧盟知识产权法. 北京：法律出版社，2010.

[66] 顾庆良. 时尚产业导论. 上海：上海人民出版社，2010.

[67] 程永顺. 外观设计授权审查标准及方式的质疑. 北京：知识产权出版社，2003.

[68] 应振芳等. 外观设计专利授权标准和保护范围. 国家知识产权局条法司. 专利法及专利法实施细则第三次修改专题研究报告. 北京：知识产权出版社，2006.

[69] 杨金琪等. 外观设计专利授权标准和保护范围. 国家知识产权局条法司：《专利法及专利法实施细则第三次修改专题研究报告. 北京：知识产权出版社，2006.

［70］林笑跃等. 外观设计制度的完善. 国家知识产权局条法司. 专利法实施细则修改专题研究报告. 北京：知识产权出版社，2008.

［71］田村善之著. 周超、李雨峰、李希同译. 日本知识产权法. 北京：知识产权出版社，2011.

［72］吴观乐. 外观设计专利应当立足保护创新. 程永顺主编. 外观设计专利保护实务. 北京：法律出版社，2005.

［73］蒋志培主编. 中国知识产权司法保护. 北京：中国传媒大学出版社，2008.

［74］王太平. 工业品外观设计的法律保护模式. 科技与法律，2002，（3）.

［75］林晓云. 美国知识产权法律关于工业品外观设计保护范围的规定. 知识产权，2003，（5）.

［76］胡充寒. 我国外观设计定义之应然性重构. 科技与法律，2009，6.

［77］国家知识产权局外观设计学术委员会. 外观设计相同和相近似判断主体研究，2007.

［78］李明德. 外观设计的法律保护. 郑州大学学报（社会科学版），2000，9.

［79］赵小东. 论外观设计在知识产权体系中的地位. 广西社会科学，2012，3.

［80］郑成思. "权利冲突"与外观设计保护. 中国知识产权报. 2004，7.

［81］冯晓青、杨利华. 知识产权权利冲突及其解决原则. 法学论坛，2001，3.

［82］王元. 消费者心理与产品外观设计. 经济导刊，1994，1.

［83］吴子岫. 关于外观设计相同相似性判断的思考——兼论商标相同相似性的判断. 法制与社会，2012，11.

［84］评论员文章. 推动科技创新是着眼点—写在修改后的专利法颁布之际. 人民日报. 2000－8－28.

［85］孔祥俊、王永昌、李剑. 《关于审理侵犯专利权纠纷案件应用法律若干问题的解释》的理解与适用. 人民司法，2010，3.

［86］董红海. 中美外观设计专利侵权判定比较——基于美国外观设计案例的分析. 知识产权，2005，4.

［87］李小武. 回到外观设计保护制度的起点——从 GUI 的保护谈起. 清华法学，2012，5.

［88］赵嘉祥. 外观设计专利创造性要求的探讨. 中国知识产权研究会. 外观设计专利保护——98 学术研究讨论会论文集. 1998.

［89］胡充寒. 外观设计专利侵权判定混淆标准的反思与重构. 法律适用，2010，6.

［90］闫文军，胡云秋. 外观设计专利侵权判断标准探讨——以创新点对外观设计侵权判断的影响为中心. 外观设计相关法律问题研讨会论文集. 中国社会科学院知识产权中心. 2012.

［91］曹阳. 专利的非显而易见性判断——对美国最高法院 Teleflex 案判决的解析. 北方法学，2008，2.

［92］桂昱. 美国外观设计专利 Egyptian Goddess 一案评析. 法制与社会，2012，9.

［93］管育鹰. 实用艺术品法律保护路径探析——兼论《著作权法》的修改. 知识产权，

2012，7.

[94] 沙伊拉·珀尔马特著. 美国版权法对实用艺术品的保护. 冯晓东译. 知识产权，1991，4.

[95] 李明德. 美国对外观设计及其相关权利的保护. 外国法译评，1998，1.

[96] 朱谢群、郑成思. 也论知识产权. 科技与法律，2003，2.

[97] 何炼红. 工业版权研究. 重庆：西南政法大学博士论文，2007

[98] 胡晓红. 外观设计的著作权保护. 科技与法律，2002，1.

[99] 丁丽瑛. 略论实用艺术品独创性的认定. 法学评论，2005，3.

[100] 丁丽瑛. 实用艺术品著作权的保护. 政法论坛，2005，5.

[101] 林倩. 新形式商标注册之研究. 台北：台湾"国立中央大学"产业经济研究所硕士论文，2009.

[102] 赵小东. 我国外观设计保护与立法模式研究. 科技与法律，2008，5.

[103] 刘秀臣. 外观设计知识产权保护的立法模式. 广西社会科学，2001，2.

[104] 彭学龙，赵小东. 外观设计保护与立法模式比较及对我国的启示. 知识产权，2007，6.

[105] 刘宇晖. 试析外观设计的法律保护模式. 科技与法律，2007，3.

[106] 朱楠. 外观设计权的扩张——以美国和欧盟时尚设计知识产权保护变化为例. 科技与法律，2013，2.

[107] 郭燕、王秀丽. 我国服装产品外观设计专利保护现状及问题分析. 知识产权，2005，1.

[108] 王鹏、谢冬慧、马越飞. 功能性外观应排除在外观设计专利保护范围之外. 人民司法（案例），2009，16.

[109] 杨凤云，官墨蓝. 功能性外观设计特征的判定原则管窥. 科技与法律，2012，2.

[110] 钱亦俊. 论外观设计专利性判断主体——一般消费者的能力. 知识产权，2011，8.

[111] 罗霞. 外观设计专利相近似的司法判断. 人民司法，2012，13.

[112] 余心蕾，庞谦. 关于外观设计相近似性判断标准的探讨——"摩托车车轮"外观设计再审案件引发的思考. 电子知识产权，2011，9.

[113] 徐新. 外观设计专利权保护范围的解释原则——以外观设计专利侵权判定为视角. 知识产权，2009，11.

[114] 陈英、欧修平. 外观设计的近似性判断. 人民司法，2011，17.

[115] 钟华. 试析外观设计简要说明在专利确权和侵权认定中的作用. 中国专利与商标，2010，3.

[116] Uma Suthersan. Design Law：European Union and United States of America, 2nd, SWEET&MAXWELL, 2nd, 2010.

[117] Read H. Art and Industry, Horizon Press, 1953.

[118] Braudel, Civilisation and Capitalism 15th – 18th Century, Vol1：The Structure of Everyday Life, 1981.

[119] Jardine. Wordly Goods——A New History of the Renaissance, Macmillan, 1996.

[120] Heskett J. Industrial Design, Thames & Hudson, 1980.

[121] Arthur J. Pulos, American Design Ethic: A History of Industrial Design to 1940, MIT Press, 1983.

[122] Raymond Loewy, Never Leave Well Enough Alone, Johns Hopkins University Press, 1951.

[123] Terence Conran, Terence Conran on Design, Overlook Hardcover, 1996

[124] Forty A. Objects of Desire: Design and Society since 1750, Thames & Hudson, 1986.

[125] Sparke P. An Introduction to Design & Culture in the Twentieth Century, Allen & Unwin, 1987.

[126] Hobsbawm E. The Age of Capital, Abacus, 1977.

[127] Sparke P. An Introduction to Design & Culture in the Twentieth Century, Allen & Unwin, 1987.

[128] Marx K. Capital-A Critical Analysis of Capitalist Production edited by F. Engels, Allen & Unwin, 1938.

[129] Read H. Art and Industry, Horizon Press, 1953.

[130] Marcus, Functionalist Design-An Ongoing History, Prestel Verlag, 1995.

[131] Edward Lucie-Smith, A History of Industrial Design, Phaidon Press Limited, 1983

[132] Jim Lesko, Industrial Design at Carnegie Institute of Technology, 10 J. Design History, 1997.

[133] Hind-march W. A Treatise on the Law Relating to Patent Privileges, Stevens, 1846.

[134] David J. A Pamphlet on Patents, Weale & simpkin, 1850

[135] Carpmael W. Registration of Design in order to Secure Copyright, 3rd ed. , MacIntosh, 1846.

[136] Christine Fellner, The Future of Legal Protection for Industrial Design, ESC Publishing Limited, 1985.

[137] Daniel Gervais, The TRIPS Agreement Drafting History and Analysis, Sweet & Maxwell, 2003.

[138] Mario Franzonsi, Design Protection Italian Style. 1 J. of Intell. Prop. Law & Practice 599, 2006.

[139] Musker David. : Community design law: principles and practice, Sweet & Maxwell, 2002.

[140] Perot-Morel M A. Le system Francais de la double protection des dessins et modeles industriels. Disgno Industriale e Protezione Europca, Convengno Internazionale, Treviso, 1988.

[141] Tive Design' Alternative, 30 Colum. J. L. & Arts 49, 2006.

[142] Meikle effrey L. Twentieth Century Limited: Industrial Design in America, 1925—1939. Temple University, 1979.

[143] Adrian Forty, Objects of Desire: Design and Society since 1750, Thames & Hudson Ltd, 1986.

[144] Tom Peters, Re-Imagine! Business Excellence in a Disruptive Age, Phoenix Audio, 2003.

参
考
文
献

[145] Design Council, The Impact of Design on Stock Market Performance, Design Council, 2005.

[146] Turner T. On Copyright in Design in Art and Manufactures, Elsworth, 1849.

[147] John Heskett, Toothpicks and Logos, Design in Everyday Life 32, Oxford University, 2002.

[148] Harold Binney, Present Status of the Law Relating to Designs, in Report of the Twenty-Fifth Annual Meeting of the American Bar Association 662, 1902.

[149] The Industrial Innovation and Technology Act: Hearing on S. 791 Before the Subcomm. on Patents, Copyrights and Trademarks of the S. Comm. on the Judiciary, 100th Cong. 8, 1987.

[150] Donald S. Chisum, Chisum on Patents § 23. 03 [6], 2009.

[151] http: //www. patentlyo. com/patent/2007/02/how_long_do_i_w. html, [2013 -8 -3] .

[152] Eugne Pouillet, Trait Thorique Et Pratique Des Dessins Et Modles de Fabrique, Nabu Press, 2010.

[153] Duchemin, La protection des arts appliqués dans la perspective d'un d' epôt communautaire en matière de dessins et modèles industriels, 97 REVUE INTERNATIONALE DU DROIT D'AUTEUR [R. I. D. A.] 4, 10 – 15, 1978.

[154] Frano n, Modèle et droits d'auteur, reprinted in PROTEGER LA FORME 96, 98 – 99, 1981.

[155] Stephen Pericles Ladas, Patents, Trademarks, and Related Rights: National and International Protection. Harvard University Press, 1975.

[156] Protection, Harvard University Press, 1975.

[157] Melville B. Nimmer & David Nimmer, 1 Nimmer on Copyright § 2. 08 [B] [3], 2006.

[158] J. Lahore, Intellectual Property Law in Australia: Patent, Design and Trade Marks Law, Butterworth, 1996, Service 36, para. 2. 1. 017.

[159] J. Philips, A. Firth: Introduction to Intellectual Property Law, 3rd ed. , Butterworth, 1995.

[160] S. Ladas, Patterns, Trademarks and Related Rights, vol. II, Harvard Press, 1975.

[161] Library of Congress, Compendium of Copyright Office Practices, 2nd ed. 1984.

[162] Stephen Pericles Ladas, Patents, Trademarks, and Related Rights: National and International Protection, Harvard University Press, 1975.

[163] J. Thomas McCarthy, McCarthy on Trademarks and Unfair Competition, 4th ed. 2006.

[164] Arthur Fisher' adress, Hearing on S. 2075 and S. 2852 Before the Subcomm. on Patents, Trademarks, and Copyrights of the Senate Committee on the Judiciary, 86th Cong. , 2d Sess. 56, 1960.

[165] Musker David. , Community design law: principles and practice, Sweet & Maxwell, 2002.

[166] Catherine Seville, EU intellectual Property Law and Policy, Edward Elgar Publishing Limited, 2009.

[167] Anna Tischner, Focus on the Polish regulation of copyright and design overlap after the

judgment of the Court of Justice in Case 168/09 (Flos v Semeraro), International Review of Intellectual Property and Competition Law. 2012.

[168] Graeme B. Dinwoodie. Federalized Functionalism: The Future of Design Protection in the European Union, 24 AIPLA Q. J. 611, 618, 1996.

[169] Janice M. Mueller and Daniel Harris Brean. Overcoming the "impossible issue" of Nonobviousness in Design Patents, Kentucky Law Journal, 2010—2011.

[170] Annette Ku, Protection of graphical user interfaces under European design legislation", International Review of Intellectual Property and Competition Law, 2003.

[171] Earnest Elmo Calkins, Beauty the New Business Tool, Atlantic Monthly, Aug. 1927.

[172] The French College of the Craft, N. Y. Times, Sept. 18, 1902.

[173] Richard G. Frenkel, Intellectual Property in the Balance: Proposal for Improving Industrial Design Protection in the Post-TRIPS era, 32 Loy. L. A. Rev. 531, 531, 1999.

[174] Reichman J H. Design Protection in Domestic and Foreign Copyright Law: From the Berne Revision of 1948 to the Copyright Act of 1976, Duke L. J. 1143, 1983.

[175] Susanna Monseau, The Challenge of Protecting Industrial Design in a Global Economy, 20 Tex. Intell. Prop. L. J. 495, 2012.

[176] Orit Fischman Afori, Reconceptualizing Property in Designs, 25 Cardozo Arts & Ent. L. J. 1105, 2008.

[177] Jay Dratler, Jr. , Trademark Protection for Industrial Designs, UILLR, 887, 1988.

[178] Reichmann J. Legal Hybrids Between Patent and Copyright Paradigms, 94 Col. L. R. 2432, 1994.

[179] Max Planck Institute draft, Towards a European Design Law, 22 I. I. C. , 1991.

[180] Eric Setliff, Copyright and Industrial Design: An "Alternative Design" Alternative, 30 Columbia Journal Law & The Arts 49, 2006—2007.

[181] Perry J. Saidman, Theresa Esquerra, A Manifesto on Industrial Design Protection: Resurrection the Design Registration League, 55 J. Copyright Soc'y U. S. A. 423.

[182] Ravi Sawhney & Deepa Prahalad, The Role of Design in Business, Businessweek, Feb. 1, 2010.

[183] Julie H. Hertenstein, Majorie B. Platt & Robert W. Veryzer, The Impact of Industrial Design Effectiveness on Corporate Financial Performance, 22 J. Prod. Innov. Mgmt. 3 – 21, 2005.

[184] Registration of Designs, Hearings on H. R. 10351 Before the House Comm. on Patents Part 1, 68th Cong. , 2d Sess. 1, 1925.

[185] Copyright Registration of Designs, Hearings on H. R. 7243 Before the House Comm. on Patents, 71st Cong. , 2d Sess, 1930.

[186] David Goldenberg, The Long and Winding Road, a History of the Fight over Industrial Design Protection in the United States, 45 J. Copyright Soc'y U. S. A. 21, 1997.

参
考
文
献

[187] Design Program, Sch. of Architecture & Design, Virginia Polytechnic Inst. & State Univ. , Telephone Interview with Dr. Ron Kemnitzer, Fellow, Industrial Designers Society of America and Chair, Indus. , Aug. 10, 2009.

[188] Venessa Wong, How Business Is Adopting Design Thinking, Businessweek, Nov. 3, 2009.

[189] Janice M. Mueller and Daniel Harris Brean, Overcoming the "Impossible Issue" of Nonobviousness in Design Patent, 99 Ky. L. J. 419, 2011.

[190] Petition of a Number of Manufacturers and Mechanics of the United States, Praying the Adoption of Measures to Secure to Them Their Rights in Patterns and Designs, S. Doc. No. 154, 1841.

[191] Report from the Commissioner of Patents, Showing the operation of the Patent Office during the year 1841, S. Doc. No. 169, 1842.

[192] Thomas B. Hudson, A Brief History of the Development of Design Patent Protection in the United States, 30 J. Pat. Off. Soc'y 380, 1948.

[193] Thomas B. Hudson, A Brief History of the Development of Design Patent Protection in the United States, 30 J. Pat. Off. Soc'y 380, 1948.

[194] Perry J. Saidman & Theresa Esquerra, A Manifesto on Industrial Design Protection: Resurrecting the Design Registration League, 55 J. Copyright Soc'y U. S. A. 423, 2008.

[195] P. J. Federico, Commentary on the New Patent Act, 35 U. S. C. A. § 1, 1954, 75 J. Pat. & Trademark Off. Soc'y 161, 181, 1993.

[196] Perry J. Saidman, What is the Point of the Point of Novelty Test for Design Patent Infringement, 90 J. Pat & Trademark Off. Soc'y 401, June, 2008.

[197] Jason J. Du Mont, Mark D. Janis, Functionality in Design Protection System, 19 J. Intell. Prop. L. 261, 2012.

[198] Perry J. Saidman, Functionality and Design Patent Validity and Infringement, 91 J. Pat & Trademark Off. Soc'y 313, 2009.

[199] Sara R. Ellis, Copyright Couture, An Examination of Fashion Design Protection and Why the DPPA and IDPPPA Are a Step Towards the Solution to Counterfeit Chic, 78 Tenn. L. Rev. 163, 2010.

[200] Perry J. Saidman, The Crisis in the Law of Designs, 89 J. Pat. & Trademark Off. Soc'y 301, 2007.

[201] Robert P. Merges, Peter S, Menell & Mark A. Lemley, Intellectual Property in the New Technological Age, 2006.

[202] Perry J. Saidman, Allison Singh, The Death of Gorham Co. v. White: Killing It Softly With Markman, 86 J. Pat. & Trademark Off. Soc'y 301, 2004.

[203] Susan Scafidi, Panel II, The Global Contours of IP Protection for Trade Dress, Industrial Design, Applied Art, and Product Configuration, 20 Fordham Intell. Prop. Media & Ent. L. J. 783, 2010.

［204］Finniss, The Theory of 'Unity of Art' and the Protection of Designs and Models in French Law, 46 J. PAT. OFF. SOC'Y 615, 618 – 19, 1964.

［205］Pérot-Morel, Les projets communautaires en matière de dessins et modèles ornamentaux, Conference at the University of Pavia, Nov. 26 – 27, 1979.

［206］Copyright Office, Rules and Regulations for the Registration of Claims to Copyright, Bull. No. 15, § 12 (g), 1910.

［207］Robert C. Denicola, Applied Art and Industrial Design: A Suggested Approach to Copyright in Useful Articles, 67 Minn. L. Rev. 707, 707, 1983.

［208］Shira Perlmutter, Conceptual Separability and Copyright in the Designs of Useful Articles, 37 J. Copyright Soc'y U. S. A. 339, 339, 1990.

［209］W. Walace, Protection for Design in the United Kingdom, 22 Bulletin of the Copyright Society of the USA 437, 1975.

［210］Regan E. Keebaugh, Intellectual Property and the Protection of Industrial Design: Are Sui Generis Protection Measures the Answer to Vocal Opponents and a Reluctant Congress? 13 J. Intell. Prop. L. 255, 2005.

［211］Ralph S. Brown, Design Protection: An Overview, 34 UCLA L. Rev. 1341, 1987.

［212］Keith Aoki, Contradiction and Context in American Copyright Law, 9 Cardozo Arts & Ent. L. J. 303, 324, 1991.

［213］Ringer, The Case for Design Protection and the O'Mahoney Bill, 7 BULL. COPYRIGHT SOC'Y 25, 29 – 30, 1959.

［214］Kal Raustiala & Christopher Sprigman, The Piracy Paradox: Innovation and Intellectual Property in Fashion Design, 92 Va. L. Rev. 1687, 2006.

［215］Perry J. Saidman, The Glass Slipper Approach to Protecting Industrial Designs or When the Shoe Fits, Wear It, 19 U. Balt. L. Rev. 167, 168 – 69, 1989.

［216］Siegrun D. Kane, Kane on Trademark Law § § 2: 10, 2: 12, Practising Law Institute, 5th ed. 2009.

［217］Susanna Monseau, Europe Design Rights: a Model for the Protection of All Designs From Piracy, 48 Am. Bus. L. J. 27, 2011.

［218］Annette Kur, The Green Paper's "Design Approach" – What's Wrong With It?, 10 Eur. Intell. Prop. Rev. 374, 376, 1993.

［219］J. Thomas McCarthy, I McCarthy on Trademarks and Unfair Competition, 2006.

［220］George Cox, The Cox Review of Creativity in Business: Building on the UK's Strengths, London: HM Treasury, 2005, ［2013 – 10 – 2］, http: //www. hm-treasury. gov. uk/ coxreview_index. htm.

［221］Duchemin, La protection des arts appliqués dans la perspective d'un d'epôt communautaire en matière de dessins et modèles industriels, 97 REVUE INTERNATIONALE DU DROIT D'AUTEUR ［R. I. D. A. ］ 4, 10 – 15, 1978.

[222] See Englert, The Law of Industrial Designs in Germany—Actual State and Reform Proposals, 12 IIC 773, 1981.

[223] Bogsch, Towards a More Effective Protection of Designs in the United States of America, INDUS. PROP. Q. 3, 1959.

[224] Latman, A Proposal for Effective Design Legislation: S. 207.

[225] 5 Examined, 6 BULL. COPYRIGHT SOC'Y 279, 1959.

[226] Ringer, The Case for Design Protection and the O'Mahoney Bill, 7 BULL. COPYRIGHT SOC'Y 25, 1959.

[227] Daniel H. Brean, Enough is Enough: Time to Eliminate Design Patents and Rely on More Appropriate Copyright and Trademark Protection For Product Designs, 16 Tex. Intell. Prop. L. J. 325, 2008.

[228] Emma Yao Xiao, The New Trend: Protecting American Fashion Designs Through National Copyright Measures, 28 Cardozo Arts & Ent. L. J. 417, 432, 2010.

[229] Casey E. Callahan, Fashion Frustrated: Why the Innovative Design Protection is a Necessary Step in the Right Direction, but not Quite Enough, 7 Brook. J. Corp. Fin. & Com. L. 195, 2012.

[230] Graeme Dinwoodie, Federalized Functionalism: The Future of Design Protection in the European Union, 24 AIPLA Q. J. 611, 647 – 48, 1996.

[231] Lorna Brazell, Egyptian Goddess Inc v Swisa Inc: Is design law in the US and EU converging? The Egyptian Goddess faces up to the snake, E. I. P. R. , 2009.

后　记

　　转眼一年，又到了京城瑞雪纷飞的时节，据说今年帝都的低温又刷新了近年来的记录，凛冽的寒风加上终日的雾霾，让在北京生活了十多年的我仍忍不住在心里反问自己当初究竟是怎么产生扎根首都的勇气的。好在，坐在温暖的家中，看着行将出版新书厚厚的底稿，心里总归踏实了不少……

　　三十而立，"85后"的我刚刚成为奔四大军新的一员，还没来得及驻足停歇，就马不停蹄开始痛并快乐地品味众人口中的"中年生活"，开始探索属于自己的所谓"黄金十年"。读博三年，我从知产领域一名普通的爱好者"进阶"成为一名"专业"（之所以打引号，是因为自知还算不上真正的专家）的"研究型人员"；毕业五年，我从一名稚气未脱的"学院派"成长为一名专注司法的"实务派"。回首过往，既有半工半读状态下无数个挑灯夜战的辛酸与苦楚，也有身着博士服站在二校门前留影时的甜蜜与幸福；既有繁重不堪的审判任务带来的压力和在前景不明的司法改革中经历的阵痛，也有身披法袍、端坐法台、挥击法槌时油然的骄傲和自豪。所有的一切，虽已成往事，却又历历在目，做人如是，做学问亦如是，正如本书对外观设计法律保护制度的探究一样，仿佛始终蒙上了一层纱，清晰却又朦胧，但也许正是因为这样的"缺失之美"，才会让置身其中的人坚持不懈地努力追索个中的奥妙与真谛。

　　作为博士毕业论文增益的成果，能够有眼前这本算不上权威的学术专著，要感谢长期以来在工作上关心我的领导和同事，他们的支持让我有了宽松的学习环境和宝贵的实践经历，我所在的北京知识产权法院首任院长宿迟更是在百忙之中为拙作题序；还要感谢求学期间指导过我的师长和同学，他们的帮助让我进一步掌握了学术研究工作的理论和方法，吾师冯象，更是以其渊博的智慧引导我以更丰富的视角去审视遇到的每一个问题；也要感谢来自知识产权领域其他系统的诸位同仁，他们对知识产权的热爱和对业务的钻研深深感染了我，让我能始终保有理论研究的热情和动力。此外，作为本书的责任编辑，知识产权出版社的彭喜英老师为书稿的校核付出了认真细致的工作，在此一并致谢。

最后要感谢的是我的家人，父母的培育成就了今天的我，让我能健康幸福地生活在世上，妻子姬熠炜女士更是以其特有的温情和守候给我注入了不竭的动力，让我能拥有属于自己的温暖港湾，感谢有你！

2015 年 11 月 29 日　于北京　双合园